●横浜国立大学経済学部
テキスト・プロジェクトチーム【編】

ゼロからはじめる経済入門

経済学への招待

[新版]

有斐閣コンパクト
YUHIKAKU COMPACT

新版はしがき
Introduction

　初版が発刊されてから，約5年が経過した。この間予想外の事態も生じた。何といっても，新型コロナウイルス（COVID-19）のパンデミックがあげられよう。世界的な感染拡大は，各国の経済，社会，政治に多大な影響を与えた。また，2022年2月に始まったロシア－ウクライナ戦争，23年に始まったイスラエル－ハマス間の戦争も深刻である。日本国内の経済と政治についても，多くの新しい状況が生まれたが，1つだけあげれば，円安とインフレ（物価高騰）が重大であろう。私たち執筆者は，内外の新しい事態を踏まえて新版の検討を開始した。

　約1年にわたる検討の結果，本の構成，論理，分析の方法はそのまま維持することにした。章によって多少の違いはあるが，統計数値などをできるだけ最新の内容へと更新し，新しい事件や状況を踏まえて，説明の文章を随所で修正した。

　変更内容が比較的多い章は，**CHAPTER 5**，**CHAPTER 6**，**CHAPTER 7** および **CHAPTER 10** である。**CHAPTER 5** は，国際貿易と外国投資を扱っているが，新型コロナウイルス感染症のパンデミック，ロシア－ウクライナ戦争，その他の出来事の影響で生じた変化，とくに石油の貿易，自動車の生産と販売，国際収支表，日本企業の海外進出先での販売や輸出などについて，統計数値と説明内容が更新されている。

　CHAPTER 6 で扱われる日本の金融環境は，初版以降大きく変化した。対外的には，為替市場で円安が急速に進んだ。2024年2月，日経平均株価は1991年のバブル崩壊前の最高値を更新したものの，景気回復への実感が乏しい中，円安がもたらしたインフレは国民経

i

済を直撃している。国内的には，日本銀行による異次元の金融緩和政策の正常化が始まったかに見えるが，円安の進行と国内経済状況との狭間で，難しいかじ取りが続いている。これらの変化を反映する形で，大幅な加筆がなされた。また，初版では紙幅の制約上割愛された為替相場の決定理論の説明が追加されている。

CHAPTER 7 は，初版で十分触れられていなかった労働者派遣制度の展開と外国人技能実習制度について加筆されている。派遣労働者数は被雇用者数に占める割合が3％弱と少ないが，労働者派遣法の改正とリーマン・ショック後の「派遣切り」や「年越し派遣村」は1990年代以降の労働市場政策の規制緩和を象徴する出来事であるため，やや詳しく説明されている。外国人技能実習制度は，人権侵害が後を絶たず内外から批判されてきたが，ようやく廃止が決まり，新たな「育成就労制度」に移行することになった。これは，日本の外国人労働者受け入れ政策の大きな転換といえる。

CHAPTER 10 は，統計数値の更新に伴う説明の更新が多いが，それ以外では，世界戦争への懸念の声も聞かれはじめている昨今の情勢下，非同盟運動（NAM）や，アメリカとカナダを除いた国際機構CELACの重要性が新たに加筆され，強調されている。

初版は，多くの読者に読んでいただいた。あらためて，このような入門書へのニーズが高いことを認識し，それを提供することの責任の重大さを編者一同実感した次第である。この新版が従来以上に，読者の皆さまの学習と研究に役立つことを願っている。率直なご意見，ご助言をお寄せいただければ，幸甚である。

最後に，初版からこの企画を強く後押しし，支援してくださった有斐閣編集部の長谷川絵里氏に，心より感謝申し上げる。

2024年8月

編　者

はしがき

本書のねらい

　本書は，経済学をはじめて学ぶ，大学1年生，高校生，社会人を主な読者として想定して編集した教科書である。経済学の入門書として，経済事象に関する事実や社会の仕組みを，できるだけわかりやすく解説した。現代経済の分析だけではなく歴史的考察も重視し，経済史に2つの章を当てている。

　本書の前身として，1996年の初版から2011年の第4版まで版を重ねた，田代洋一・萩原伸次郎・金澤史男編『現代の経済政策』(有斐閣)がある。横浜国立大学経済学部の教員を中心にして編纂した，大学3～4年生向け専門科目用の教科書であった。当初はその改訂から検討が始まったが，編者も執筆者も大きく若返りを図り，企画の議論を重ねる中で，同書とはまったく異なる新しい入門書として世に問うという案に達した。ただし執筆者の多くが横浜国立大学国際社会科学研究院経済学専攻（経済学部）の教員である点や，経済史を重視している点など，継承されている特徴もある。

本書の構成

　本書の構成について説明しておこう。本書は **Final CHAPTER** を含めて全12章で構成されている。導入部にあたる **CHAPTER 1** で，読者は資本主義経済の基本的な仕組みを学んだあと，**CHAPTER 2** と **CHAPTER 3** で世界経済と日本経済の発展の歴史について考える。**CHAPTER 4～CHAPTER 11** では，現代経済のさまざまな仕組みを学んでいく。**CHAPTER 4** から **CHAPTER 7** までが市場（企業，国際貿易，金融，労働）について，**CHAPTER 8** から **CHAPTER 11** までが

政策(福祉,財政,途上国開発,環境)についてである。各章とも,基本的かつ重要な項目を押さえつつ,市場や政策の制度・仕組みを丁寧に説明している。最後に,**Final CHAPTER** では,経済学の基本的な考え方を紹介し,経済の仕組みから,経済学という次のステップへの橋渡しを行う。

なお,扱うことができなかった産業分野やトピックも多い。たとえば地域経済,農林水産業,商業・流通,資源・エネルギー,交通,教育,スポーツ・文化,科学技術などである。こうした分野については,地域経済学,農業経済学,交通経済学,文化経済学など個別分野の研究蓄積が世界的にも国内的にも豊富にある。本書で基礎的な学力を獲得し,こうした多様な分野の文献にもぜひ取り組んでみよう。

ミクロ的視点とマクロ的視点

ところで,大学の経済学部のカリキュラムでは,「ミクロ経済学」「マクロ経済学」という言葉が登場する。ミクロ経済学は,企業や消費者の経済行動に焦点をあてる。簡単にいえば,ミクロ経済学では,あなたが個別の企業や消費者の身になって,価格変動に対してどのように行動するかを考えるのである。マクロ経済学は,政府や中央銀行の政策が市場全体に与える影響や,自然災害が日本経済全体に与える打撃や,世界的な景気変動が日本経済に与える影響などを分析する研究領域である。あなたが政府の担当者や,あるいは首相の身になって,どのような政策を策定すべきかを考えるのが,マクロ経済学の領域といえる。以上,ミクロ経済学とマクロ経済学については,**Final CHAPTER** も参照されたい。

なお,より広くこの区別をつかう場合も少なくない。つまり,経済を見るときに,企業や消費者の行動に焦点をあてる場合と,政府

の政策や災害の影響などに焦点をあてる場合があるので，それを「ミクロの視点」「マクロの視点」といった表現で区分するのである。広い意味での「ミクロ的視点」「マクロ的視点」の区分と本書の各章の関連について，補足しておこう。本書では，どの章にも両方の視点が含まれているが，バランスは章によって異なっている。それぞれの章について，いずれの視点が強いか考えながら読むのも，本書の読み方の1つであろう。ちなみにヒントを少し示すとすれば，**CHAPTER 4** はミクロ的視点が強い。**CHAPTER 10** はマクロ的視点が強いが，「貧困の罠」を紹介している部分にはミクロ的視点が含まれている。

高大接続

今回入門書を作成するにあたって，新しい時代の要請に応えて，2つの点にとくに配慮した。

1つめは高大接続（高校と大学の接続）をスムーズにすることである。大学で学習・研究されている経済学は，高校での「政治・経済」「倫理・社会」「地理（日本地理，世界地理）」「歴史（日本史，世界史）」などの科目と関係が深い。すべての科目との関係を説明する余裕はないものの，主に高校の選択科目「政治・経済」と大学の経済学の関係を念頭において，高校での学習と大学での学習・研究の間にはどのような違いがあるのか，以下，考えてみたい。なお，高校では問いに対する解答を学ぶが，大学は問いを発見する場所であり，またその問いに対する解は複数ある，という一般的な説明をよく耳にするのではないだろうか。私たちもこの考え方に賛成する。それを踏まえつつ，以下3つの点を指摘しておきたい。

第1に，基本的な用語や経済事象については，高校で扱う内容と大学で扱う内容に大きな違いはない。多少，大学のほうが多いとい

えるが，大学では高校とはまったく異なる事象を対象にするわけではない。一例をあげると「外貨準備」という用語は，高校の政治・経済の教科書でも，大学の経済学の教科書でも登場する。では大学では，扱い方がどう異なるのであろうか。

　大学では事象と事象の関係性により多くの注意を払い，関係性が生みだす全体の構造や，その構造の安定性・不安定性といった性質をより深く考察する。たとえば中国の外貨準備を例にすると，その大部分が米国債という形で保持されているので，国債価額や利回りが影響を受ける。国債利回りは長期利子率やその他の利子率に影響を与え，アメリカの一般消費者のローンが左右されて，消費市場や，アメリカ市場向けのアジアでの生産や輸出も関連する。このように諸事象のつながりや構造の安定性・不安定性や変化の方向性に，大学では高校の時以上に関心が払われるのである。

　第2に，社会科学の問いの解は複数存在する場合が多いが，大学ではどの解が最善かを判断する材料や基準を学ぶ。そうした判断基準も複数ある場合が多く，どの判断基準を重視して選択肢を探すべきか，より深く考える必要がある。

　第3に，大学では分析方法をさらに深く学んでいく。これには，高校時代には学ばなかった，はじめて接する方法も多いだろう。たとえば，コンピュータを使う多変数解析や産業連関分析，現代数学を駆使するゲーム理論やメカニズム・デザイン，剰余価値学説などがある。

アクティブ・ラーニング

　新しい時代における入門書としての工夫の2つめは，アクティブ・ラーニングの促進という観点である。アクティブ・ラーニングの反対は（講義の）聴講であろう。アクティブ・ラーニングでは座

学で講師の話を聞くだけでなく，自ら情報を集め，分析し，途中経過や仮説などを教室で発表して，仲間との議論を誘発していく。自然科学系学部での実験や，経済学部等でのゼミナール（ゼミ，少人数の学生発表重視の授業）など，過去数十年にわたって日本の大学はアクティブ・ラーニングといえる授業スタイルを実践してきたが，従来の工夫を越えるアクティブ・ラーニングを各大学は模索している。本書では，各章に読者が実際に調べたり調査に行って学んだりするための Action! を設けている。各章の内容を踏まえ，自分自身で Action! に取り組んでみよう。また巻末にはアクティブ・ラーニングを活用するためのガイダンスを用意したので (Final Action!)，ぜひ確認してみよう。

なおラーニング（学習）のほかに，スタディ（研究，考究）という言葉がある。大学では後者のウェイトが高いが，先端的スタディにおいてもラーニングの要素は必要である。また，高度なアクティブ・ラーニングはスタディに近い。両者はクルマの両輪といえるだろう。

現代社会は白黒つけにくい難問が多いが，それでも何かしらの判断を求められる場面に多く遭遇することになるだろう。アクティブ・ラーニングはそうした際に自分なりの解を導くための教育的訓練の一環でもある。本書でのアクティブ・ラーニングの工夫が読者の成長に資することができれば，執筆者にとって幸いである。

本書を読まれた方が，現代の経済と歴史に関する基本的な事実や仕組みを学ぶこと，それを生かして経済事象を冷静かつ客観的に分析する態度を身につけること，そして 21 世紀の経済社会をつくっていく営みに意欲を持って参画することを願っている。最後に，本書を担当された有斐閣書籍編集第 2 部の長谷川絵里氏の，きめ細か

なご支援に感謝の意を表して，結びとしたい。

2019 年 5 月

編　者

■ Information ■

●● この章のねらい　その章で学んでもらいたいこと，理解してもらいたいことを，3つ簡潔にまとめてあります。この3つを念頭において，本文を読み進めましょう。

Keywords ■その章で押さえておきたい重要な言葉を掲載してあります。

NEXT STEP ■その章で学んだトピックをさらに深く学ぶにはどのような科目を履修すればよいのか，紹介します。

■文献案内■ 次に読み進むのにちょうどよい文献を紹介します。

Action! ■アクティブ・ラーニングの要素を取り入れた，練習問題です。実際に資料やデータを調べたり，現地に調査しに行ったりしてみましょう。

※本書では，単に「ドル」と表示するときにはアメリカ・ドルを指します。

執筆者紹介
Profiles of writer

＊は中心編者

＊池島　祥文（いけじま　よしふみ）　CHAPTER 1
1982 年生まれ。横浜国立大学大学院国際社会科学研究院教授
専門分野：地域経済学，農業経済学
主要著作：『国際機関の政治経済学』京都大学学術出版会，2014 年；「リアルデータの追跡を通じた地産地消の近接性測定」『地域経済学研究』第 44 号，2023 年

松永　友有（まつなが　ともあり）　CHAPTER 2
1969 年生まれ。横浜国立大学大学院国際社会科学研究院教授
専門分野：国際経済史
主要著作："The Origins of Unemployment Insurance in Edwardian Britain," *Journal of Policy History*, 29(4), 2017；「草創期の社会保障政策に対する通商政策の規定的影響」『社会政策』第 10 巻第 1 号，2018 年

邉　英治（ほとり　えいじ）　CHAPTER 3
1977 年生まれ。横浜国立大学大学院国際社会科学研究院教授
専門分野：日本経済史，金融史
主要著作："The Formalization of Banking Supervision in Japan and Sweden"（共著），*Social Science Japan Journal*, 22(2), 2019；『銀行監督の歴史』名古屋大学出版会，2024 年

居城　琢（いしろ　たく）　CHAPTER 4
1974 年生まれ。横浜国立大学大学院国際社会科学研究院教授
専門分野：地域経済論
主要著作：「関東地域における地域間分業関係の分析」『流通経済大学論集』第 47 巻第 3 号，2012 年；「大企業・中小企業別に見た神奈川・愛知・静岡の地域経済」『横浜国際社会科学研究』第 19 巻　第 4・5 号，2015 年

＊山崎　圭一（やまざき　けいいち）　CHAPTER 5，CHAPTER 10
1962 年生まれ。横浜国立大学大学院国際社会科学研究院教授
専門分野：途上国経済
主要著作：『ラテンアメリカはどこへ行く』（共編著）ミネルヴァ書房，2017 年；『ブラジルの社会思想』（分担執筆）現代企画室，2022 年

Profiles of writer

＊は中心編者

＊西川　輝（にしかわ　てる）　**CHAPTER 6**
1982 年生まれ。横浜国立大学大学院国際社会科学研究院准教授
専門分野：国際金融
主要著作：『IMF 自由主義政策の形成——ブレトンウッズから金融グローバル化へ』名古屋大学出版会，2014 年

村上　英吾（むらかみ　えいご）　**CHAPTER 7**
1967 年生まれ。日本大学経済学部教授
専門分野：労働経済論，社会政策
主要著作：『福祉＋α　格差社会』（分担執筆）ミネルヴァ書房，2012 年；「単身世帯の生活最低限に関する実証的研究」『産業経営プロジェクト報告書』第 35-2 号，2012 年

相馬　直子（そうま　なおこ）　**CHAPTER 8**
1973 年生まれ。横浜国立大学大学院国際社会科学研究院教授
専門分野：社会政策，福祉社会学
主要著作："Comparative Framework for Care Regime Analysis in East Asia,"（共著）*Journal of Comparative Social Welfare*, 27 (2), 2011；『社会が現れるとき』（分担執筆）東京大学出版会，2018 年

伊集　守直（いじゅう　もりなお）　**CHAPTER 9**
1975 年生まれ。横浜国立大学大学院国際社会科学研究院教授
専門分野：財政学，地方財政論
主要著作：『地方財政・公会計制度の国際比較』（分担執筆）日本経済評論社，2016 年；『財政赤字の国際比較』（分担執筆）岩波書店，2016 年

＊氏川　恵次（うじかわ　けいじ）　**CHAPTER 11**
1973 年生まれ。横浜国立大学大学院国際社会科学研究院教授
専門分野：環境経済学
主要著作：『現代の経済政策（第 4 版）』（分担執筆）有斐閣，2011 年；『環境・経済統合勘定の新展開』青山社，2014 年

川村　哲也（かわむら　てつや）　**Final CHAPTER**
1972 年生まれ。神奈川大学経済学部准教授
専門分野：経済理論
主要著作：『政治経済学の再生』（分担執筆）創風社，2011 年

目次

新版はしがき　i
はしがき　iii
執筆者紹介　ix

CHAPTER 1　現代経済の仕組み
社会を形づくる経済への接近　　1

1　経済への接近 …………………………………………………… 2
1. グローバルな経済，ローカルな経済　2
2. 商品としての財・サービス　3
3. 商品の経済的価値　5
4. 交換を通じた社会の形成と資本主義　8

2　経済の循環 …………………………………………………… 10
1. 主体間での循環　10
2. 再生産と資本の循環　12
3. 空間的な循環　14

3　国民経済の構造 …………………………………………………… 18
1. 経済の規模とその分類　18
2. 三面等価　20
3. 豊かさの指標　22

CHAPTER 2　世界経済発展の軌跡
循環するグローバリズム　　25

1　パクス・ブリタニカと19世紀の世界経済 …………… 26
1. 覇権国家イギリスと経済的自由主義の確立　26
2. 第二次産業革命と第1期グローバル化　30

2　過渡期としての大戦間期の世界経済 …………………… 33
1. パクス・ブリタニカの凋落　33

2 大恐慌の勃発へ　34
        3 大恐慌からの回復プロセス　37
    3 パクス・アメリカーナの時代 …………………………………… 39
        1 戦後の高度経済成長と混合経済の確立　39
        2 高度経済成長の終焉とスタグフレーション　42
        3 新自由主義の時代　43

CHAPTER 3 現代日本経済の形成
戦後日本経済史の視点から　49

  1 敗戦と経済復興・民主化 ……………………………………… 50
      1 食糧危機からの脱却　50
      2 インフレと金融緊急措置　51
      3 傾斜生産の実施と復興金融金庫　52
      4 復金インフレとドッジ・ライン　53
      5 占領下の三大経済改革　55

  2 高度経済成長とその影響 ……………………………………… 57
      1 高度経済成長の開始（神武景気と岩戸景気）　57
      2 高度経済成長の展開（五輪景気といざなぎ景気）　59
      3 高度経済成長の影響　61
      4 重化学工業化の進展（石油化学と自動車工業）　62

  3 安定成長からバブル経済へ …………………………………… 64
      1 ニクソン・ショックとオイル・ショック　64
      2 戦後初のマイナス成長と対応　65
      3 日米貿易摩擦とプラザ合意　66
      4 バブル経済　67

CHAPTER 4 企業と市場
経済における企業の役割とは何か　72

  1 企業の働き ……………………………………………………… 73
      1 企業の現状　73
      2 企業の活動と目的　74
      3 企業の形態　76

- **4** 企業倒産 79
- **5** 株式会社 80
- **6** 企業経営 80
- **7** 企業をめぐる諸問題 82

2 市場とは……85
- **1** 市場の働き 85
- **2** 市場の価格調整メカニズムの前提 89
- **3** 市場の限界 90

CHAPTER 5 国際貿易と外国投資
グローバル化の進展の中で 94

1 国際貿易と国際分業……95
- **1** 産業間貿易と比較優位の理論 95
- **2** 産業内貿易と企業内貿易 99

2 国際収支表……101
- **1** 国際収支の構造 101
- **2** 近年の構造変化 102

3 外国投資……104
- **1** 直接投資の動機 105
- **2** 直接投資のタイミング 106
- **3** 日本企業の進出先 106

4 地域経済統合と自由貿易体制……108
- **1** 自由貿易と現代 108
- **2** 関税と関税率について 109
- **3** 世界貿易機関(WTO)設立後の変化 110
- **4** 自由貿易協定(FTA)と経済連携協定(EPA) 112

CHAPTER 6 現代経済と金融
金融システムの安定に向けて 116

1 貨幣経済の仕組み……117
- **1** 貨幣とは何か——カネが果たす役割 117
- **2** 多様化する貨幣——デジタル化の進展 118

3　金融機関の役割──資金の流れを生み出す主体　119
　　　4　資金循環──カネの流れの全体像　120
　　　5　通貨当局の役割──金融システムの安定を図る　121

2　現代の金融政策 ……………………………………………………… 123
　　　1　金融政策の目的──貨幣価値の安定を図る　123
　　　2　金融政策の方法──金利の調整　123
　　　3　金融政策の変容──非伝統的政策とは何か　125
　　　4　異次元の金融緩和──アベノミクスと日銀　125
　　　5　金融政策の正常化──出口戦略のゆくえ　127

3　国際通貨制度の仕組み ………………………………………………128
　　　1　外国為替取引──異なる通貨を交換する　128
　　　2　為替相場の決定理論──為替相場の傾向をつかむ　130
　　　3　国際通貨とは何か──貨幣が果たす国際的な役割　131
　　　4　基軸通貨──なぜ米ドルが国際通貨なのか　132

4　金融のグローバル化 …………………………………………………134
　　　1　資本自由化──グローバル化する資金の流れ　134
　　　2　繰り返す金融危機──規制緩和と金融制度の不備　135
　　　3　世界金融危機
　　　　　──「100年に一度」の危機だったのか　136
　　　4　危機対応の枠組み
　　　　　──国際金融システムの安定に向けて　138

CHAPTER 7　労働市場と労働政策
働きがいのある人間らしい仕事へ　141

1　労働市場と職場の利害対立 ………………………………………142
　　　1　労働市場における交換　142
　　　2　雇用契約の不完備性と労使間利害対立　143
　　　3　労働問題の発生と労働政策のはじまり　145

2　雇用と失業 ……………………………………………………………146
　　　1　失業の諸形態　146
　　　2　失業の動向　147
　　　3　解雇規制とマッチング支援　148

3　長時間労働と労働時間制度の課題 ………………………………150
　　　1　労働時間の法的規制　151

2　日本の長時間労働　151
　　　3　過労死・過労自殺　152
　　　4　労働時間制度をめぐる現状と課題　153

4　日本的雇用慣行と労働市場の階層構造 …………………155
　　　1　日本的雇用慣行とメンバーシップ型雇用契約　155
　　　2　労働市場の構造　157

5　日本的雇用慣行と労働市場の変容 ……………………158
　　　1　成果主義賃金の導入と賃金の抑制　159
　　　2　ワーキングプアの増加と最低賃金の引き上げ　159
　　　3　均衡待遇と同一価値労働同一賃金　161
　　　4　ディーセント・ワーク実現に向けて　162

CHAPTER 8　少子高齢化と社会政策
福祉をめぐる政策の特徴と課題　166

1　福祉とは何か …………………………………………167
　　　1　狭義の福祉と広義の福祉　167
　　　2　福祉の度合いをどう測るか——潜在能力アプローチ　169
　　　3　福祉の担い手　170
　　　4　社会政策の目的と手段　171
　　　5　社会政策の体系　172

2　日本の社会政策の特徴——国際比較から考える ………174
　　　1　社会保険方式・二元的構造の制度体系　174
　　　2　社会政策の逆機能
　　　　　——所得再分配が貧困の拡大を助長　175
　　　3　「男性稼ぎ主」を想定した制度設計　176
　　　4　家族主義的な福祉レジーム　179

3　少子高齢化は経済社会に
どのような影響をもたらすのか ……………………179

4　少子高齢化時代の
「男性稼ぎ主型社会政策」のゆくえ …………………181
　　　1　無償労働（介護・育児）の社会化　181
　　　2　ジェンダー主流化　184

5　グローバル化・分権化時代における
社会政策の展望 ……………………………………185

1 グローバル社会のインバランスを前提とした
　　　　社会政策　185
　　2 分権化と地域間格差　187

CHAPTER 9　社会と財政
私たちの暮らしを支える政府の役割　189

1　私たちの暮らしと財政 …………………………………190
　　1 国や地方自治体が提供するサービス　190
　　2 公共サービスの無償性と「公共財」の理論　191
　　3 公共サービスにおける料金負担　192
　　4 公共サービスにおける民間事業者の位置づけ　194

2　民主主義社会における財政 ……………………………196
　　1 日本財政の姿
　　　　——「小さな政府」と「大きな財政赤字」　196
　　2 財政民主主義の成り立ち　199
　　3 予算論——財政運営をつかさどる予算制度　200
　　4 財政と市場の運営の違い
　　　　——「量出制入」と「量入制出」　202

3　日本財政の収入面をめぐる課題 ………………………204
　　1 日本における財政再建の歴史　204
　　2 租税論——誰がどれだけの税を負担すべきか　205
　　3 公債論——財政赤字はなぜ問題なのか　208
　　4 私たちはどのような財政を描くのか　210

CHAPTER 10　途上国の経済と社会
貧困の諸要因と経済的自立の可能性　213

1　途上国とはどういう国のことか …………………………214
　　1 世界の国と地域　214
　　2 構造的特徴　216
　　3 途上国・新興国社会の状況　219

2　途上国の貧困の要因 ……………………………………220
　　1 歴史的要因その1——植民地支配の歴史　220
　　2 歴史的要因その2——第二次世界大戦後　221
　　3 市　場　要　因　222

        4 制度的要因　*225*

3　新興国の台頭と「中所得国の罠」……………………227
   1 新興国のグルーピング　*227*
   2 経済成長の諸結果　*228*

4　政府開発援助（ODA）……………………………………230
   1 ODA の概要と仕組み　*230*
   2 日本の ODA 予算　*233*
   3 日本の ODA の論点　*233*

CHAPTER 11　環境と経済
持続可能な社会に向けて　237

1　経済と環境・環境問題……………………………………238
   1 環境とは何か　*238*
   2 環境問題と社会・歴史・制度　*239*
   3 「市場の失敗」「外部不経済」と環境・環境問題　*241*
   4 公害・環境問題の特徴と公平性　*243*
   5 公害・環境問題の社会的損失と社会的費用　*244*

2　環境問題に対する政府の役割……………………………245
   1 環境政策とは何か　*245*
   2 経済構造と環境政策の変化　*247*

3　持続可能な社会……………………………………………248
   1 経済成長と「生活の質」の基準　*248*
   2 持続可能な社会とは何か　*249*
   3 持続可能な社会の多様な担い手　*250*

Final CHAPTER　経済から経済学へ　254

1　経済学の関心………………………………………………255
   1 経済学の2つの定義　*255*
   2 資本主義経済の構造と動態　*257*
   3 より望ましい社会の実現　*258*

2　経済学の2つのパラダイム………………………………260

1 労働価値説と生産パラダイム　260
　　2 交換パラダイムの登場　262
　　3 2つのパラダイムの基本的な考え方
　　　　──価格理論を例として　263

3　経済学の学び方 …………………………… 274

引用・参考文献　279

Final Action!　285

事 項 索 引　291

人 名 索 引　302

カバー・章扉イラスト：ヒノアユミ

現代経済の仕組み

CHAPTER 1 社会を形づくる経済への接近

**私たちの日常生活と世界経済は
どのように関連しているのだろうか？**

この章のねらい

○ 経済を形成する要素やその関係性に焦点を当てながら，現代経済の仕組みを理解する。

○ 財・サービスを生産し，それを交換・分配し，消費するという一連の過程を繰り返すことで，社会が形成されている点を学ぶ。

○ これまで用いられてきた代表的な経済指標が示す意味を確認しつつ，「豊かさとは何か」を改めて考え直す契機とする。

私たちの便利な生活は，さまざまな財・サービスに支えられている。自動車やスマートフォン，食料品，さらには動画配信サービスなど多様な商品は，完成に至るまでに国境を越えて生産され，世界各国で消費されている。経済活動がモノとモノ，ヒトとヒトとを結びつけて社会を形成する過程やその繰り返しを通じて，時間的にも空間的にも，経済ならびに社会が再生産されていく過程を確認しながら，経済を捉える視点やその仕組みについて明らかにしていこう。

Key Words

使用価値　交換価値　労働価値説　限界効用説
資本　資本主義経済　市場経済　国民総生産（GNP）
国内総生産（GDP）　包括的富

1 経済への接近

1　グローバルな経済，ローカルな経済

　2019 年 12 月以降，わずか数カ月でパンデミックと表現されるほどにまで世界的な流行になった新型コロナウイルス感染症（COVID-19）の影響は，これまでの当たり前であった日常生活を大きく揺るがした。感染防止のために，人と人との接触を制限することが必要となれば，職場で働くことも難しく，多くの経済活動が停滞を余儀なくされ，それは世界各国でも同様であった。新型コロナウイルスによって，毎日必要とする食材や日用品の提供には多くの工程があり，また，それぞれを支える多くの人々の働きがあり，私たちの生活がいかにして成立していたのかを改めて理解することにもなった。

コロナ禍の影響は，世界銀行が第二次世界大戦以来最悪の景気後退であると指摘するほどであった。その後，2021年のワクチン普及以降，社会・経済活動の制限は廃止され，2023年には日本でもコロナ対策が終了し，コロナ禍以前の状況にまで戻るようになった。ただし，ロシアによるウクライナ侵攻をはじめ，各国での紛争や記録的な物価上昇によって，世界経済は先行きが不透明な状態にある。

　ただし，改めて考えると，「世界経済」とは何だろうか。世界経済の動向を注視することは，私たちの日常生活にとって意味があることなのだろうか。一般的には，世界経済の動き方によって，各国の経済が左右され，さらには，一国内部にある諸地域の経済も規定されるように見えるかもしれない。しかし，1つのまとまりとして，各国経済，地域経済の動向を決めるような「世界経済」は実在しないのではないだろうか。実際の経済は，その逆の成り立ちをしている。つまり，個人や世帯単位の経済活動の集まりとして市町村レベルの地域経済が形づくられ，そうした地域経済の集合体として日本経済のような国民経済が，さらに，多数の各国経済をまとめた世界経済が形成されていくのである。

　地球上で営まれる個々の経済の集合体という意味であれば，もちろん，世界経済という枠組みは有効かもしれない。しかし，複雑に展開される経済活動の全体像を地球レベルで把握することは非常に難しい。そのため，複雑に，広範囲にわたって展開する経済に対して，単純な部分や身近な視点から接近することが，理解を助けてくれるだろう。次に，毎日の生活から経済を解き明かす糸口を確認してみよう。

2　商品としての財・サービス

　改めて考えてみれば，私たちが生活をしようとすると，いわゆる

衣食住を確保することは非常に重要である。たとえば，毎日の食事を得るためには，食材，調理器具などが必要となるものの，その食材を自ら生産している人は多くないだろう。私たちは商品としての食材や必要なものを，貨幣と交換して手に入れている。食に限らず，毎日着ている衣服を調達することも，住まいを維持することも含め，毎日の生活は経済活動を通じて成り立っている。

このモノを買うという行為は，実際の買い物ではモノとカネを交換しているが，原理的には，モノとモノとの交換，つまり物々交換が基本にある。第1に，モノを買うために必要なカネは，通常，自らの労働を通じて獲得することになるが，その際に，モノ，すなわち，労働力という特殊な商品とカネを交換している。第2に，カネはお金と表現するように，もともとは貴金属，とりわけ金であり，商品の1つであった。モノとしての貴金属が，交換の利便性からカネ，つまり貨幣へと至ったわけである。

このように，人間が生活していくうえで必要なモノ（財）やコト（サービス）を生産し，交換・分配を通じて，最終的に消費することが経済であり，この一連の過程が経済活動なのである。この財は，**図1-1**に示されるように，水や空気など希少性がなく対価を払う必要がない自由財と，生産・消費の対象となり，市場価格によって売買される経済財の2つに分類される。経済財は，教育，医療，販売行為のように社会的に有用な行為を意味する無形財と，モノとしての形を有する有形財に分かれる。無形財としてのサービスは，生活に必要な働きのことであり，形を持たないものの，他人の役に立つ行為となり，現代社会においてその比重が増大している。有形財はさらに，財の生産に利用される生産財と，人間の欲望を充足させる消費財に分類される。生産財は，主に，原材料であったり，道具・機械，さらには工場などであったり，財を生産する過程で必要

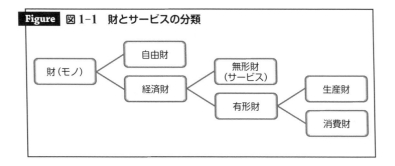

図1-1 財とサービスの分類

とされている。一方、消費財は、食料、衣服、鞄、靴といった利用する際に消耗していく財や、家具や自動車のように長期間にわたって利用できる財を含め、消費することが目的とされている。

私たちが毎日の生活で利用する財やサービスは、誰かの働きかけによって生み出される労働生産物である。この労働生産物を、自分自身が消費することもあれば、他人が消費することもある。現代社会においては、他人のための労働生産物が多く流通しており、とくに交換によって入手される「商品」として位置づけられている。つまり、商品は、他人が必要とする財・サービスであるため、交換しないことには、その財・サービスが備える有用性は発揮されない。たとえば、パンをつくった場合、自家消費分は自分のための労働生産物であり、知り合いなどに無償でお裾分けすれば他人のための労働生産物となり、店頭で販売すれば、商品となり交換・消費されることになる。

3 商品の経済的価値

労働生産物の商品への転化は、交換がその契機となる。当初は余った労働生産物を交換する結果として、商品が成立してきたといえるが、交換の繰り返しの中で、交換を目的とした生産が始まった。

それに伴い,ある人はパンを,ある人は野菜を,またある人は服をそれぞれ生産するという社会的分業の関係が見られてくる。それが商品生産のはじまりである。

では,労働生産物が交換の対象となるには,何が必要だろうか。第1に,他人にとってそれを使用するに値する有用性,つまり**使用価値**が必要になる。使用価値とは,その商品自体の属性によって規定され,利用する人の欲望を満たす性質を持つ。たとえば,パンであれば,食欲を満たす,本であれば,楽しさや知識を得る,などである。この個々の商品が有する質的な要素が使用価値の源となる。

第2に,他人にとって交換に値するという性質,すなわち,**交換価値**が必要になる。商品の交換価値は,その使用価値が基礎にあるとはいえ,商品の属性によって規定されているわけではない。あくまでも,他人の所有物と交換される際の割合として表れてくる。たとえば,パン4個と本1冊で交換が成立する場合に,本の交換価値はパン4個に相当するわけである。ただし,この交換割合は時と場合に応じて変動する。現代では,この商品の交換は主に貨幣に媒介され,その割合は価格という形態で示されている。

パンと本はその素材的な側面からは異なった属性を持つため,使用価値も異なっている。これらを生産する労働も違う性質のものである。パンをつくるには生地を練ったり焼いたりするし,本をつくるには文章を考えたり,印刷したりする。しかし,交換価値としてはこの質的な相違は量的な評価へと移り変わる。量的な大小はあっても,商品交換の際の指標という点では共通であり,そこには異なる商品を生産した労働のような質的な違いはなく,むしろ具体的な労働は捨象されて,価値を生み出す労働として抽象化されている。

では,この商品の価値はどのようにして決まるのだろうか。大きく2つの考え方があり(→ **Final CHAPTER**),第1に,**労働価値説**

である。これは，人間の労働が価値を生み出すのであり，それがゆえに，労働量が商品の価値を決めると考える。たとえば，10時間労働で生産される商品よりも20時間労働で生産される商品は価値が高いとみなされる。持続的に繰り返される生産活動を基礎にしながら，商品を交換する過程で，その交換割合を示す価値は客観的な基準としての性質を帯びていく。したがって，労働力や機械・技術といった生産に投じる資源に応じて，市場で価格が決まるのであり，その価格は客観的な価値を反映していることになる。

　第2に，**限界効用説**である。効用価値説とも主観価値説とも称される場合がある。この説では，商品の価値は効用，すなわち，自分が消費する財・サービスから受ける満足の程度という主観的な価値によって決まると考えられている。個人の欲求という人間の心理的要素を加味し，価格に応じて販売する供給者と購入する需要者の効用（満足度）が一致する点で，市場メカニズムによって価格が決まるとする考え方である。のどが渇いている時とそうでない時，また，多くの飲料水を持っている人とそうでない人とでは，飲料水に対する主観的な満足度は異なるだろう（→ CHAPTER 4）。

　商品の価値をどう捉えるのかは時代によっても変化しやすく，たとえば，比較的単純な機械や技術を中心とした18世紀後半〜19世紀の産業革命期とコンピュータやインターネットが普及した21世紀の現代では，商品の作られ方も，種類の多さも，大きな違いがあるだろう。そのため，上記2つの捉え方ではうまく説明しきれない部分が現代では生じている点も否定できないが，こうした商品価値の捉え方を出発点に，多様な経済学が発展してきたといえる（→ Final CHAPTER）。学説の相違によって，たとえば，商品交換の場となる市場についても捉え方に相違が生じている。商品が需要に応じて交換され，消費され，また，次の需要を見越して，再び供給され

るように,商品の再生産を媒介する役割(社会の再生産)に重心をおく立場もあれば,希少な資源をいかに有効に利用するかという効用最大化と節約の原理に基づいて,財・サービスの効率的な利用と適切な配分を調整する役割(資源の最適配分)に重心をおく立場もある。

4 交換を通じた社会の形成と資本主義

商品を生産するには,労働力,土地,資本という3つの要素が不可欠である。**資本**とは,労働力や生産手段(労働と組み合わせて生産物を生み出すために使われる設備などの物的要素)を買い入れ,生産された商品を販売し,そこから利潤を得る目的で投下される資金総体のことをさす。つまり,生産には,機械や原材料,製品,工場など多様な財が必要になるが,それらを貨幣的価値としてひとまとめにしたものが資本であり,資本は経済過程に投じられ,自己の価値を増大させる(後出**図1-3**参照)。つまり,投下された貨幣以上の金額を回収しようとする。生産する際にかかった費用(1個60円)以上に販売額(1個130円)を設定して,パンを売ることを例にとると,この差額分(1個70円)が利潤であり,価値の増殖分に相当する。この利潤を活用して,翌日のパン生産に必要な原料などを仕入れ,生産・販売を経ていくことにつながるわけであり,利潤が得られないと商売としてのパン生産は継続できなくなる。こうした資本の価値増殖が,社会が持続的に再生産される際の基礎的な仕組みに位置づけられる場合を,**資本主義経済**と呼ぶ。

3つの要素によって生産された商品が貨幣を媒介に売買される仕組みを商品経済といい,その売買が市場を通じて行われる場合に**市場経済**と呼ばれる。これらが成り立つには,社会的分業が必要になる。社会的分業とは,社会全体の労働がその社会の多様な欲求に対

応して,さまざまな労働に分割されるとともに,そうした各種の労働が別々の社会構成員によって専業として営まれることである。各自が自分の専業を行いながら,その集合体が社会全体のニーズを満たし,生きていくために他人の労働の成果に依存していくという,いわば相互依存の関係にある。

 また,商品経済,市場経済が成立するには,商品をつくり出す資本が私的に所有されることが必要になる。資本を私的に所有している場合,その労働生産物は排他的に占有できる。逆に,他人の労働生産物を勝手に使用したり,消費したりすることはできないのであり,個々人は排他的に対立する関係におかれてしまう。つまり,誰でも他人の労働生産物を使用しないと生活していけないにもかかわらず,勝手には使用できないという矛盾した関係に直面する。そのため,自分の労働生産物を他人に譲り渡すと同時に,他人の労働生産物を獲得するために,交換という方法が必要になるわけである。

 こうして,交換が社会的分業による相互依存関係と私的所有による排他的関係という矛盾を両立させることになる。交換が行われることによってこそ,商品生産を基礎とする商品経済,市場経済が成立していくことになる。毎日の仕事や買い物による交換を通じて,商品交換は拡大していき,多種多様な商品が多くの人の手に渡っていく。自分自身が働いて,賃金を得る労働をすることも,労働力商品を販売していることになる。つまり,交換される商品の背後には,その商品を生産した人がそれぞれ存在しているわけである。したがって,商品というモノとモノが交換されていくと同時に,その商品を生産した人と人が相対していることになる。いうなれば,商品交換によって,人と人との社会的関係が構築されるのであり,広く交換が展開されることによって,社会が形づくられていくのである。私たちの生きる現代において,商品の背後にいる人と人との関係は

見えにくいものの、多様な商品の交換を通じて、私たちは今や世界中の人々と社会的に結びついている。

このように、私的に所有された資本を用い、賃金と引き換えに市場で購入される労働力を利用し、利潤獲得をめざして商品を生産する資本主義経済において、商品交換の場である市場は基本的な制度の1つである。しかし、資本主義の特徴である価値増殖部分、すなわち、利潤を生み出す契機は市場機能からは説明できず、商品生産過程を含めて理解する必要がある。

ここまで確認してきたように、私たちの暮らしは資本主義の仕組みによって成立しているが、当然それ以外の仕組みもある。代表的な例として、社会主義や共産主義が指摘される。商品を生み出すために必要な資本が私的に所有されるのではなく、国家や政府といった社会で共有される場合に社会主義、私的所有の否定を強調する場合に共産主義と呼ばれる。

2 経済の循環

1 主体間での循環

経済の仕組みを解き明かすうえで、現実は非常に複雑であり、そのまま捉えることは難しい。そのため、単純化して整理することが有効とされる。簡略化して把握する場合、経済主体として、概して次の3つの主体を指摘することができよう。

第1に、家計である。消費行為の主体として位置づけられており、個人ではなく世帯が1つの単位として使われることが多い。家計は、労働力をはじめとする生産要素を提供して、その対価として賃金をはじめとする所得を獲得し、得られた収入から消費のほか、貯蓄・投資・税金・社会保障に対する負担などにあてる。個人消費を意味

する家計最終消費支出は約 310 兆円（2022 年）であり，後述する日本の国内総生産（GDP）の約 55％ を占めている。日本は輸出が経済を支えていると思われがちだが，日本経済を支えているのは個人消費であり，家計の影響力は意外に大きい。

　第 2 に，企業である（➡ **CHAPTER 4**）。生産・流通を担う主体であり，資本主義経済においては，利潤追求を原動力として経済活動を行っている。利潤獲得を目的に，機械設備，原材料，部品，労働力などの生産要素を市場から購入し，それらを用いて商品を生産する。生産要素の結合の方法によって，多様な財・サービスがつくり出されることになるが，こうした商品を生産する技術，またその革新が資本主義の発展にも大きく貢献している。日本の企業数は 368 万社であり，そのうち 99.7％ を中小企業が占めている。従業員数で見ると，大企業従業員数は全体の約 31％（1459 万人），中小企業の場合は約 69％（3309 万人）である。全企業の売上総額は 1693 兆円にも上っている（以上，2021 年データ）。

　第 3 に，地方自治体を含む政府である。経済政策の主体であり，消費の主体でもある。国民生活の向上と国民経済の安定を目的に，法律，制度，規制などで市場におけるルールを設計し，家計や企業に対して調整を図るとともに（➡ **CHAPTER 8**），財政機能によって，公共サービスの提供や社会資本整備などを行う（➡ **CHAPTER 9**）。日本では，中央政府は 1 つだが，47 都道府県，1724 市町村，特別区（東京 23 区）を含め，地方自治体は 1794 あることになる（2024 年 3 月）。これらの政府組織によって，年間約 122 兆円が公的支出として用いられており，GDP の約 22％ を占めている。また，現在，税収以上に政府支出が増加する財政赤字が恒常的になり，政府総債務残高は 1200 兆円を超えている。これは 1 億 2000 万人の国民 1 人当たり 1000 万円前後の負担になると指摘されている。

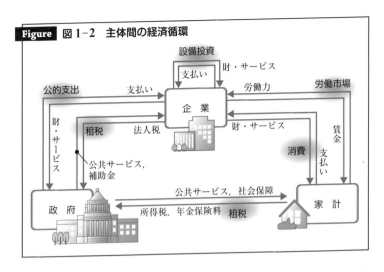

図1-2 主体間の経済循環

図1-2に示されるように，この3主体間を「財・サービス」「所得・通貨」などが行き交っており，この流通の繰り返しをもって経済循環と表現する。たとえば，第1に，家計と企業の間では，家計は労働力を提供し，賃金を受け取るとともに，その賃金を使って企業が生産した商品を購入して生活を送っている。第2に，家計と政府の間では，家計は政府に対して税金を納め，それらの租税を用いて，政府は公営住宅・上下水道・公園などの社会資本を整備したり，医療福祉・年金などの社会保障サービスを提供したり，国民が最低限の生活水準を満たせるように努めている。第3に，企業と政府の間では，企業は法人税などの租税や財・サービスを政府に納入し，その支払いや補助金などを政府から受け取る。また，道路・港湾などの生産関連の社会資本についても，政府から提供されている。

2 再生産と資本の循環

3主体間の循環は，商品や生産要素などが主体間で相互に行き交

う関係性を示しているものの，いわば，時間軸としては一時点での相互交流を意味している。一方，一度消費された商品は，再度，生産され供給されることによって再び市場で購入され，また，消費されていくように，再生産の過程を繰り返す。生産が継続的に繰り返されるには，生産物のうち，一部が次年度の生産手段として，残り部分が消費手段として用いられることが必要である。資本主義経済においては，この再生産が資本の運動を媒介に繰り返される点に特徴がある。

同じ規模で繰り返される単純再生産に加え，得られた利潤を再生産に投じて，再生産を繰り返すたびに以前よりも生産規模が拡大する拡大再生産のほか，利潤が再生産に投じられず，再生産ごとに生産規模が縮小し，生産量が減少していく縮小再生産といった3つの種類の再生産がある。生み出された利潤が追加資本に充当されることを資本蓄積と呼ぶが，この資本蓄積によって拡大再生産が国民経済レベルで継続していくと，いわゆる，経済成長が起きることになる。この再生産の過程において，はじめに，原材料など生産に必要な諸要素を購入する貨幣が投じられ，それが生産手段と賃金を経て，最終的には商品になる。この商品が販売されると，再び，貨幣として回収され，それを次期の生産に投じていく。**図1-3**に示されるように，この繰り返しを資本の循環と呼ぶ。

利潤の資本への再投資，すなわち，資本蓄積は資本主義の再生産にとっての基礎原理であるものの，資本蓄積の進行は徐々に労働者による仕事を，機械設備をはじめとする資本が置き換えていく過程でもあり，不景気の時などには，働く意思と能力があるものの仕事がないという失業を生み出してしまう。好景気と不景気の繰り返しは景気循環と呼ばれ，市場での取引が中心である資本主義経済において，需要と供給のバランスが崩れる際に景気が変動する。たとえ

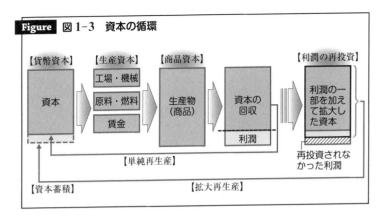

図1-3 資本の循環

ば，商品の需要が増大していくと，投資の増大が望まれ，生産の増大に結びつくことによって，雇用・所得が増えるとともに，物価も上昇していく好況期のあと，生産が過剰気味になると，商品価格の下落に伴って投資の減退が発生し，生産の縮小，利潤の低下，さらには，倒産や失業が増大していく不況期に至り，縮小した生産に対して，また需要が高まってくると，好況期につながっていく連続的なサイクルである。近年の日本では，2002〜08年の「いざなみ景気」，その後，リーマン・ショックによる不景気などを経て，2013年頃から2018年までの「アベノミクス景気」，その後のコロナ禍による経済停滞とそこからの回復などのように，好況・不況を繰り返している。

3 空間的な循環

経済主体間での経済活動を通じた循環に加え，再生産を中心とする時間軸に沿った経済活動の循環が進んでいる。1980年代後半以降，「経済のグローバル化」と呼ばれる現象が進み，ヒト・モノ・カネ・情報が容易に国境を越えて移動する状況が生まれてきた。そ

の中で，経済活動が起きる空間的領域も拡大してきている。グローバル化が進展する現代経済の特徴でもある空間を越えた循環について，次に確認してみよう。

図 1-4 と**図 1-5** は，resourcetrade.earth というデータベースに基づいて，天然資源をめぐる世界各国の相互依存関係を示している。このデータベースは，農林水産物や化石燃料，鉱物資源など1350を超える品目を対象に，200カ国以上の2国間貿易を含んでいる（以下は2024年3月アクセス時点での数値）。

図 1-4(a)では，2022年時点での日本の天然資源輸出状況を示しており，アジア諸国，オセアニアを中心とした取引構造にある。185カ国に輸出しているうちの輸出額上位15カ国との貿易が記載され，総額約993億ドルである。取引先上位3カ国としては，中国（173億ドル），韓国（125億ドル），タイ（87億ドル）である。一方，輸出上位3品目は，貴金属・鉱物（710億ドル），油製品（184億ドル），農産物（76億ドル）となっている。中国は輸出総額の17％を占めており，主要な取引先である。**図 1-4**(b)は同様に，日本の天然資源の輸入状況を示している。192カ国から輸入しており，そのうちの15カ国が表示されている。輸入総額は4034億ドルで，オーストラリア（867億ドル），アラブ首長国連邦（439億ドル），サウジアラビア（418億ドル）の順で輸入先上位3カ国となっている。輸入上位3品目は，化石燃料（2500億ドル），貴金属・鉱物（815億ドル），農産物（584億ドル）であり，オセアニア，中東，アジア，南北アメリカなど多くの国々から天然資源を買い付けている様子がうかがえる。

図 1-5 は，2022年時点の全世界における天然資源の輸出入の分布を示している。こちらの世界地図からは，アメリカ，ヨーロッパ，日本といった先進国による3極に加え，中国が第4極として，世界各国から多くの天然資源を輸入していることが読み取れる。2001

Figure 図 1-4　日本の天然資源の輸出入状況（2022年時点）

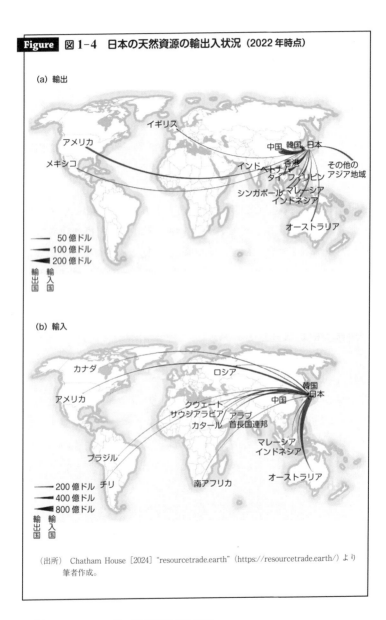

（出所）Chatham House ［2024］ "resourcetrade.earth"（https://resourcetrade.earth/）より筆者作成。

Figure 図1-5 天然資源をめぐる世界の貿易（2022年時点）

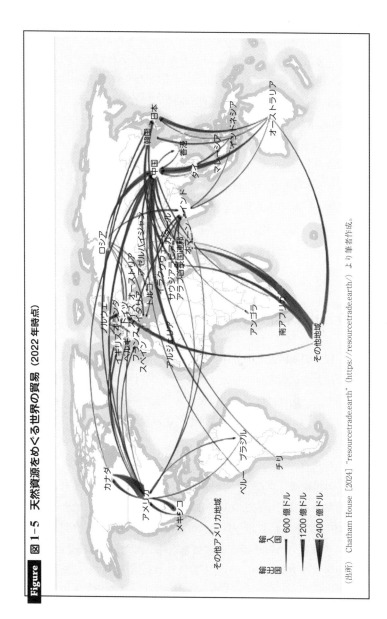

(出所) Chatham House [2024] "resourcetrade.earth"（https://resourcetrade.earth/）より筆者作成。

2 経済の循環

年での総貿易額は1.6兆ドルだったが,2022年の貿易総額は8.8兆ドルと,約20年間で5.5倍に増加している。それだけ,天然資源貿易量が世界全体で増えていることを示している。天然資源の貿易構造は資源を「持てる国」と「使う国」との関係を示しているが,たとえば,資源輸出が基幹産業である中東諸国,オーストラリア,カナダ,ロシアであったり,資源輸入を通じた製造・加工が盛んであるアメリカ,中国,日本であったり,一国の産業構造の特徴を投影させることもできる。原油はエネルギー源・加工原料として,農産物は食料・加工原料として,鉱物資源は工業用原料として,各国で用いられ,多くの商品へと製造・加工されて,また,各国に輸出入されていく。このように,現代経済においては,経済活動が空間的な循環として,世界各国にまたがって展開されているのである。

3 国民経済の構造

1 経済の規模とその分類

ある国の経済の大きさを表すには,その規模を示すための指標が必要になる。指標には多くの種類があるものの,第1に,一国の経済規模を「1年間」のような期間を区切って捉える指標と,第2に,その一国でこれまで生産されてきた「総量」で捉える指標とに大きく分けられる。

第1の指標は「フロー」と呼ばれ,一定期間内における経済活動の貨幣量を意味し,たとえば,2023年の日本の実質国民総所得は581兆円,のように表現される。第2の指標は「ストック」と呼ばれ,ある時点での経済的な資産量を意味し,たとえば,2022年末時点の国富は3999兆円,のように表現される。フローは水道の蛇口から出てくる水量を,ストックは今流入した水量にもともとバケ

ツに貯まっていた水量を足し合わせた総量を，それぞれイメージすると理解しやすいだろう。

フローで国民経済を測る場合にも，その指標は多数存在する。第1に，**国民総生産**（Gross National Product: **GNP**）であり，ある国の国民が1年間に新たに生み出した財・サービス，すなわち，付加価値の総額をさしている。付加価値は生産過程で新たに付け加えられる価値であるため，過去の生産物（在庫）や金融資産を含まない。GNPは国民による生産物総額から，原材料などの中間生産物額を引いて，算出される（GNP＝国民の総生産額−中間生産物）。ただし，現在では準拠する推計基準の変更により，GNPに代わって，国民総所得（Gross National Income: GNI）が新たに用いられている。

第2に，**国内総生産**（Gross Domestic Product: **GDP**）である。GNPは「国民」が生み出した付加価値の合計であり，たとえば，日本の場合，国外で働く日本人の所得や日本企業の海外支店等の所得も含まれている。ただし，日本国内で働く外国人，外資系企業が産出する付加価値は含まれない。GDPは「国内」で生み出された付加価値の合計をさしており，一国領土内で生産された付加価値のみを捉える概念である。経済のグローバル化が進む中，出稼ぎ労働者の流入が多い諸国や海外資本が多く流入してくる国では，GNPよりGDPによって，その国の中で生み出される付加価値を把握する必要に迫られてきたという経緯がある。以前は景気を測る指標として，主としてGNPが用いられていたが，現在は国内の経済状況をより正確に反映する指標としてGDPが重視されている。GDPは，GNPから，海外から流入する所得と海外へ流出する所得の差を引いて算出される（GDP＝GNP−［海外からの所得−海外への所得］）。

GNPとGDP，この2つの指標の相違は，現代経済が，まさにヒト・モノ・カネ・情報が国境を越えて移動する経済のグローバル化

の中にあることを物語っている。GNP は属人的な指標であり，企業が領土内で活動する場合には，GNP のような属人的指標は国民経済を示すことに不都合はなかった。しかし，国内企業の海外展開や海外企業の国内進出をはじめ，多国籍企業が活躍する時代にあっては，資本が自らの事業展開に好都合な国を選択する時代になっている。その場合，属地的な指標である GDP だと各国の経済活動の大きさを比較しやすく，資本にとって，どこの国で事業展開をすべきか判断しやすい材料として機能してもいる。

2 三面等価

フローで国民経済を測る指標として，第3に，国民純生産（Net National Product: NNP）および国内純生産（Net Domestic Product: NDP）がある。NNP は GNP から減価償却費を差し引くことでより純粋に生み出された価値を算出している（NNP＝GNP－減価償却費）。同様に，NDP は GDP から減価償却費を差し引いている（NDP＝GDP－減価償却費）。減価償却費とは，固定資本減耗分ともいわれ，生産活動によって失う資産の価値のことを表し，たとえば 10 億円の設備投資をしたとして，その耐用年数が 10 年であれば，毎年 1 億円ずつ費用として計上する。これら NNP や NDP がある意味で，その国で 1 年間に生み出された「利潤」に相当する。

この国民純生産から，間接税を引き，補助金を加えると国民所得（National Income: NI）になる。消費者が支払った間接税は，企業が納税するため企業の「利潤」にはならず，また，補助金がついた商品は消費者にとって安く購入できるものの，企業にはその補助金が「利潤」となるため加えて算出する（NI＝NNP－間接税＋補助金）。

この国民所得を生産面から捉えると，生産国民所得となるが，国民所得は 1 年間に新しく生み出された付加価値なので，産業別に推

計された国民所得の合計と一致する。日本では，戦後一貫して，第一次産業（農林水産業）の割合が低下し，第二次・第三次産業（鉱工業・建設業・製造業／サービス業）の割合が増加している。

同様に，分配面から捉えた場合に，分配国民所得となり，国民所得は賃金・地代・利潤の形態で分配される。すなわち，一国で生み出された付加価値が，個人・企業などにどのように分配されたかを示すことになる。2022年時点で，現金給与などから構成される雇用者報酬の割合，つまり労働分配率は67.5%である。

続いて，分配された所得が，個人や企業を通じて，どのように消費・投資されたかを示す場合に，支出国民所得となる。2022年時点で，国民所得は559兆円であり，民間最終消費支出が全体の55.6%，政府最終消費支出が21.6%，総資本形成が26.6%である。欧米諸国と比較すると，日本は民間消費支出が多く，政府消費支出が少ない（**➡ CHAPTER 9** 第 *1* 節）。これは，日本では政府による社会保障費や防衛費が相対的に少ないことに加え，老後のための貯蓄・住宅資金に個人レベルで取り組んでいることによる。したがって，個人が社会福祉を負担しているともいえる（**➡ CHAPTER 8**）。

ここまで，生産面，分配面，支出面から国民所得を捉えてきたが，これらは導出する算出方法は異なるものの導かれる数値は等しくなる。これを三面等価の原則と呼ぶ。

このような一国の経済規模を捉える指標は当然ながら，世界各国で共通でないと比較することができない。日本をはじめ世界の多くの国々は，国民経済計算（System of National Accounts: SNA）という基準に従って，所得水準や経済成長率などの国際的な比較を行い，それによって各国経済の実態を明らかにしてきている。

3 豊かさの指標

　GDP が現在の主要な経済指標として用いられているものの、多くの問題も抱えている。たとえば、環境に配慮しない工場設備の場合、発生した汚染を取り除くための追加的出費であっても、GDP の増加に寄与する。国民が不健康な暮らしをしていて、医療費が多く必要とされていたとしても、それも GDP の増大につながる。また、貨幣換算されない家事労働や介護労働は GDP に貢献しない。

　GDP は経済的な生産水準を測り、経済のどの部門が伸びて、どの部門が停滞しているのか、中間投入物がどれだけなのかを示す目安として、政策当事者に提供されることを目的とされていた。あくまでも経済的生産の指標として GDP は構築されたものの、いつの間にか国の全体的動向と業績を測るために用いられ、国民の福祉を意味するようになった。ただし、経済的生産の総計が増えたとしても、福祉が向上するかどうかは別問題なのである（➔ **CHAPTER 8** 第 *1* 節 2）。指標そのものに問題があるというよりは、その使われ方に問題があったわけである。

　指標には、それぞれ、一長一短があるものの、たとえば、ある国の経済規模をストックで示す際に、その国の資産の蓄積から捉える概念として、国富がある。国富には、機械や建物といった企業が有する実物資産のほか、住宅などの個人資産、さらには、国や自治体によって提供される道路・鉄道といった産業関連社会資本、上下水道・学校・公園といった生活関連社会資本に加えて、地下資源なども含まれる。これらの総資産から、国民が有する外国株式・国債、外国の土地などの合計から国内にある外国人の保有する資産を差し引くことで、国富が算出される（国富＝実物資産＋対外純資産）。国富は生活の豊かさや福祉の程度を知る目安となる。とはいえ、やはり貨幣換算された資産を中心に評価する国富であるため、集計から漏

れ落ちる富も存在している。

　現在,従来の指標では捉えられない包括的な富を数量的に把握しようという試みが進められている。**包括的富**（Inclusive Wealth）である。この包括的富は,従来型の生産指標から持続可能性を視野に入れて,経済的市場に基づかない福祉の側面も統合する指標として模索されている。高い生活水準や充実した福祉に結びつく経済活動,それを支える基盤としての物的資本（住宅,工場,機械,インフラなど）,人的資本（教育,健康）,自然資本（天然資源,生態系サービス）,その他（原油価格・生産性の上昇,人口変化）が包括的富であり,これらの基盤が減らないようにすることがサステイナブル・ディベロップメントの指標となる（→ **CHAPTER 11**）。経済活動の基盤に,土地,水,きれいな空気,天然資源といった自然資本を位置づけている点に,この包括的富の特徴がある。これらの自然環境がもたらす恩恵は生態系サービスと呼ばれ,供給サービス（食料,繊維,燃料,淡水など）,調整サービス（気候調整,洪水制御,水質浄化など）,基盤サービス（栄養素の循環,土壌形成など）,文化サービス（景観,レクリエーションなど）として分類されている。資源問題,環境汚染など,今や地球環境の状況を無視して経済成長,経済発展を追い求めることは難しい。物的な資本や金銭的な富に限定されていたこれまでの経済指標に,自然環境や人間関係,制度などに関する要素を盛り込み,豊かさとは何か,を改めて追究する指標として,包括的富概念の実用化が望まれる。

NEXTSTEP

　本章では，現代経済の仕組みについて確認してきた。有形ではない経済全体の仕組みを把握するには，経済活動が有するその意味や取引を通じたヒト・モノ・カネの循環構造などの基礎事項を理解したうえで，各論および全容に接近する必要がある。**CHAPTER 2** 以降の学びを通じて，経済に対する理解を深めていこう。

■文献案内

■ 若森章孝・小池渺・森岡孝二［2007］『入門・政治経済学』ミネルヴァ書房

　経済の原理や資本主義社会の基本構造を解説した良書。労働と生産，市場と商品，資本と再生産などの関係性への理解が深まる。

■ 武隈愼一［2016］『新版 ミクロ経済学』新世社

　ミクロ経済学の基礎概念，分析手法を丁寧に解説しつつ，各専門分野でも用いられる共通的なトピックを取り上げている。

■ 中谷巌［2021］『入門マクロ経済学（第 6 版）』日本評論社

　マクロ経済学の体系の中でどの部分を学んでいるのかわかるように，各章の位置づけが明確に整理されているため，全体を俯瞰しやすい。

Action!

1 1 週間で購入した商品について，それがどこの地域・国で生産されたものか確認してみよう。原料供給地と製造加工地の違いが判明する場合は明示すること。いかに身の回りの商品が世界各国から供給されているか考察してみよう。

2 本章で登場した resourcetrade.earth データベースを利用して，日本，世界全体における輸出入における上位国，上位品目の変化を確認し，そこから見える天然資源をめぐる世界情勢の変化について考察してみよう。

世界経済発展の軌跡

CHAPTER 2 循環するグローバリズム

> 世界経済は，どのような経緯をたどって現在のような姿に至ったのか？

この章のねらい

○ 世界経済の歴史的な成り立ちを理解することを通じて，多様な経済現象を読み解くための広い視野を養う。

○ 経済発展とグローバル化がいかなる状況において危機的な事態に遭遇するのか，解明するヒントをつかむ。

○ その時々の時代における支配的な思想潮流が経済のあり方を規定した状況について理解を深める。

現代の世界経済は，19世紀のイギリスを中心とする世界経済秩序が，二度の世界大戦と 1930 年代の世界恐慌という危機を経過して崩壊し，アメリカを中心とする世界経済秩序へと組み替えられていく中で出現した。そのプロセスを解明していく中で，グローバル化が歴史的な循環を繰り返したこと，また市場経済がどのような状況において危機に陥るのか，などという点について，理解を深めていきたい。

Key Words

パクス・ブリタニカ　　経済的自由主義　　グローバル化
大恐慌　　ケインズ理論　　パクス・アメリカーナ　　混合経済
スタグフレーション　　新自由主義

1 パクス・ブリタニカと19世紀の世界経済

1 覇権国家イギリスと経済的自由主義の確立

18 世紀後半にイギリスで始まった産業革命（第一次産業革命）は，石炭エネルギーで動く蒸気機関の活用により，従来にない巨大な生産力を生み出した。これにより，資本蓄積と経済成長が長期的に持続する，近代的経済成長の時代が開かれた。19 世紀には，産業革命は西ヨーロッパ全域と北アメリカに波及する。

1815 年，フランスとのナポレオン戦争に勝利したイギリスは，世界市場をめぐるフランスとの競争でも最終的な勝利を収めた。ほぼ同時期に産業革命も完了段階に達したことから，第一次世界大戦が勃発する 1914 年に至る 1 世紀の間は，イギリスが世界経済に君臨する覇権国家としての地位を占めた（パクス・ブリタニカ〔イギリ

スによる平和〕)。

　イギリスの覇権的地位の確立とともに，19世紀の世界経済のあり方は，イギリスの経済政策によって規定された。経済的優位を確立する以前のイギリスは，他のヨーロッパ列強と同様に，自国の産業を各種規制や関税（外国からの輸入品にかける税で，輸入を減らす効果がある）などを通じて保護育成するという重商主義政策を採用していた。しかしながら，最初の産業革命を通じて圧倒的な競争力優位を確立したことで，貿易や市場経済への政府の干渉を原則的に否定する**経済的自由主義**，自由貿易主義の思想がイギリスにおいて台頭してくることとなる。圧倒的な競争力を持つ国にとっては，対等な土俵での競争を他国に求める自由貿易こそ国益にかなうといえる。自由貿易がつねに先進国にとってのみ有利であると言い切ってしまうことは単純に過ぎるが，19世紀イギリスの自由貿易主義が，先進国ナショナリズムを反映していたことは否定しがたい。

　経済的自由主義を裏づけた経済学者としてはアダム・スミスが最も有名だが，経済的自由主義の思想を理論的に精緻化し，現実の政策に影響を及ぼした点では，むしろ19世紀に活躍した経済学者デヴィッド・リカードが重視されるべきである。リカードは，貿易・財政・通貨政策に関して，古典的な経済的自由主義を代表する明確な理論体系を打ち立てた。

　まず貿易面では，リカードは比較優位の理論（比較生産費説）を通じて，自由貿易に基づく国際分業はどの国にとっても利益をもたらすという，現在のグローバル化をも支える有力な根拠を提供した（→ **CHAPTER 5**）。もっとも，こうした自由貿易主義思想においては，イギリス産業革命を牽引した綿工業が，重商主義政策による手厚い保護の下ではじめて発展できたという事情などは，都合よく見過ごされていた。

次いで国家財政に関して，リカードは，平時においては，年度ごとに税収と歳出を一致させるべき，という均衡財政原則を正当化した。リカードによれば，公債発行を財源として減税を行ったとしても，人々は，公債を償還（返済）するための将来の増税を予期して消費を手控えるので，消費を刺激する効果は生じない。つまり赤字財政に景気刺激効果はない，ということになる。

通貨政策に関しては，リカードは，固定した交換比率の下で通貨と金との兌換を保証する金本位制を擁護した。金本位制の下では，通貨の発行量は，その国が保有する金の量によって制約されることになる。リカードが支持した貨幣数量説という考え方に基づけば，貨幣を増やしても比例的に物価が上がるだけで，経済を刺激する効果は認められない。インフレーション（インフレ，物価上昇）によって経済に混乱が生じることを防ぐためには，金本位制を固守すべきということになる。

経済政策に関する以上のようなリカードの論は，市場メカニズム（→ **CHAPTER 4**）へのほぼ全面的な信頼を前提としていた。重商主義政策による政府の経済介入は，市場における資源の最適配分を歪めてしまうと考えられた。均衡財政原則の逸脱を容認すれば，政府の裁量的な支出拡大によって，やはり市場メカニズムが歪められてしまう恐れがある。金本位制も，広い意味では政府機関の一部である中央銀行が，裁量的な通貨の発行によって市場メカニズムを歪めてしまうことを阻止することをねらいとしていた。

こうしたリカード理論は，いずれも現実の政策において勝利した。1846年には，イギリス農業を手厚く保護していた穀物法が撤廃された。1860年代以降になると，茶，砂糖，タバコ，コーヒー，ココア，ワインといった限られた品目の嗜好品以外の関税は，全廃されるに至った。現在までで，この時代のイギリスほど徹底した自由

貿易を採用した国は存在しないといっても過言ではない。

イギリスは，自国の巨大な市場へのアクセスを望むヨーロッパ諸国に対して，通商条約を通じて市場開放を促していった。1860年にフランスと英仏通商条約を妥結したことが契機となり，1860年代を通じて，英仏両国は，相次いでヨーロッパ主要諸国と関税引き下げを相互に約する通商条約を締結していった。他方でイギリスは，清朝中国，日本，オスマン帝国などの非欧米諸国に対しては，しばしば武力を背景とした砲艦外交を通じて，関税自主権を認めない不平等な条件での通商条約を受け入れさせていった。

財政政策に関しては，ナポレオン戦争が終結した1815年以降，軍事費の大幅な削減によって平時における均衡財政原則が基本的に守られた。これにより，19世紀のイギリスは，古典的な「小さな政府」を実現したといえる。もっとも，19世紀を通じてイギリスの広大な植民地帝国を維持・拡張するための実動部隊を務めていたのは10万人に及ぶインドの常備軍であり，遠征に伴う軍事費の大半もインド自身が担っていた。つまり，植民地インド自身に植民地帝国を支配するためのコストを負担させるというカラクリによってはじめて，イギリス本国の「小さな政府」と均衡財政は可能であったのである。

通貨体制に関しては，ナポレオン戦争期に昂進したインフレの原因は不換紙幣の大量発行にあるとして，金本位制復活を求めるリカードらの主張が勝利し，1821年には通貨と金との兌換が再開された。貨幣数量説を採用する金本位制支持論者によれば，金本位制には経済を自動的に調整する作用があるとされていた。金本位制の下で物価が上昇した場合，その国の商品の価格競争力が低下するので国際収支は悪化し，決済のために金が海外に流出する。中央銀行の金準備も減少するので，通貨の発行量も減少する。通貨量が減少

すると物価が下落し,国際収支が改善して金が再度流入する。金流入の増大は通貨量の増加をもたらし,物価は再度上昇する。こうして,金本位制の下では,物価や国際収支は適度な水準に自動的に均衡するということになる。しかしながら,実際には,こうしたメカニズムはほとんど機能していなかった。非常に完成度の高い金本位制を採用したイギリスにおいてさえ,中央銀行に相当するイングランド銀行の金準備の量とほとんど無関係に,通貨は流通していたのである。それにもかかわらず,金本位制停止に至る第一次世界大戦期までイギリスの物価水準は安定していたことから,金本位制が自動的に経済状態を安定させるという一種の神話がやがて普及するに至った。

このように,かなりの程度フィクションの上に成り立っていた側面があったものの,経済的自由主義の思想は19世紀半ばには覇権国イギリスで確立を見たということができる。

2 第二次産業革命と第1期グローバル化

貿易自由化を通じて世界各国に独占的に工業製品を供給する「世界の工場」としてのイギリスの最盛期は長続きすることはなく,1860年代をもって終わりを告げる。1870年代から欧米諸国においては第二次産業革命と呼ばれる新たな波が台頭してきた。綿工業のような軽工業が牽引した第一次産業革命とは異なり,第二次産業革命は,鉄鋼業や化学・電機産業など,大規模な設備投資を伴う重工業を基軸としており,イギリスに代わってアメリカとドイツが発展の中心となるに至った。

アメリカとドイツが重工業化の新たな波においてイギリスを圧倒していくうえで有効に働いたのは,保護主義政策(関税などを武器として自国の産業を保護する政策)である。アメリカは南北戦争が勃発

した1861年に大幅な関税引き上げを行い,ドイツも1879年に保護主義政策への転換に踏み切った。巨額な設備投資が必要な重工業においては,安定した内需(国内需要)を確保する保護主義政策が有効であった。また,保護主義政策の下で独占価格を維持することが可能であったため,米独両国では重工業分野で独占的な大企業が成長した。それに対し,自由貿易政策を維持したイギリスでは,激しい競争圧力にさらされ続けたため,重工業に適した独占的な大企業の成長は抑制された。また,需要も不安定であったため,重工業の設備投資も伸び悩んだ。

1880年代以降はヨーロッパ大陸の主要諸国はことごとく保護主義政策に転換していった。国家主権を持つ欧米諸国が保護主義政策によって自国の産業を保護育成する戦略を採用する選択肢を持っていたのとは異なり,関税自主権を奪われていた多くの非欧米諸国はそうした選択肢を持たなかった。結果として,非欧米諸国の工業は欧米諸国との競争を通じて壊滅に追い込まれたので,大半の非欧米諸国は一次産品(農産物・工業原材料)の生産に特化することとなった。生産性成長率が高い工業分野を失った非欧米諸国の経済は,欧米諸国の経済に差をつけられていくこととなり,現代に至る世界的経済格差の根源が発生した(➜ **CHAPTER 10**)。

他方で,非常に逆説的なことに,イギリスを除いて大半の欧米諸国が保護主義政策に転じた19世紀末期から,世界貿易は空前の成長期を迎えることとなる。とくに1890年代後半から1914年の第一次世界大戦勃発にかけて,世界経済は貿易の持続的な成長に牽引されて空前の好況期に入った。当時は国家間の資本移動は自由であり,移民の移動もほとんど無制限であった。したがって,近年の経済史研究では,19世紀末から20世紀初頭にかけての時期は,ヒト,モノ,カネの活発な移動によって特徴づけられる最初の本格的なグ

ローバル化（第1期グローバル化）の時代であったとする見方がある。

　欧米諸国における保護主義の台頭にもかかわらず、世界貿易が急速な成長を遂げた背景は次のようなものであった。「世界の工場」としての地位を失ったイギリスではあったが、その資本輸出額は2位以下を圧倒しており、「世界の銀行」としての地位は安泰であった。世界各国では、イギリス資本を借り入れることにより、鉄道、港湾、運河などのインフラが整備されたので、19世紀後半には輸送に要する費用が劇的に低下した。各国にとって、輸送コストの削減は関税率上昇効果を相殺して余りあるものであったのである。

　さらに19世紀末期には、2国間で取引を決済するのではなく、多角的に取引を決済するシステムが形成された。このシステムにおいては、保護主義の欧米諸国に対して自由貿易を固持したイギリスは欧米諸国に対して巨額の貿易赤字を出すようになり、さらに北米（アメリカ、カナダ）に対して巨額な資本輸出を行っていた。こうして、イギリスから欧米諸国に向けて巨額な資金の流れが生じた。それに対し、イギリス以外の欧米諸国は、工業化していく過程でインドをはじめとするアジア諸国から大量の一次産品を輸入することとなり、アジア諸国に対する巨額な支払い（貿易赤字）を生じさせた。インドなどのアジア諸国は関税自主権を持たず、自由貿易を強制されていたため、イギリスはこれらアジア諸国に対しては綿製品などを集中的に輸出して巨額な貿易黒字を稼ぎ出すことができた。こうして、イギリス→欧米諸国→インドなどアジア諸国→イギリス、という資金循環が成立する中で、欧米諸国の保護主義にもかかわらず、世界貿易は持続的に成長することができたのである。

　こうして、「世界の工場」としての独占的地位を失った後のイギリスは、世界の金融センターおよび世界貿易の中心としての地位を維持することはできた。したがって、パクス・ブリタニカの時代は

第一次世界大戦までは基本的に継続したということができる。そして，保護主義の台頭にもかかわらず，第一次世界大戦前の世界経済は覇権国家イギリスの経済的自由主義思想の強力な影響下におかれたのである。

過渡期としての大戦間期の世界経済

1 パクス・ブリタニカの凋落

1914年夏に勃発し，18年末に事実上終結した第一次世界大戦は，世界の政治経済に激変を及ぼした。総力戦を通じて各国の政府規模は急速に拡大し，現代的な「大きな政府」の原型が出現した。また，大戦を通じて重工業化が加速し，生産性の向上とともに，企業の独占化・寡占化がますます進行した。他方で，各国の労働組合組織は，戦時総動員体制に協力した見返りとして，著しく発言力を強化した。これにより，賃金が容易に上昇するがなかなか下落はしないという，賃金の下方硬直性（➡ Final CHAPTER）と呼ばれる現象が顕著となる。大企業による独占価格（高い利潤を確保するために引き上げられた価格 ➡ CHAPTER 4 第2節 3）の形成と賃金の下方硬直性は，19世紀にリカードが唱えたような自由放任的な資本主義の前提となる市場の伸縮的な価格調整メカニズムを決定的に損なうものであった。しかしながら，1930年代初頭までは，市場の自動的な価格調整メカニズムを信奉する伝統的な経済的自由主義が支配的な影響力を維持していたので，拡大した政府規模を活用して経済問題を是正しようとする機運は乏しかった。

戦前の覇権国イギリスは，自国が戦場とはならず，戦勝国となったにもかかわらず，その経済力は大戦によって深刻な打撃をこうむった。まず大戦を契機として，イギリスの資本輸出力は減退し，

「世界の銀行」としての地位はアメリカにとって代わられた。また，戦時中にイギリスからの工業製品輸入が途絶えたインドなどアジア諸国は，綿工業を中心に自給的工業化を開始した。結果として，イギリス最大の輸出産業であった綿工業は最大の輸出市場を失った。同時に，戦前の世界貿易拡大を支えた多角的決済のシステムも崩壊に向かったのである。

こうして，第一次世界大戦を契機にパクス・ブリタニカの国際経済秩序は大きく動揺したが，イギリスに代わるだけの経済力を有していたアメリカは，世界経済の中心国としての役割を果たそうとはしなかった。戦前のアメリカはすでに他国を圧倒する世界最大の工業大国となっていたにもかかわらず，非常に高率の保護関税を採用し，戦後もそれを継続した。イギリスの経済力低下と並んで，アメリカが保護主義政策を維持したことにより，世界経済は貿易面でのエンジン役を失ってしまった。

他方でアメリカは，戦時期から戦後にかけて巨額な資本輸出を行うことによって，一時は「世界の銀行」として，イギリスにとって代わった。しかしながら，戦前の各国はイギリスから借り入れた資金を自由貿易国イギリスへの輸出を通じて返済することができたのに対して，アメリカの保護主義政策はそのような道を閉ざしていた。また，1929年の**大恐慌**勃発以後は，アメリカ資本は急激に本国へ引き揚げられていった。結果として，1929年以後は商品輸入と資本輸出の両面において，世界経済の安定役を果たす大国が存在しなくなってしまった。世界経済の安定役となる大国の不在は，1930年代の大恐慌が激烈かつ長期に及んだ最大の要因の1つであった。

2　大恐慌の勃発へ

第一次世界大戦中は輸出景気にわいたアメリカは，1920年前後

の小休止を経て，大恐慌勃発に至るまでさらなる好景気を謳歌した。その背景には，各種の耐久消費財生産部門で，大量生産・大量消費のシステムがいちはやく普及を見たことがあった。これを最も典型的な形で体現したのは自動車メーカーのフォードであったため，こうしたシステムはフォーディズムと呼ばれる。大量生産による生産性の上昇が，元来は庶民に手が届かない贅沢品であった各種耐久消費財の大幅な価格引き下げを可能とし，大衆消費ブームが盛り上がった。実体経済の好況は株式投資ブームを引き起こし，1920年代後半のニューヨーク株式市場の株価はバブル的な高騰を示すようになる。

こうした好景気を背景として，経済に余力があったアメリカは，とくに1924年以降，敗戦国ドイツを中心に世界各国へ巨額な貸付を開始した。1923年には空前のハイパーインフレに陥ったドイツはこの貸付を通じて急速に経済復興し，ドイツの復興に牽引されてヨーロッパ大陸諸国の経済も1920年代後半には回復の兆しを見せるようになる。戦後の経済混乱期と大恐慌の間にはさまれたこの1924～29年という期間は，「相対的安定期」と呼ばれる。しかしながら，この時期のあくまで相対的な安定は，もともと内向き志向が強いアメリカが気前のよい資本供給国であり続けることにひとえに依存した，非常に脆弱な基礎の上に立った安定であった。

アメリカでは，1921～33年に3代にわたって続いた保守的な共和党政権の大統領の下で，富裕層に著しく有利な税制改革が実施された。富裕層に有利な税制改革は株式投資ブームを促進したものの，富の寡占と所得の不平等化が進行した結果，大衆消費ブームはやがて息切れした。つまり，大量生産に大量消費が追いつけなくなり，1929年夏には工業指標の悪化が始まった。そして，同年10月24日，史上名高い「暗黒の木曜日」に株価バブルは完全に崩壊する。大衆

消費の冷え込みと株価大暴落が合わさって，急激な需要の縮小が始まり，アメリカは大恐慌に陥る。この時点で，世界各国はアメリカ資本頼りの状態であったから，アメリカ資本が急激に引き揚げられていくことにより，恐慌は世界全体に波及するに至る（世界恐慌）。

　1931年に入ると，ヨーロッパで深刻な金融恐慌が発生し，世界恐慌はいちだんと深刻の度を増した。その背景には国際金本位制に基づく当時の国際金融システムがあった。すなわち，イギリスを発祥の地とする金本位制は19世紀末には世界全体に普及し，世界主要各国の通貨は，金(きん)を通じて為替レート（為替相場 → **CHAPTER 6**）が固定される固定相場制を採用するに至った。この国際金本位制は第一次世界大戦期にいったん崩壊したものの，1920年代後半には世界の主要国はことごとく金本位制に復帰するに至った（再建金本位制）。第 *1* 節 ⬚1 で説明したように，金本位制は自動的に経済の均衡を回復させる機能があるとみなされており，経済的自由主義のシンボル的存在であった。しかしながら，大恐慌の下で各国が金本位制を守り抜こうとしたことは，完全な逆効果を及ぼした。

　恐慌の渦中で商品輸出や資本輸入が激減していく事態に陥った各国は，金本位制によって自国通貨の為替レートを固定させている限り，為替レート切り下げによって国際収支の改善（金準備減少の阻止）を図ることができなかった。国際収支の悪化に歯止めがかからなければ，やがて金準備が尽きてしまい，金本位制停止に追い込まれてしまう。通貨安政策ができない状況の下で，国際収支を改善するためにとりうる手段は2つしかなかった。高金利政策や緊縮財政（政府支出削減）といったデフレ政策（物価を押し下げる政策）によって自国の景気を悪化させながら自国商品の価格競争力を改善するか，関税率の引き上げによって商品輸入を減らすか，である。大半の諸国は，実際にこの2つの手段に訴えた。しかし，恐慌の渦中にデフ

レ政策を行ったことは、ただでさえ弱っている自国の経済をますます痛めつける結果になったし、関税率の引き上げは世界全体の貿易を縮小させるだけの結果に終わった。このように、各国が19世紀的な経済的自由主義のシンボルである金本位制に固執したことは、かえって恐慌のいっそうの激化を招くこととなってしまったのである。世界貿易は劇的に縮小し、列強によるブロック経済化の動きも加速した。こうして、第1期グローバル化は完全に逆転したのである。

3 大恐慌からの回復プロセス

皮肉なことに大恐慌からの景気回復は、各国が必死に守り抜こうとした金本位制からの離脱に追い込まれた時期が早い国ほど順調であった。1931年9月には、ほかならぬ金本位制発祥の地であるイギリスが金本位制停止に追い込まれ、インド、カナダ、オーストラリアなどイギリス帝国諸国や北欧諸国などが追随した。同年12月には、前年に金本位制に復帰したばかりの日本も金本位制を停止する。大恐慌からの景気回復は、このように早期に金本位制を停止した国から始まり、1933年まで金本位制にとどまったアメリカの回復は遅れた。さらに、最後まで金本位制にとどまったフランスの景気回復は列強の中では最も遅かった。

金本位制を停止した国では、もはやデフレ政策を継続する必要はなくなり、低金利政策・為替レート切り下げ、および積極財政（財政支出拡大）によって景気を刺激することが可能になった。1930年代には、大規模な積極財政を試みた国はドイツ、スウェーデン、日本など少数にとどまったが、少なくとも金本位制を停止した諸国では低金利政策による金融緩和・為替レート切り下げが遂行され、景気回復が進行した。

1920年代からすでに慢性的不況に陥っていたイギリスでは，ケンブリッジ大学の経済学者ジョン・メイナード・ケインズが経済学の革命に着手しつつあった。リカードに代表される古典派経済学では，「供給はそれ自らの需要を生み出す」という命題が信じられており，市場の価格調整メカニズムによって需要と供給は自動的に均衡すると考えられていた。つまり，長期的な過剰生産・需要不足による不況は想定されていなかったのである。金本位制は，こうした市場の自動的調整機能を体現するとみなされていた。しかしながら，大恐慌の経験は，こうした古典派経済学の経済的自由主義や市場の自動的調整機能に対する信頼を決定的に失わせた。これに代わってケインズは，経済活動の水準は需要の大きさによって決定づけられる，という新たな命題を打ち立てた。1936年にケインズが公刊した『雇用，利子および貨幣の一般理論』は，こうした理論を体系化した記念碑的著作であった。**ケインズ理論**によれば，需要の大きさが不十分であれば当然のように不況が発生することとなる。市場の価格調整メカニズムはスムーズに機能するとは限らないので，需要不足による不況から脱するには，政府や中央銀行が自ら需要を創出するような政策（財政支出の拡大や金融緩和）を行う必要がある，ということになる。

　こうしたケインズ理論は，1930年代の時点では，いまだ各国の現実の政策に強い影響を及ぼすには至らなかったが，「ケインズ革命」と呼ばれるように，第二次世界大戦期にかけて，次第に各国における主流派の経済思想の座を占めていくに至った。

パクス・アメリカーナの時代

1 戦後の高度経済成長と混合経済の確立

　世界恐慌とブロック化の時代は，1939～45年の第二次世界大戦に帰結した。ソビエト連邦（ソ連）とともに戦勝の最大の原動力となったアメリカは，1946年頃からソ連が率いる東側陣営との冷戦が本格化していく中で，西側諸国の結束を高めるためにも，従来の自国本位的な姿勢から転換する必要を迫られた。実際に戦後のアメリカは，関税及び貿易に関する一般協定（GATT）を通じての貿易自由化を積極的に推進しただけでなく，国際金融システム構築の面でも主導的な役割を果たすようになった。すなわち，いまだ戦時中の1944年に開催されたブレトンウッズ会議において，アメリカは独自の構想を公表し，基本的にその計画に基づく国際通貨体制（ブレトンウッズ体制）が1971年まで継続する。

　1930年代に国際金本位制が最終的に崩壊してから各国の為替レートが乱高下し，貿易の成長が妨げられたという反省から，ブレトンウッズ体制においては固定相場制が再建された。しかしながら，為替レート切り下げがいっさい容認されなかった国際金本位制とは異なり，ブレトンウッズ体制は「調整可能な固定相場制」と呼ばれるように，国際収支の深刻な構造的不均衡に陥った国は，切り下げられた新たな為替レートで固定相場制に復帰することが認められていた。また，国際金本位制の下では主要各国の通貨は直接金にリンクしていたのに対して，ブレトンウッズ体制の下では公定レートで金と兌換可能な通貨はドルのみということになり，ドル以外の通貨はドルを介して間接的に金とリンクすることとなった。つまりアメリカ以外の各国は，金準備の代わりにドルを外貨準備として国際的

な決済のために保有したのである。金の供給量が物質的に制約されているのに対して、ドルの供給はかなり弾力的に増やしていくことが可能なので、世界が深刻な流動性不足（資金不足）に陥るリスクが軽減された。さらに、国際収支危機に陥った国に緊急融資を行う国際金融機関として、アメリカをはじめとする各国の出資によって国際通貨基金（IMF）が創立された。もっとも、アメリカ連邦議会の抵抗により、IMFの資金規模は著しく制限された。

ブレトンウッズ体制、もしくはIMF・GATT体制は多大な成功を収め、1950年代から60年代にかけて、西側諸国は空前の繁栄期を迎えることとなる。第一次世界大戦前の世界経済が覇権国家イギリスの市場開放と資本供給に支えられていたのと同様に、第二次世界大戦後の世界経済は1960年代に至るまで、新たな覇権国家アメリカの市場開放と資本供給に支えられ、安定状態を保った（**パクス・アメリカーナ**）。東側陣営に対抗するため、アメリカはマーシャル・プランなどを通じて直接的に大量のドルを西側諸国に供給した。戦後しばらくは、アメリカ以外の各国は外貨不足・流動性不足に悩んでいたが、こうした大量のドル供給により、1960年代にはむしろドル供給の過剰が問題とされるようになる。

国際経済秩序の安定を背景として、高度経済成長の時代が現出した。高度経済成長を可能にした一因は、ケインズ理論によって支えられた**混合経済**（市場と政府との混合という意味である）の確立である。大恐慌の経験、およびスターリン体制下のソ連の表面上は目覚ましい経済成長は、西側諸国においても、政府機能の拡大への要請をもたらすこととなった。結果として、市場の機能を補完するために政府が積極的に介入するという混合経済の時代が到来する。

混合経済の一翼を担ったのが、戦後に各国で確立した福祉国家体制である（**→ CHAPTER 8**）。「揺りかごから墓場まで」のスローガン

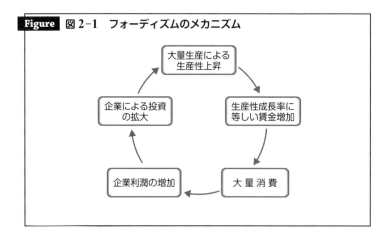
Figure 図2-1 フォーディズムのメカニズム

で知られるイギリスのベヴァリッジ・プランに代表されるように，社会保険制度を中心として社会保障水準は飛躍的に上昇した。第一次世界大戦前における欧米諸国の社会保障費はGDPの3％にも達しない水準であったが，第二次世界大戦後の欧米諸国では平均で20％近い水準にまで上昇するに至った。同時に，ケインズ理論の影響を受けて，不況期には政府の財政出動や中央銀行の金融緩和によって景気回復を図ることが一般的となった。社会保障の充実や政府の不況対策は，需要の面から経済成長を促進する役割を果たした。

戦後の高度経済成長は，1920年代のアメリカで先駆的に見られた大量生産・大量消費システム（フォーディズム）が西側諸国で一般化したことによって可能となった。第二次世界大戦を経て労働組合はいっそう強力となり，賃金の下方硬直性は増したが，労働者の賃金上昇が確保されたことにより，大量生産に見合った大量消費が持続できたのである。戦後のフォーディズムにおいては，生産性上昇率にほぼ等しい賃金上昇を確保するという労使間合意が成立したことによって，**図2-1**のような好循環が出現した。

2　高度経済成長の終焉とスタグフレーション

　1971年，アメリカ大統領のリチャード・ニクソンはドルと金との兌換停止を発表し，ドル切り下げに踏み切った（ニクソン・ショック）。これにより，各国の通貨は金とのつながりを最終的に断たれ，以後は無際限なマネーの膨張が可能となる。スミソニアン協定によって一時的に固定相場制は再建されたものの，1973年以降は完全に変動相場制に移行した。これをもって，ブレトンウッズ体制は最終的に崩壊した。同時にこれは，パクス・アメリカーナの最盛期の終焉を意味していた。

　ニクソンの決定の背景には，アメリカの国際収支の持続的な悪化があった。大戦直後のアメリカは世界全体の経常黒字をほぼ一国で独占するような黒字大国であったが，持続的な景気刺激政策による輸入の増大を通じて経常収支は赤字に転じ，ベトナムへの軍事介入などを通じて資本移転等収支の赤字も膨張した。こうして，1960年代にはドル不足に代わってドルの過剰供給が問題視されるに至ったが，アメリカによる流動性（ドル）の大量供給が世界的な高度経済成長を後押しした面はある。しかし，ドルの信認は低下し，ついにドル切り下げに至ったのである。

　1973年には中東の産油国が原油価格を一挙に4倍以上に引き上げたことによってオイル・ショック（石油危機）が発生し，高度経済成長の時代は完全に終焉を迎える。戦後の各国内部には農村部に大量の余剰労働力が存在していたため，労働組合組織の強大化にもかかわらず，労使間の力関係は均衡状態にあった（人余りの状態では，働き手の立場は弱くなるため）。しかし，1960年代末期の前後から余剰労働力が枯渇し，人手不足を背景として交渉力を強化した労働組合は，しばしば生産性上昇率を上回るような賃金上昇を求めるに至った。生産性上昇率を賃金上昇率が上回るようになれば，実質賃

金が上昇する分，企業の利潤は低下し，企業は投資を手控えるようになる。さらに高度成長を経て，各国では『ゆたかな社会』（アメリカの経済学者ジョン・ケネス・ガルブレイスのベストセラーのタイトル）が到来し，各種耐久消費財への需要が飽和状態になるとともに，大量生産された均質的な商品に代わって，差別化された多様な商品を求める傾向が強くなった。こうして，高度経済成長を支えたフォーディズムも終焉の時を迎えたのである。

1970年代には原油価格の高騰と激しい賃金上昇圧力があいまって激烈なインフレが発生するのと同時に，企業投資の低下を通じて経済は不況基調となった。通常は見られなかったインフレーションと不況（スタグネーション）のコンビネーションが発生し，これは**スタグフレーション**と呼ばれた。このスタグフレーションの時代には政府の不況対策はインフレを激化させるだけで効果がないように思われたため，ケインズ理論や混合経済への不信感も急速に広がった。これを背景として，かつての自由放任的な経済的自由主義の復興をめざす**新自由主義**と呼ばれる潮流が台頭してくる。

3　新自由主義の時代

新自由主義の中心論者であるアメリカの経済学者ミルトン・フリードマンはケインズ理論を否定し，リカード理論を復興させた。つまり，均衡財政原則による「小さな政府」を唱えるとともに，貨幣数量説を再興させたマネタリズムという学説に基づいて，中央銀行は一定のパーセンテージ（k％ルール）で貨幣量を自動的に増やしていくだけの役割に徹すべきと主張したのである。1979〜90年にイギリスで長期政権を築いたマーガレット・サッチャー首相，および81〜89年のアメリカ大統領ロナルド・レーガンの下でマネタリズムは公式政策として採用され，新自由主義は支配的潮流としての

地位を確立した。

　もっとも，19世紀の金本位制の実態が貨幣数量説の想定とはかけ離れていたのと同様に，1980年代のマネタリズムも実際にはk%ルールを実践に移すことには失敗した。中央銀行によるマネーの操作は，単純な理論どおりに実践できるようなものではないことが明らかとなったのである。しかしながら，1980年代以降は各国の世論も総じて保守化し，新自由主義によって理論武装したサッチャー，レーガンら保守政権によって労働組合組織は切り崩されていった。労働組合の賃上げ圧力が低下したことによって，1990年代にはインフレはほぼ終息する（インフレは2022年以降になって再燃しているが）。他方で，賃上げ圧力の抑え込みと社会保障水準切り下げの圧力は需要を冷え込ませ，先進国経済は低成長期に移行した。1990年代にかけて失業率も高止まりする。

　同時に，1980年代以降は，新自由主義の風潮の下で規制緩和が進行した。ブレトンウッズ体制の時代においては，投機的取引によって固定相場制が危うくなることが恐れられて国際的な資本移動は厳密に規制されていたが，こうした資本規制も1980年代にかけて撤廃された。おりしも，社会主義大国中国は，鄧小平の下で1978年に改革開放路線に転じ，経済自由化を推進していた。1990年前後にはソ連，東欧の社会主義体制が崩壊して資本主義に移行する。国際的資本移動の自由化に牽引されて国際貿易も活発化し，1990年代以降は加速度を増した。これが現代に至るグローバル化と呼ばれる現象である。グローバル化においては，先進国の資本を呼び込むことに成功したBRICS諸国（ブラジル，ロシア，インド，中国，南アフリカ）などが急成長し，世界的な経済格差の是正が進んだ。先進国の富裕層は資本投資先の拡大に伴って巨額の富を蓄積したものの，賃金コストが低い新興国に向けて先進国から製造業が流出

(産業の空洞化)したことによって,先進国内部の貧困問題は深刻化した。つまり,グローバル化は先進国内部の経済格差を極端なまでに拡大する結果となったことは否定しがたい。

金融規制緩和と国際的資本移動の活発化は,強力な金融セクターを有するアメリカ,イギリス両国の経済をとりわけ活性化させた。アメリカの好景気に牽引されて,1990年代中頃から2007年頃にかけて世界経済は好況基調で推移した。しかしながら,アメリカの好景気は金融規制緩和によって創出された金融バブルの色彩が強いものであって,膨張したマネー経済は2008年の世界金融危機によって暴発するに至る。

本来,グローバル化の時代を牽引した新自由主義は,ケインズ理論の影響下の「大きな政府」と財政悪化を激しく批判することによって支持を集めたのであった。しかし皮肉なことに,むしろ新自由主義が主流派となった1980年代以降に各国の財政状況は悪化した(**図2-2**)。アメリカではレーガン政権期の大軍拡と大減税によって景気が過熱した結果,輸入が急増し,双子の赤字(経常収支赤字と財政赤字)が定着する。「政府から市場へ」をスローガンとする新自由主義は,社会保障などへの政府支出の拡大には否定的であったが,減税には好意的であった。2001~09年のジョージ・ブッシュ(子)大統領の時代には,アフガニスタンとイラクへの大規模な軍事介入と同時に減税の大盤振る舞いがなされ,金融バブルをあおるとともに財政赤字が急増した。バブルが破裂して2008年に世界金融危機が発生すると,各国政府は金融機関を救済するために大量の公的資金を投入し,なりふり構わぬ景気対策を行うことによって,大戦間期の大恐慌の再現を防ぐことはできたものの,国家債務は空前の規模に達した。2020年以降のコロナ・パンデミックは,これにさらなる追い打ちとなった。同時に,先進国では急速に高齢化が

Figure 図 2-2　各国政府債務残高の推移（対 GDP 比）

（注）General government gross financial liabilities（対 GDP 比）。地方政府分を含むが中央政府との重複分は除外。
（出所）「社会実情データ図録」(https://honkawa2.sakura.ne.jp/5103.html, 2024 年 5 月 19 日アクセス)。

進行しつつあるので、社会保障費の上昇に歯止めをかけることも困難であることが明らかとなった。

　こうして、結局のところ、新自由主義は混合経済の現実を変えることに失敗したといえる。東側社会主義体制の崩壊に見られるように、政府にすべてを任せればうまくいくわけではないが、新自由主義が主張するように市場にすべてを任せればうまくいくというわけでもない。そもそも、市場と政府は互いに異なった機能を有するのであり、一概にどちらが優れているかを論じることは不毛である。市場と政府は必ずしも対立関係にあるとは限らず、むしろ補完関係にあるとみなされるべきであろう。

> **NEXTSTEP**
>
> 歴史を学ぶことを通じて、自由貿易政策が有利に作用した場合もあれば、逆に保護主義政策が有利に作用した場合もあったことなど、多様な経済現象を読み解く柔軟な思考を養うことができる。大学では「西洋経済史」や「欧米経済史」といった科目を履修し、経済史に関する理解をいっそう深めてほしい。

■ 文献案内

■ 石見徹 [1999]『世界経済史――覇権国と経済体制』東洋経済新報社

　本章と基本的に同様な時代区分に基づき、パクス・ブリタニカからパクス・アメリカーナへの変遷を解明している。

■ 猪木武徳 [2009]『戦後世界経済史――自由と平等の視点から』中央公論新社（中公新書）

　著名な経済学者による、第二次世界大戦後の世界経済史に関する定評ある概説。

■ 小野塚知二 [2018]『経済史――いまを知り、未来を生きるために』有斐閣

　西洋経済史のテキストだが、単なる概説にとどまらず、テーマ別的に、著者独自の興味深い知見がちりばめられている。

Action!

1 世界経済史のデータベース EH.net にアクセスして、Database→Global Financial Data, 1880-1913→Exports から、1880 年代から第一次世界大戦までにおける「保護主義への転換」と「世界貿易の成長」が同時に進展した過程を、データに基づいて説明してみよう。

2 1970 年代のオイル・ショック以後、自由貿易的な開放経済路線の下でアジア諸国は急速な経済成長に成功した。同時代に進行した

先進国の産業構造の高度化（サービス産業の比重拡大）を踏まえて，それが成功した理由について考えてみよう。

現代日本経済の形成

CHAPTER 3

戦後日本経済史の視点から

戦後日本経済の急速な発展は，どのように成し遂げられたのか？

この章のねらい

○ 日本経済が，敗戦後のどん底からわずか 20 年ちょっとで，世界第 2 の経済大国にまで上りつめたプロセスと要因をつかむ。

○ 高度経済成長期の内容と，今日につながる問題点を考える。

○ バブル経済と平成不況の一因が，戦後の成功体験に縛られた結果であった可能性を押さえ，歴史的な視点の重要性を理解する。

現代日本で生まれたみなさんは，衣服・食物からスマートフォン・パソコンなどに至るまで，多くの製品に囲まれて生活していることだろう。しかし，敗戦直後の日本の多くの人々は空襲で焼け出され，日々食べる物にも困るような状況であった。そこからわずか20年でモノがあふれる豊かな日本経済へと変貌したわけだが，その驚異的な発展はどのように成し遂げられたのだろうか。

Key Words

金融緊急措置　　傾斜生産　　復興金融金庫　　中間安定論
ドッジ・ライン　　三大経済改革　　高度経済成長　　減量経営
プラザ合意

1　敗戦と経済復興・民主化

　敗戦直後の日本は，日々食べるものにも事欠く状況であったが，アメリカを中心とする世界経済秩序（パクス・アメリカーナ，→CHAPTER 2）の中で，早期の経済復興を成し遂げた。高度経済成長期に入ると，政府，民間企業とも規模拡大を追求する路線を突き進み，1980年代に，アメリカ，イギリスを中心に台頭してきた新自由主義的思想が取り入れられた後も，公共事業など拡張的政策が（「小さな政府」のスローガンにもかかわらず）基本的には継続された。以下，その経過をたどりながら，現代日本経済の形成過程を見よう。

1　食糧危機からの脱却

　敗戦直後の日本経済はさまざまな経済問題に直面した。なかでも

食糧危機は最も深刻であった。戦時動員による生産者不足，東南海地震（1944年12月）など震災の続発による不安感，1945年7月の冷夏，同年9月の大型台風（枕崎台風）などによって，45年の米（コメ）の収穫高は平年の約3分の2にまで落ち込んだのである。

　政府は，食糧供出制度の強化や小麦等の緊急輸入に努めたが，1945年は世界的にも食糧生産が落ち込んでおり，戦時期以来の配給制が継続されたものの，食糧配給は戦後しばらく滞った。人々は物々交換用の着物などを手に，ヤミ市や農村への買い出しに向かった。1946年5月には，皇居前で飯米を要求する25万人規模の集会（食糧メーデー）が開催されるほど食糧事情は悪化していた。

　結局，食糧不足を補填したのは小麦等の海外からの輸入であった。1946年6月にアメリカの新麦の収穫が始まり，7月より輸入食糧が出回りはじめた。必要な外貨は，アメリカからの対日援助資金によってまかなわれた。1947年度から食糧需給は改善の方向に向かったが，政府は農家からの米供出を促すため，早期に供出に応じた者への奨励金を2倍へ引き上げるなど，さまざまな刺激策を実施した。

　こうして，1950年代初頭には農業生産額が戦前の水準を回復した。なお，食糧不足の中で，米穀配給比率が2割を下回る月もあったことは，主食としての米の割合を低下させ，パン食など日本人の食生活の多様化につながった。

2　インフレと金融緊急措置

　食糧危機と並行して日本が直面した深刻な経済問題は，約70倍にも上った激しいインフレと生産力の低迷であった。とりわけ，敗戦以降の物資不足とヤミ市の盛況の中で進んだインフレの克服は，重要課題となった。

　1946年2月，幣原喜重郎（しではら）内閣は，預金封鎖と新円切り替えを内

容とする**金融緊急措置**を突如発表した。預貯金が自由に引き出せなくなること（引き出しは1世帯当たり月額約500円まで），「旧円」は3月2日をもって通用力を失うため金融機関（銀行や郵便局など）で「新円」に交換する必要があることなどが定められた。現金流通量を強制的に減少させて，インフレの沈静化を図る荒療治であった。実際，日本銀行券の発行高は4分の1へと激減した。あわせて，1946年3月3日に物価統制令が公布・施行されて，米や醬油といった食品から石鹼などの日用品，石炭などの基礎資材に至るまで細かく公定価格が設定された（三・三物価体系）。

　しかしながら，こうした一連の緊急対策は，1946年9月頃までの一時的にしか効果がなかった。インフレの根本的な解決には，敗戦直後のモノ不足を解消するための供給を増大させる仕組みが必要であり，政府も生産復興を重視する方針へと転換していく。

3　傾斜生産の実施と復興金融金庫

　1946年8月，物価庁設置とともに，吉田茂内閣の下で経済安定本部（経済企画庁〔現在は内閣府経済財政諮問会議などに改組〕の前身）が発足した。経済安定本部は，物価統制だけでなく，産業復興，財政金融など幅広い経済分野の企画立案，生産計画等を管轄しており，生産復興とインフレ収束の同時達成を図る「最強官庁」の異名を持っていた。この経済安定本部が，1947年より実施される**傾斜生産**の中心となった。

　1946年9月以降，日本の鉱工業生産指数は横ばいからやや減少へと転じていた。そのことに危機感を覚えた吉田内閣は石炭小委員会を設置して対応策を練った。こうして，アメリカから輸入した重油によって鋼材を増産し，それを国内生産が可能な石炭増産にあてて，年産3000万トンをめざす傾斜生産が構想された。

傾斜生産を資金面で支援するための制度も整備された。1947年1月より業務を開始した**復興金融金庫**は，傾斜生産に対応する「傾斜金融」を担当する公的金融機関であり，最重点産業とされた石炭を中心に，鉄鋼，電力などの重点業種へ融資を実施した。石炭鉱業の設備投資向け融資の実に96.9%が，復興金融金庫からの貸出によってまかなわれた。ところで，復興金融金庫は債券を発行して資金調達する仕組みとなっていたが，資金調達が困難だったため，復興金融債の約7割を日本銀行が引き受けた（復興金融債の日銀引受け）。

こうして傾斜生産のシステムが整い，鉄鋼生産量は1947年2月より増加に転じ，石炭生産量も47年後半以降に顕著に増加しはじめた（鋼材を生産して炭鉱に運び坑道を整備するのに半年程度かかるため）。石炭の増産は，機械工業など関連する重化学工業の生産拡大へと波及し，戦後日本経済の復興を軌道に乗せた。

4 復金インフレとドッジ・ライン

1948年に入ると，復興金融債の日本銀行引受けを通じて市中のカネが増えることによるインフレ（復金インフレ）が顕著になりはじめた。経済安定本部は，食糧援助を受けつつ，傾斜生産による増産に努めて，国民にモノが行き渡るようになれば，インフレを克服できるという**中間安定論**に沿って政策構想を進めた。しかし，GHQ/SCAP（連合国軍最高司令官総司令部）は援助依存的な計画に難色を示したため，合理化を柱とするものへと修正された。

東西冷戦構造が形成される中で，アメリカは日本経済の早期安定を求めるようになる。1948年12月，経済安定九原則が発表され，まずインフレを収束して経済を一挙に安定させることで，単一為替レートを設定できるよう要請された。現在では，カメラや自転車など製品の種類によって異なる為替レートが設定されることはないが，

ドッジの声明を伝える新聞記事

(出所) 『朝日新聞』1949年3月8日朝刊。

当時は輸出入業者に対して為替レートが有利に設定できる複数為替レート制度が採用されており,そのための補助金が拠出されていた。

「一挙安定」路線を実行に移すため,1949年2月,アメリカより来日したジョセフ・ドッジは,「米国は日本経済と復興のため昭和23年度までに約11億5000万ドルを支出した。(中略) 日本の経済は両足を地につけていず,竹馬にのっているようなものだ。竹馬の片足は米国の援助,他方は国内的な補助金の機構である」と批判した (新聞記事参照)。そして,①超均衡予算の編成,②復興金融金庫の新規融資停止,③単一為替レートの設定などを柱とする一連の緊縮的な経済政策 (ドッジ・ライン) を実施するよう指示した。

ドッジ・ラインによりインフレは一挙に収束,1949年4月以降はデフレーション (デフレ) の様相を呈した。復興金融金庫からの融資を受けられなくなった企業 (とくに石炭関係) を中心に発生した資金不足 (「金詰まり」) に対して,日本銀行は国債等の買いオペレー

ションによる資金供給と、トヨタ自動車等の企業に対して金融機関からの融資を斡旋するといった緩和策を展開して、ドッジ・ラインの影響を和らげるよう努めた。

　最終的に、1950年6月に勃発した朝鮮戦争に伴う特需の発生によって、日本経済は息を吹き返した。1951年9月、サンフランシスコ講和条約が調印され、翌年4月に発効して日本は独立を回復し、高度経済成長期を迎えることとなる。

　日本経済はインフレの収束と生産の回復という相矛盾する課題を、戦後わずか5年で克服することができた。反インフレと生産拡大という経済政策基調がその後長らく理想とされるようになった背景には、この時期の成功体験があるといえよう。

5　占領下の三大経済改革

　GHQ/SCAP占領の下で、日本国憲法の制定、婦人参政権の実現、陸・海軍省の廃止、内務省の解体と知事公選制の実施などさまざまな非軍事化・民主化政策が実施された。本項では、**三大経済改革**（農地改革・財閥解体・労働の民主化）について順に見よう。

〈農地改革〉

　農地改革は、二度の段階を経て実施された。1945年12月、第一次農地改革は、占領軍の民主化への強い姿勢に触発された日本の農林省（現農林水産省）主導で策定された。戦前期の農村は小作地が多く、貧しい小作農が耕作する小作制度を特徴としており、民主化の障害とみなされた。農林省案の主な内容は、不在地主の全小作地および在村地主で5町歩を超える小作地について、小作人の希望があれば小作人へ譲渡しなければならないというものであった。地主の土地所有権に国家が強制的に干渉できることが認められたのである。しかし、GHQ/SCAPはまだ内容が不徹底として、さらなる改

革を求めた。

　結局，イギリスが作成した代案をもとに，第二次農地改革が1946年10月より実施された。その内容は，不在地主の全小作地と在村地主の1町歩を超える小作地を，国が直接買い上げて，小作農へ払い下げるというものであった。ポイントは，国による農地の買収価格が1950年まで据え置かれたため，インフレによりタダ同然の農地買収・払い下げとなったことである。

　こうして，日本の小作地率は10％を下回る水準にまで低下した。農地改革は，戦前日本の象徴であった地主的土地所有を解体し，自作農中心体制を構築したが，土地所有の零細化が進行したため，都市化・工業化の進展とあいまって，農業衰退へとつながる要因ともなった。

〈財閥解体〉

　財閥解体は，GHQ/SCAPの指令・指導によって実施されていった。三井・三菱・住友・安田などの財閥は，戦前日本の侵略主義を推進し，また中小企業の発達を阻害しているとみなされたからである。1946年9月以降，持株会社（財閥本社）の解散，財閥関係者の経済界からの排除（経済パージ），過度な経済力集中の排除（財閥系大企業の分割），財閥商号の使用禁止などが，順次実施された。

　その中で断行されたのが，1947年7月3日の三井物産・三菱商事両社の解散指令である。戦時期に，三井物産や三菱商事は大陸で食糧の収買活動等に従事していたことが重く見られた。最終的に，三井物産は200以上，三菱商事は100以上の会社に分割された。

　もっとも，東西冷戦構造形成とともに，1948年には対日占領政策の方針が転換し（逆コース），会社分割指定325社に対して，日本製鉄，三菱重工業など実施が11社にとどまったように，大企業の分割は結局ほとんど行われなかった。他方で，経済パージで約

2000名が対象となり、企業幹部の平均年齢が10歳ほど若返ったことは、高度経済成長期における設備投資の積極的な実行という経営判断につながった。なお、財閥系銀行については行名変更のみで分割されなかったため、後に旧財閥系企業がグループごとにまとまっていく中で（社長会）、企業集団の中核を占めることとなった。

〈労働の民主化〉

労働の民主化は、労働組合法（1945年12月）、労働関係調整法（1946年9月）、労働基準法（1947年4月）のいわゆる労働三法の制定によって進展した。労働組合法は、労働者の団結権、団体交渉権、争議権を法的に確認したものであり、労働関係調整法は、労働争議の予防や解決のための斡旋・調整を規定している。労働基準法は労働者の労働条件（1日8時間労働、男女同一賃金など）を規定したものであり、法律施行のための監督機関（労働基準監督署）が設置された。

1946年には国鉄や炭鉱などの労働争議が活発化し、日本労働組合総同盟（総同盟）、全日本産業別労働組合会議（産別会議）、さらに全官公庁労組拡大共同闘争委員会（全官公労）が結成されて、労働運動は大いに盛り上がりを見せた。

しかし、共産主義化を懸念するアメリカ政府の意向を背景に、1947年GHQ/SCAPのダグラス・マッカーサーによる二・一ゼネスト中止指令、さらに1948年7月公務員のストライキ（罷業）権を剥奪する政令201号が出されるなど、占領政策の逆コースとともに、労働の民主化に対してもブレーキがかけられた。

2 高度経済成長とその影響

1 高度経済成長の開始（神武景気と岩戸景気）

インフレなき経済成長（数量景気）以降、日本経済は、神武、岩

Table 表 3-1　高度経済成長期の主要指標の推移（1955～70 年）

年度	国内総生産 （億円）	鉱工業 生産指数	総預金 （億円）	平均給与 （円）	エンゲル係数 （％）
1955	85,979	6.7	25,552	16,643	44.5
1960	166,806	14.0	59,443	18,953	38.8
1965	337,653	23.6	131,415	28,595	36.2
1970	752,985	48.6	250,690	49,865	32.2

（注）　総預金は都市銀行分のみの値。鉱工業生産指数は 2010 年 = 100 としたときの値。エンゲル係数 = 食料費／消費支出。平均給与は，事務員の 4 月分基本月給（ただし，1955 年のみ給与総額）。
（出所）　総務省統計局編「日本の長期統計系列」(https://warp.da.ndl.go.jp/info/ndljp/pid/9395191/www.stat.go.jp/data/chouki/index.htm)。ただし，鉱工業生産指数のみ，経済産業省ウェブサイト（http://www.meti.go.jp/statistics/index.html）。

戸，五輪（オリンピック），いざなぎと 4 つの好景気を特徴とする**高度経済成長**を経験し，経済大国へと発展した（**表 3-1**）。

〈神武景気〉

神武景気（1954 年 12 月～57 年 6 月）は，繊維産業を柱とする軽工業およびミシンやカメラなど，復興期から競争力のあった組立産業の輸出ブームとして始まり，輸出関連産業への投資意欲（とくに機械）が拡大した。そして，輸出景気が国内需要へ波及して，いわゆる三種の神器（白黒テレビ，電気冷蔵庫，電気洗濯機）のような耐久消費財の普及へと展開，百貨店の売上も激増した。もっとも，1956（昭和31）年度の『経済白書』において，「もはや『戦後』ではない。我々はいまや異なった事態に当面しようとしている。回復を通じての成長は終わった。今後の成長は近代化によって支えられる」と指摘されたように，技術革新という点ではいまだ道半ばであった。

〈岩戸景気〉

岩戸景気（1958 年 7 月～61 年 12 月）は，本格的な重化学工業ブームと特徴づけられる。それを象徴するのが，当時新素材であった合

成樹脂（プラスチック）原料を供給する石油化学工業の登場である。加工の自由度が高くさまざまな性質を付与できるプラスチックの国産化は，工業製品の開発を促進する点で画期的であった。

さらに，機械工業の伸びは最も高かった。これは，家電製品や軽自動車（どちらかといえば荷物運搬用）の生産増加だけではなく，当時の多くの産業が工作機械や重電機など機械を必要としていたからである。このような産業の相互連関は，「投資が投資をよぶ効果」（『昭和36年度 経済白書』）として強調されている。

他方で，労働者の賃金の伸びは鉱工業生産の著しい伸びと比べると後れを取っていた。

2　高度経済成長の展開（五輪景気といざなぎ景気）

〈五輪景気――公共投資ブーム〉

経済成長が進むにつれて，国民は住宅問題への不満をつのらせ，また，余暇（レジャー）時間の拡大を望むようになった。五輪景気（1962年11月～64年10月）は，まさにこうした国民の願望に応える中で起こった公共投資ブームであった。池田勇人内閣の所得倍増計画（1960年12月27日閣議決定）をベースとして，道路整備五カ年計画（総額2.1兆円）や「地域間の均衡ある発展」を目標とする全国総合開発計画などが次々と策定されて，インフラの充実や過密問題の解決が政策的に図られた。

1960年度には2兆円程度にすぎなかった政府支出は，62年度には3兆円を突破して民間投資を誘発し，商業ビルの建設ブームが到来した。東京オリンピック関係の建設工事費は約1兆円に上った。国立競技場等の競技施設をはじめ，高速道路・東海道新幹線等の建設や東京国際空港の拡張が急ピッチで進められただけでなく，テレビ放送網の拡充（全世帯の8割以上が視聴可能に），自由貿易など開放

体制への移行（IMF 8 条国移行，OECD 加盟）や石炭から石油へのエネルギー転換に対応するための港湾整備も推進された。

〈証券恐慌〉

民間産業では自動車や石油化学の伸びは大きかったが，特殊鋼（ニッケルやクロム等の合金鋼）など一部の産業では過剰投資に陥り，企業が設備投資資金を調達する場である株式市場は低迷しはじめた。証券会社の決算が軒並み赤字に陥り，1965 年 3 月山陽特殊製鋼が会社更生法の適用を申請，同年 5 月に山一證券を救済するため日本銀行による特別融通（正規外担保での日銀貸出）が実施された。1965 年の不況は「証券恐慌」ともいわれる。

1965 年 11 月，戦後初の赤字公債発行の閣議決定を契機に，日本経済は好景気へと突入し，山一證券の損益も早期に改善された。赤字公債の発行による不況からの脱出という成功体験は，日本の政治家へ強い印象を残し，後の 1990 年代の不況対策にも影響を及ぼした。

〈いざなぎ景気──内需中心の好景気〉

いざなぎ景気（1965 年 11 月〜70 年 7 月）は，内需中心の息の長い好景気となった。賃金と可処分所得が毎年 10% ずつ上昇する中で，3C（カラーテレビ，乗用車，クーラー）といわれる高価な耐久消費財が普及しはじめた。エンゲル係数（食料費支出の消費支出に占める比重）は 35% を下回り，レジャー関係支出は 5 年間で倍増した。1968 年の日本の国民総生産は 1419 億ドルとなり，西ドイツ（1322 億ドル）を抜いて世界第 2 の経済大国となった（『昭和 44 年度 経済白書』）。ちなみに，当時の為替レートは 1 ドル＝360 円という円安であった。

産業面では，鉄鋼や機械の輸出が増大して，国際収支黒字が定着した。とりわけ，機械工業では，自動車・家電等の耐久消費財とそ

れらの高性能化に対応する金属加工・合成樹脂加工用の工作機械への需要が拡大した。また，金融・サービスなどの第三次産業が発達し，従事者が大幅に増加した。

他方で，公害問題（→ CHAPTER 11）への対応が本格的に検討されるとともに，「人手不足経済への適応」が注目されるようになった。1970（昭和45）年度の『経済白書』によると，技術研究や技能関係職種の人員が不足している一方，事務管理部門では過剰とする企業が多く，高年齢層での求人倍率はかなり低いとされていた。人手不足という今日的な問題がこの時期に現れていた点は，興味深いといえよう。

3　高度経済成長の影響

4つの好景気を経て，日本の生活様式は基本的に現代とほぼ同様のものへと変化した。核家族化の進展に伴い，住宅1戸当たり人口は5.3（1958年）から3.8（73年）へと減少し，夫婦と子ども1〜2人で暮らすことが一般化した。テレビ，電話，電気冷蔵庫，電気洗濯機，エアコン，マイカーといった耐久消費財に囲まれて生活するのが当たり前となった。食生活の面では，パン食や肉類・サラダ用野菜等の消費が拡大し，洋食化が著しく進展した。1961年に農業基本法が制定されたが，産業別就業者数の第一次産業に占める割合は48.5％（1950年）から19.3％（70年）へと大幅に減少し，農業ではなく，工業・サービス業で働くことが主流となった。

そのほかにも，婦人服で顕著に見られた既製服化，主婦の店ダイエーやヨーカ堂（現イトーヨーカドー）といったスーパーマーケットの台頭，遊園地・テーマパーク（横浜ドリームランドや富士急ハイランド等）の建設など，枚挙に暇がない。朝の通勤ラッシュや道路渋滞が激化するようになったのも，1960年代のことである。

過密問題や公害問題など高度経済成長のひずみが明らかになると，国民の社会福祉への関心が高まった。1967年，東京都で美濃部亮吉知事が誕生したことに象徴されるように，東京・横浜・京都・大阪など都市部で庶民派（非保守系）の革新自治体が台頭した。このような潮流の中で，政治家の福祉政策への関心が高まることとなり，1970年11月の「公害国会」を経て，環境庁（現・環境省）が新設された。

4　重化学工業化の進展（石油化学と自動車工業）

　高度経済成長期には，重化学工業化の進展に伴って，日本経済を代表する産業と企業が確立された。本項では，石油化学および自動車の2つの産業について，その発展の軌跡を具体的に見よう。

〈石油化学工業の発展〉

　石油化学工業は，アメリカ，イギリス，ドイツを中心に1940年代において急発展を遂げつつあり，日本はその後塵を拝していた。

　プラスチックや合成繊維・合成ゴム等の原料生産を担う重要な産業として国産化（輸入代替化）を進めるため，通商産業省（通産省，現・経済産業省）は，1955年7月「石油化学工業の育成対策」を決定した。大量生産することでコストダウンできるという規模の経済性が働く産業特性に基づき，新規参入を大企業に限定する方針がとられ，三井石油化学，三菱油化，住友化学，日本石油化学の「先発4社」がエチレンセンター（エチレンは代表的な石油化学基礎製品で，そこからポリエチレン等のプラスチックがつくられる）として認可された。「先発4社」は，海外からの技術導入を進め，1960年までに操業を開始した。

　さらに，東燃石油化学・出光石油化学など「後発5社」の参入も認められ，各種プラスチックの国産化とエチレンプラント大型化に

よる合理化が進んだ。その後、エチレン年産30万トン基準の設定を受けて設備投資競争が過熱化し、1969年にはエチレンの総生産量は200万トンを突破するとともに、輸出も盛んに行われるようになった。日本の石油化学工業の急成長は、自動車や家電産業など国内の製造業の発達を促すこととなった。

第11回東京モーターショーでのパブリカ・スポーツ（1964年）　朝日新聞社／時事通信フォト

〈自動車工業の発展〉

　日本の自動車工業は、1950年代における三輪自動車の生産の盛り上がりを1つの契機として発達しはじめた。1955年5月、通産省の「国民車育成要綱案」が明らかにされると、各社は四輪自動車の開発に徐々に本腰を入れるようになった。もっとも、当時の自動車は貨物輸送を主目的としており、トラックの保有台数の方が乗用車よりはるかに多かった。乗用車についても、タクシーや社用車といった法人利用がメインであった。

　1958年に発売された富士重工業の「スバル360」（排気量360cc）は、航空機生産で培った技術を活用した完成度の高いものであり、四輪自動車時代の到来を予感させるものであった。1961年には、トヨタ自動車工業から排気量700ccの「パブリカ」が発売されて、大衆乗用車時代の幕を開けた。さらに、東名・名神高速道路の建設は、技術進歩をいっそう促し、1966年の「マイカー元年」を迎えることとなる。同年、日産自動車から「サニー」、トヨタ自動車工業から「カローラ」が発売されて、本格的な乗用車ブームが到来した。

　1970年における日本の四輪自動車の生産台数は500万台を超え

てアメリカに次ぐ世界第2位となり、輸出台数も急増して100万台を超えた。1970年代にはオイル・ショックによるガソリン価格の高騰によって、日本車輸出はアメリカ市場を席捲することとなるが、それは80年代の日米貿易摩擦の象徴ともなった。

安定成長からバブル経済へ

1 ニクソン・ショックとオイル・ショック

　高度経済成長は、その「ひずみ」の顕在化によって限界が示唆されていたが、終焉の直接的な契機となったのは、ニクソン・ショック（通貨危機）とオイル・ショックであった。

　1971年8月、アメリカ大統領リチャード・ニクソンのテレビ演説の中で、突如金とドルの交換停止が発表された。いわゆるニクソン・ショックである。高度経済成長期の日本は、1ドル＝360円という円安の為替レートのおかげで輸出を伸ばしてきたが、1969年に西ドイツがマルクの切り上げを実施、日本のアクションが国際的に期待されていた。しかし、1971年5月に策定された「円対策八項目」では円切り上げが盛り込まれておらず、主要先進国（とくにアメリカ）を失望させた。

　暫定的な変動相場制に移行した円ドル相場は円高へと傾き、1971年12月のスミソニアン合意において1ドル＝308円に切り上げられた。しかし、外国為替市場はさらに円高圧力を増す一方で、日本政府はあくまで円の再切り上げ回避の姿勢を貫いたため、再び国際的な批判を浴びた。

　結局、1973年2月に1ドル＝260円前後への再切り上げで日米合意に至り、翌3月に欧州共同体（EC）の6カ国が共同変動相場制へ移行したことにより、日本も変動相場制へ完全に移行した。国際協

調を乱してまで円切り上げを回避しようとしたのは，政府がそれだけ円安政策に固執していたことを示している。

1973年10月，第四次中東戦争の勃発を契機として，石油輸出国機構（OPEC）加盟の6カ国が原油公示価格を2倍近くへと引き上げることを通告し，原油の実勢価格は1バーレル10ドルを超えた。高度経済成長期は1バーレル1.9ドルで長く推移してきたから，大幅な値上げであった。

消費者へ与えた心理的影響は大きく，灯油からトイレットペーパーに至るまで石油関連製品を求めて行列をつくった。「狂乱物価」といわれたように，物価が3割近くも上昇したが，実際は1972年から実施されていた「日本列島改造論」（高速交通ネットワークの全国網整備によって過密と過疎問題の同時解消を図る）に基づく田中角栄内閣の積極政策に加えて，売り惜しみと買い焦りの影響が大きかった。

政府は，国民生活安定緊急措置法等を制定するなど迅速に対応し，20％節電を決定した。石油需給は翌年の夏には改善したが，産業界では，鉄鋼・化学等のエネルギー多消費・素材型産業が後退し，自動車・家電等の技術集約型産業が日本の工業の中心となった。

2 戦後初のマイナス成長と対応

1974年における日本の実質GDPは，マイナスの伸び率を記録した。日本経済は戦後初のマイナス成長に陥ったのである。

政府は三度にわたって景気対策を実施，さらに1975年9月の第四次景気対策で公共事業や住宅建設を中心に，1.5兆円もの追加予算を計上した。公定歩合も1975年4月から10月にかけて連続的に引き下げられた（計2.5％の金融緩和）。この景気対策の財源は公債発行に依存しており，1975年度は，特例公債（赤字公債）の発行再開も加えて，5.3兆円もの公債残高増加となった。

1976年に三木武夫内閣が策定した「昭和50年代前期経済計画——安定した社会を目指して」において掲げられた経済成長率は「6％強」とかなり高く，公債発行は増加し続けて79年度末の公債依存度（一般会計歳入に占める公債発行による収入割合）は40％にも達した。今日直面している財政問題は，ここから始まったといえる。

　企業サイドでは，**減量経営**に取り組むことで，利益の確保を図った。ME（マイクロ・エレクトロニクス）化の採用によって省力化を推進するとともに，雇用調整を進めた。新規学卒者の採用が抑制され，派遣労働者・嘱託，試用工・臨時工，パート・アルバイトといった非正規従業員の雇用削減が断行された。東証一部上場企業の雇用者数で見た減量規模は10％を超え，正規と非正規との間の「格差化」が進行したのである（森ほか［2002］224～225頁）。

　もっとも，1974年のマイナス成長の直接的な契機となったオイル・ショックは，日本の機械工業にとってチャンスをもたらした。技術集約型産業である自動車と家電は1975年秋以降急速に生産を拡大し，日本を代表する輸出産業へと躍り出た。とくに，燃費のよい小型車を得意とする日本の自動車メーカーにとって，石油価格の高騰はむしろ輸出への追い風となり，自動車輸出台数は100万台（1970年）から600万台（80年）へと大幅に増加した。また，VTR（ビデオテープ・レコーダー）の登場など技術進歩が著しかった家電製品の輸出額も，1970年から80年の10年間で，約5倍も増加した。これら輸出品の主要な相手国はアメリカだったため，1980年代における日米貿易摩擦問題へとつながることになった。

3　日米貿易摩擦とプラザ合意

　1970年代後半以降，アメリカの日本に対する貿易収支は大幅に赤字化し，貿易赤字の3分の1が対日貿易によって生じている状況

に陥った。1970年代末には、アメリカ自動車メーカーのビッグ3（フォード、GM、クライスラー）の経営が悪化したこともあり、日本製自動車の対米輸出をめぐって通商問題化した。日本は現地生産を進めることでアメリカでの雇用創出に努めるとともに、1981年以降、日本車の対米輸出を自主規制することで問題解決を図った。

アメリカ側は、貿易不均衡の原因が日本の閉鎖的な金融市場とそれに伴う円の過小評価（円安）によると見ていた。1983年11月にロナルド・レーガン大統領の強い要請で設置された日米・円ドル委員会では、金融・資本市場の自由化の推進によって円が国際的に利用されることを通じて円高へと誘導することが確認され、金利の自由化、外国金融機関の信託業務への参入許可などが実施されることになった。

さらに、1985年9月、ニューヨークのプラザホテルでG5（先進5カ国蔵相・中央銀行総裁会議）が開催されて、中央銀行による協調介入によって円買い・ドル売りを行い、ドル高と円安を是正することを主な目的とする**プラザ合意**が発表された。6週間にわたる総額100億ドルを超える協調介入をきっかけに、為替レートは一挙に円高へと傾き、円はそれまでの1ドル＝240円程度から1ドル＝150円へと急騰し、輸出産業への影響が懸念されるようになった。

4 バブル経済

急激な円高に見舞われたことを受け、それまで国鉄民営化など財政再建を図ってきた政府は不況に陥ることを恐れた。1986年4月、内需主導型の経済成長を提言した前川レポートを受けて、市街地の再開発、大型公共事業（東京湾横断道路、関西国際空港）などを柱とする、事業規模3.6兆円の総合経済対策が決定された。さらに、1987年度には、公共投資、住宅投資の拡大と地域活性化の推進お

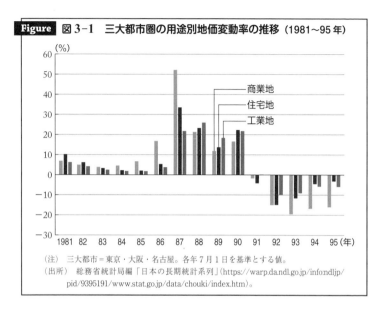

図3-1 三大都市圏の用途別地価変動率の推移（1981〜95年）

（注）三大都市＝東京・大阪・名古屋。各年7月1日を基準とする値。
（出所）総務省統計局編「日本の長期統計系列」(https://warp.da.ndl.go.jp/info:ndljp/pid/9395191/www.stat.go.jp/data/chouki/index.htm)。

よび大規模公共プロジェクト（東京臨海部の再開発等）などを内容とする，事業規模6兆円もの緊急経済対策が実施されることになった。

　二度に及ぶ財政政策に加えて，日本銀行は1986年より公定歩合を段階的に引き下げ，87年2月には当時の史上最低レートである2.5％とした。1987年10月の世界的株価大暴落（ブラックマンデー）もあり，この金融緩和政策は89年5月まで継続された。

　このような積極的な財政政策と緩和的な金融政策は，バブル経済へと直結した。戦後一度も地価の下落がなかったという経験則から出た「土地神話」と，1987年に制定された「ゆとりのある国民生活」のための総合保養地域整備法（リゾート法）により，金融機関から多額の資金がオフィスビル，ゴルフ場などの不動産へ流入した。とくに，三大都市の商業地の地価は値上がりが著しく（**図3-1**），1987年には52.2％もの上昇を記録した。

1989年の株価動向と翌年の予想を伝える新聞記事

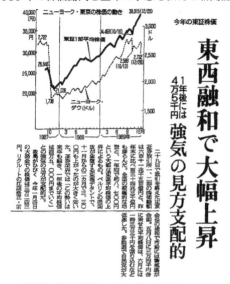

(出所) 『朝日新聞』1989年12月30日朝刊。

　株式市場も活況を呈した。総楽観ムードによる個人・企業からの資金流入（財テク）に加えて，投機集団などへの巨額融資が膨れ上がり，1989年12月29日には日経平均株価の終値が当時の史上最高値の3万8915円87銭を記録するに至り，翌年の4万円超えは確実視されていた（新聞記事参照）。

　しかし，1990年3月に発せられた大蔵省銀行局長通達「土地関連融資の抑制について」（いわゆる総量規制）によって，金融機関の不動産業向け貸出の伸び率を総貸出の伸び率以下に抑える行政指導が行われるようになった結果，金融機関からの融資に依存する不動産取引が困難化し，バブル経済は崩壊していった。

　1990年代以降の日本経済は，バブル経済の後遺症（地価下落→金

融機関の不良債権問題→金融危機など）とそれ以前からの諸問題（財政問題，格差問題など），さらに加えて少子高齢化やデフレ（もっとも，2022年以降はグローバル・インフレの波及が問題となっている）といった新たな課題に直面し，国民生活に「ゆとり」のない低成長時代へと突入した。詳しくは，本書の各章で勉強してほしい。

→ NEXTSTEP

本章では，戦後日本経済の歩みを概観してきたが，現代日本経済につながる多くの要素を見出すことができた。日本経済史の勉強は，今を知る「よすが」となる。また，過去の失敗から教訓を学ぶという点でも，重要である。戦前期の日本経済や日本型経営の展開過程など本章でふれることのできなかった事項についても，下記文献や日本経済史の講義で学んでいってほしい。

■文献案内

■ 森武麿・浅井良夫・西成田豊・春日豊・伊藤正直［2002］『現代日本経済史（新版）』有斐閣

戦後復興期〜高度成長期〜安定成長期を概観するのには最適な入門書で，キーワードの解説も充実している。

■ 中村隆英［1993］『日本経済——その成長と構造（第3版）』東京大学出版会

明治期から安定成長期に至る日本経済の発展を，重要な経済政策と産業別設備投資額など数量データの両面でバランスよく説明。

■ 吉川洋［2012］『高度成長』中央公論新社（中公文庫）

マクロ経済学の専門家による高度経済成長の概説書。世帯数増加等の需要サイドと重化学工業化に伴うイノベーションを重視。

Action!

1 あなたが気になる(就職してみたい)会社・官庁・地方自治体等の歴史を調査してみよう。『○○百年史』のような社史・団体史が国立国会図書館や大学図書館に所蔵されているので,探してみよう。

2 高度経済成長期に,地元産業がどのような発展を遂げたのか,もしくは,地域経済がどのような状況にあったのか整理してみよう。その際に,あなたの住んでいる自治体の公文書館に行って,一次史料を見てみよう。たとえば,神奈川県立公文書館には,県の指定金融機関(横浜銀行や駿河銀行など)の監査関係の史料が所蔵されており,有価証券報告書には記されていない経営の内実や地域経済との関係を知ることができる。

企業と市場

CHAPTER 4

経済における企業の役割とは何か

企業の活動と経済は、どのように関わっているのだろうか？

この章のねらい

○ 私たちの身の回りに出回っているさまざまな商品を生産し、私たちに届けている企業には、どのような種類と性質があるのか理解する。

○ 企業の活動を理解するための企業情報の見方を知る。

○ 企業の経済活動の中心的な場所となる、市場の利点とその限界について学ぶことで、私たちと企業との関わり方について理解を深める。

私たちの身の回りにはさまざまな商品がある。コンビニエンスストアでジュースを買う，スマートフォンで友達とメールのやりとりをする，こういった日常の中で私たちは無数の企業の商品に接している。野球・サッカーなどスポーツゲームでは，選手のユニフォームなどで多くの企業の広告を目にするだろう。また，学生のみなさんは「将来どんな企業に就職しようか？」というのが大きな関心事だろう。現代の社会では，企業の存在は非常に大きい。この章では，企業の役割と，その活動の場である市場の働きについて，改めて考えてみよう。

利潤　　　株式会社　　　所有と経営の分離　　　損益計算書
貸借対照表　　　需要曲線　　　供給曲線　　　均衡価格
市場の価格調整メカニズム　　　独占禁止法

1 企業の働き

1　企業の現状

　表4-1をまず見てみよう。日本において売上高が多い企業のランキングである。トヨタやホンダ，ENEOSやNTT，セブン＆アイ，ソニー，日本郵政など，みなさんが普段よく見聞きする企業が多く登場する。また，自動車や電気機器といった製造業だけでなく，三菱商事や三井物産など商社が多く上位にランクしていることに気づくだろう。ランキング上位の企業の売上高は数十兆円に達するほど大きなものである。**表4-2**では，産業別の企業の数と売上を示している。ここでいう企業とは，事業・活動を行う法人（外国の会社を除く）および個人経営の事業所をいう。2021年の日本の企業数は

1　企業の働き　　73

Table 表4-1 企業売上高ランキング

順位	銘柄名	売上高(100万円)	業種
1	トヨタ	37,154,298	自動車
2	三菱商事	21,571,973	商社
3	ホンダ	16,907,725	自動車
4	ENEOS	15,016,554	石油
5	三井物産	14,306,402	商社
6	伊藤忠商事	13,945,633	商社
7	NTT	13,136,194	通信
8	セブン&アイ HD	11,811,303	小売業
9	ソニーグループ	11,539,837	電気機器
10	日本郵政	11,138,580	サービス

(出所) 『日本経済新聞』電子版「売上高ランキング」(https://www.nikkei.com/markets/ranking/page/?bd=uriage, ランキング最終更新 2024 年 4 月 3 日)。

おおよそ370万社である。産業別には卸売業・小売業が約74万社で1位、宿泊業・飲食サービス業と建設業が同様に約43万社で僅差で2位、3位となっている。売上高では、日本の企業全体の売上高は約1693兆円であり、そのうち卸売業・小売業の売上高は約480兆円、製造業の売上高は約387兆円である。全体の売上高の中で卸売業・小売業と製造業という2つの産業だけで約51%を占めている。商社は産業としては卸売業に含まれている。

2 企業の活動と目的

CHAPTER 1 で見たように、経済には、主に消費活動を行う家計、主に生産活動を行う企業、主に財政活動を行う政府、という3つの経済主体がある。

企業の目的は、利潤をできるだけ大きくすることにある。なかには市場のシェアや売上高を高めようとする企業もあるが、この目的

表4-2 産業別企業数と売上金額（2021年）

産　業	企業数等	売上金額 (10億円)	全産業に占める割合 (%)
全産業	3,684,049	1,693,313	100.0
農林漁業（個人経営を除く）	35,301	5,933	0.4
鉱業，採石業，砂利採取業	1,428	1,503	0.1
建設業	426,155	120,031	7.1
製造業	339,738	387,061	22.9
電気・ガス・熱供給・水道業	5,496	36,233	2.1
情報通信業	56,599	75,500	4.5
運輸業，郵便業	66,831	62,199	3.7
卸売業，小売業	741,239	480,168	28.4
金融業，保険業	30,995	117,768	7.0
不動産業，物品賃貸業	328,329	59,532	3.5
学術研究，専門・技術サービス業	214,724	48,029	2.8
宿泊業，飲食サービス業	426,575	20,783	1.2
生活関連サービス業，娯楽業	334,668	30,461	1.8
教育，学習支援業	109,004	17,390	1.0
医療，福祉	298,517	173,337	10.2
複合サービス事業	5,445	8,924	0.5
サービス業（他に分類されないもの）	263,005	48,460	2.9

（出所）総務省統計局「日本の統計 2021」(https://www.stat.go.jp/data/nihon/pdf/21nihon.pdf)。

も利潤を高めることにある。**利潤**とは，儲けのことであり，製品の売上高からさまざまな費用を差し引いた額である。費用には原材料費や賃金など人件費，広告・宣伝費，利子支払い，設備更新のための減価償却費などが含まれる。獲得した利潤の一部は賞与や配当として家計に分配されるが，残りは内部留保として拡大再生産のため企業内に蓄えられる。

では，なぜ企業は利潤を大きくしなければならないのだろうか。もし，利潤を出すことができなければ，企業は競争に勝てず潰れて

しまうからである。利潤を出すことができなければ、新たな設備投資をすること（資本蓄積 ➜ **CHAPTER 1**）もできない。設備投資は生産とともに企業の重要な経済活動である。企業は設備投資により生産を拡大することができるだけでなく、新たな技術を導入することが可能となる。

3　企業の形態

みなさんが企業、または会社といってまず思い浮かべるのは、株式会社ファミリーマート、ソフトバンク株式会社というような社名の**株式会社**だろう。有限会社というのも聞いたことがあるかもしれない。実は、企業にはそれ以外にもいろいろな形態がある。近所の八百屋やパン屋も企業の1つである。この形態の違いは、主に、企業を設立し、運営するカネを出資するのが誰であるか、経営するのが誰であるか、また事業内容が公共的かどうかなどによって、それぞれの目的に合うように分かれているものである。

どのような資本によって設立されているのかによって、大きく3つの企業形態に分かれる（**図 4-1**）。個人企業や法人企業などの私企業、国営企業などの公企業、公的資金と民間資金によって設立される公私合同企業である。

3つの企業形態のうち企業の大部分を占めるのが、民間人が出資し経営を行う私企業であり、民間企業とも呼ばれる。以降は私企業を前提に話を進めていく。

私企業には、個人が出資し経営権をも持っている個人企業（自営業とも呼ばれる）と、法律により権利、義務の主体（法人）として認められた法人企業がある。法人企業には、会社企業と、農協などの組合企業が含まれる。会社企業の形態は、出資者の責任と人数などにより、株式会社と持分会社（合名会社、合資会社、合同会社）に区

Figure 図 4-1 企業の形態

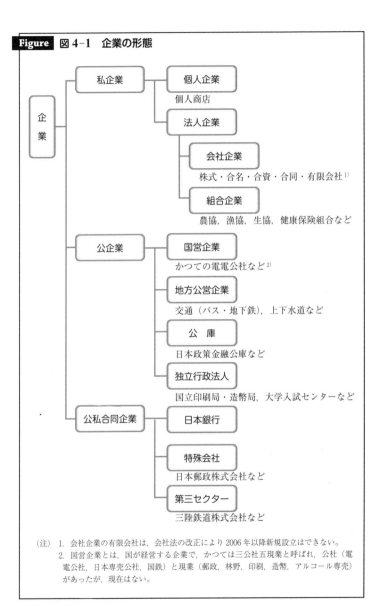

(注) 1. 会社企業の有限会社は，会社法の改正により 2006 年以降新規設立はできない。
2. 国営企業とは，国が経営する企業で，かつては三公社五現業と呼ばれ，公社（電電公社，日本専売公社，国鉄）と現業（郵政，林野，印刷，造幣，アルコール専売）があったが，現在はない。

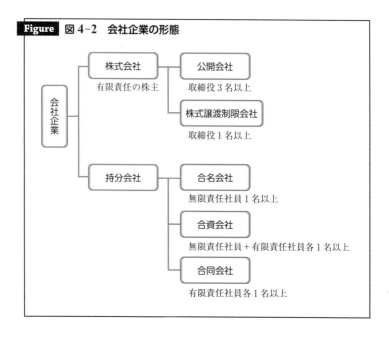

図 4-2 会社企業の形態

分される（**図 4-2**）。2006 年の会社法改正以前は，有限会社という形態があった。規模は小さいが株式会社とほぼ同じ組織で簡素化された手続きで設立可能であった。しかし，会社法改正以後，新たな設立はできなくなった。

　出資者の責任には，有限責任と無限責任とがある。有限責任とは，会社などへ出資した人がその出資した額についてのみ責任を負うものである。たとえば，株式会社の資本金を所有していることを示す株式を取得して株主になった場合，仮にその会社が負債を抱え倒産したとしても，株主は株券の購入代金（出資金）を失うだけで会社の債務については責任を負わないことになる。一方，無限責任とは出資した会社が債務を抱え倒産した場合，出資者は出資金額を失うだけでなく，私財をすべて投げ打ってでもその会社の債務を返済し

なければならないことである。

　株式会社は，有限責任社員（株主）からなる会社であり，出資者である株主は，出資額に応じ株式を取得し配当による利益を得ることができる。また株式会社は，譲渡自由な株式を持つ公開会社と，全株式に譲渡制限がかかる株式譲渡制限会社に分かれる。

　合名会社は，無限責任を負う無限責任社員（人数1名以上）のみが出資している会社である。合資会社は，有限責任を負う有限責任社員（人数1名以上）と無限責任社員（1名以上）により組織される会社である。合同会社は，2006年の会社法により新たに設立された会社形態であり，有限責任と出資額にかかわらず自分たちで利益配分などを決められる定款自治を特徴とする。合名会社，合資会社，合同会社を総称して，持分会社という。

4 企業倒産

　企業が資金繰りに失敗し，支払いができなくなり事業が継続できなくなる状態のことを倒産と呼ぶ。現代の企業では銀行取引が大きな割合を占めるので，不渡り手形などを出すことで銀行取引の停止処分を受け倒産する場合が多い。倒産には，破産により会社そのものをなくす清算型や，会社更生法や民事再生法などにより会社を残す再建型がある。会社更生法による手続きは，株式会社（この手続きは株式会社に限定される）について，債権者，株主等の利害関係を調整し，事業の維持更生を図ろうとするものである。手続きについては更生管財人によって厳格に処理をしていくことが特徴となる。とくに社会的な影響の大きい大企業の更生を想定した手続きであるといえる。一方，民事再生法による手続きとは，債務者と債権者の権利関係を調整し債務者の事業の再生を図るための手続きである。すべての個人・法人に適用されることと，債務者（経営者等）に経

営権を残すため,利用の幅が広いものである。

5　株式会社

　会社企業は,企業規模が大きくなり,資本金が大きくなると株式会社の形をとるものが多くなる。それはなぜだろうか。株式会社は,出資単位が小口であり,譲渡も自由であるため,出資者(株主)になるには市場で株を買うだけでよく,やめるには株を売ればよいだけである。また出資に対しては配当が支払われ,かつ出資者は有限責任であるため,出資者にとってはリスクが少なくなる。このような仕組みにより,株式会社は,広く社会から大規模な資本を集めることが可能になるのである。

　株式会社では,会社の所有者は株主となる。株主は,所有する株式数に応じて,株式会社の最高議決機関である株主総会の議決権を持っており,かつ所有する株式に応じて配当を得ることができる。

　株主は会社の所有者であるが,一般には,株式の売買価格である株価の値上がりによる利益(キャピタル・ゲイン)や配当(インカム・ゲイン)を期待している投資家であるにすぎないため,実際の株式会社の意思決定は株主総会で選出された取締役が行う。このように現代の株式会社において,会社の所有者と経営者が異なることを**所有と経営の分離**と呼ぶ。

6　企業経営

　株式会社は,個人投資家や銀行,証券会社,保険会社,年金基金,投資ファンドなど大口の投資家である機関投資家などの株主に対し,会社の経営状況を説明する必要がある。公開会社の場合,有価証券報告書やアニュアルレポートという形で財務諸表など経営に関する資料を公開している。財務諸表には,**損益計算書**,**貸借対照表**(バ

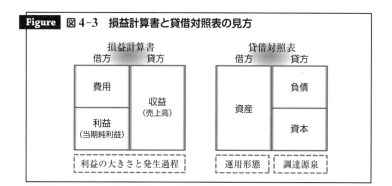

図 4-3　損益計算書と貸借対照表の見方

ランスシート)(**図 4-3**), キャッシュフロー計算書などが含まれており, 会社の状況を知ることができる。

損益計算書は, 収益(売上高)と費用の内訳を示すため, 会社の経営成績を示すことができる。右側(貸方)と左側(借方)の金額が一致するため, 下のような関係で捉えることができる。

$$収益(売上高) = 費用 + 利益(当期純利益)$$

次に, 貸借対照表は, 右側が調達した資金で(貸方), 右上が負債, 右下が資本となる。貸方のうち, 負債は将来返済の義務があるもの, 資本は返済義務がないものである。負債と資本の合計額が必ず左側(借方)の資産と一致するようになっている。

$$資産 = 負債 + 資本$$

またこの式を変形すると

$$資本 = 資産 - 負債$$

という関係が導かれ, 資本を導くことができる。

株主は, 財務諸表に基づいて会社の状況を詳細に把握することが

できるが、中でもいくつかの指標によって、会社の状況を簡潔に知ることができる。代表的な指標としては総資産利益率（Return On Assets: ROA）、自己資本利益率（Return On Equity: ROE）がある。ROAとは、事業に投下されている資産が利益をどれだけ獲得したかを示す指標で、当期純利益を総資産（貸借対照表の左側の合計）で割ることによって求められる。また、ROAは事業の効率性と収益性を同時に示す指標としても知られている。ROEとは、株主の自己資本（株主資本ともいう）に対してどれだけの利益が生み出されているかを示す指標で、当期純利益を自己資本で割ることによって求められる。株主から預かった自己資本（株主資本）から見た経営の効率性を示す指標である。

近年、機関投資家は株主としての利益率であるROEを重視する傾向にあるが、日本企業は国際的に見てROEが低く、稼ぐ力が弱いと指摘される。ROEが下がれば、株式市場で評価されず株価が下落するため、そのことにより企業の経営陣が更迭されることもある。

7 企業をめぐる諸問題

会社において経営者が適切な経営を行っているか、会社が不正行為を行っていないかなどを監督する機能として、コーポレート・ガバナンス（企業統治）という考え方が広まっている。日本においてこの考え方が広まったのには、以下の背景がある。第1に、バブル期に金融機関が倫理観の欠如した企業行動を行っていたことや、バブル崩壊後に証券会社の大口顧客へ損失補填を行っていたことなど企業の不公正な行動が次々に明るみに出たこと。第2に、バブル崩壊後に低迷する株式市場で利益を確保しにくくなった株主から、日本企業の従来の株主を軽視した経営姿勢に不満が出はじめ、利益を

重視した経営への転換が叫ばれることとなったこと。第3に，企業において問題が生じた際の経営の責任の所在が不明確だとの批判があったことなどである。

そこで制度面においては，法令遵守（コンプライアンス）を徹底し，企業経営の監視と執行とを分離することとなり，経営者である取締役の仕事を外部の視点から監督する社外取締役，取締役の仕事を業務面・会計面から監督・検査する監査役の導入が進んだ。また，企業の経営行動においても株主重視の姿勢を見せる企業が現れ，ROAやROEといった指標を意識するようになった。

〈企業は誰のものか〉

コーポレート・ガバナンスの問題は，企業は誰の利益を中心にしてどのように動かされているかという「企業は誰のものか？」という問題に関わる。企業に利害関係を持つ人や組織をステークホルダー（stakeholder）と呼び，株主や経営者，従業員，社会全体などがそれにあたる。近年，強力に主張されているのが，「企業は株主のもの」という主張である。ROEを重視した経営や配当額を増やすという企業側の近年の姿勢からそうした傾向を見て取ることができる。

一方で，多数の出資者が株式を取得する株式の分散化が進むと大株主の持株比率が低下し，代わって多数の株主の委任状を獲得できる経営者が，企業の実質的な支配者になるという「経営者支配論」という見方が提起された。その意味では日本のほとんどの大企業は経営者支配となっているといってもよいが，経営者には現在，社外取締役や監査役など，制度面も含めて厳しいチェックの目が向けられている。

また，福利厚生や安定的な雇用の維持など従業員を大切にする諸政策は日本企業の大きな特徴であった。しかし最高益をあげる企業

が出ている一方で、従業員の賃上げには消極的な企業も多い。さらに、企業は社会的な公器（所有物）であるという考え方から、企業は財・サービスを提供し、法令遵守を徹底するだけでなく、社会的な貢献活動を行うことにも責任を取るべきであるという、企業の社会的責任（CSR）も注目を集めている。

現実的には企業ごとにステークホルダーに対する重きの置き方には差があり、日本企業の場合、まずは企業の維持・存続を重視するという企業も多い。しかし、特定のステークホルダーを重視しすぎるとバランスが崩れていかざるをえず、企業を維持・存続させながら利害をどう調整するかが重要である。

〈持株会社〉

1990年代に入り、独占禁止法（→第2節□3）で禁止されていた持株会社（他の株式会社の株式を保有しグループ全体の中核になる会社。ホールディングカンパニー。「○○ホールディングス」といった名前で呼ばれる）の解禁を求める声が財界を中心に大きくなった。背景には、M&A（企業の合併・買収）が容易になる点や、事業部を分社化して効率的な運営をしやすくするといった利点がある。このような動きを経て、1997年には独占禁止法が改正され、持株会社の設立は原則として自由化された。ただし、①グループの総資産が15兆円超でかつ5以上の事業分野でそれぞれ総資産3000億円超の会社を持つ場合、②総資産15兆円超の金融機関と総資産3000億円超の一般事業会社を持つ場合、③相互に関連性のある5分野以上（金融等は3分野以上）でそれぞれの分野において売上高のシェアが10%以上または上位3位以内の有力会社を持つ場合は、例外として設立が禁止された。

2 市場とは

1 市場の働き

〈市場の役割〉

さて、ここまで企業の役割や種類、仕組みを簡単に見てきた。続いて、企業が財・サービスを販売し、利益を得る場である市場(しじょう)について、その働きを見てみよう。

市場とは、財・サービスの売り手としての供給者と、買い手としての需要者が出会う場である。青果市場・卸売市場など直接的に売り手と買い手が出会い、相対(あいたい)して取引している市場もあれば、売り手（供給者）・買い手（需要者）が取引していると想定される仮想的な市場もある。現代において市場と称されるものは、工業製品や農産物、魚介類などの商品市場だけでなく、労働市場、証券市場、外国為替市場など多様である。市場で取引される商品等に共通する特徴は価格がついていることである。その商品の品質が高く満足度・利便性が高いものであれば高い価格が、逆に品質が低く満足度が低いものであれば低い価格がついているだろう。労働市場においては賃金が、証券市場においては株価が、外国為替市場においては為替レートが商品市場における価格にあたる。すなわち市場とは、価格に基づいて人々が取引をする仕組みであるといえる。

市場では、供給者としての生産者は自由に財・サービスを生産し、需要者としての消費者は自由に財・サービスを消費する。しかし私たちの生活においてある商品が極端に増えすぎる、あるいは極端に品不足になるという事態はめったに起こらない。このことを理解するカギは市場が持つ市場メカニズム（市場機構）にある。市場メカニズムとは市場で自由な競争が行われている場合、需要と供給の働

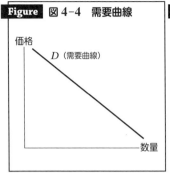

図4-4 需要曲線

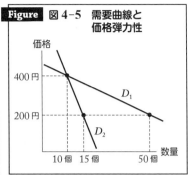

図4-5 需要曲線と価格弾力性

きによって価格が決まり消費と生産が調整される仕組みである。

〈価格が上がると需要は減る:需要曲線〉

では，需要や供給と価格の関係はどのようになっているだろうか。

図4-4は需要と価格の関係を示した**需要曲線**（Demand Curve: D）である。縦軸は価格を，横軸は需要量を示している。買い手であるところの需要者は価格が安くなればより多く購入しようとし，価格が高くなれば購入を減らそうとするだろう。したがって需要曲線は右下がりの形状をしている。

需要曲線の形は一定ではない。**図4-5**のように，たとえば，ミカンの価格が400円の時に10個の需要量であったとする。今，ミカンの価格が400円から200円に下がった場合に，D_1の需要曲線の場合，需要量は10個から50個に増えるが，D_2の需要曲線の場合10個から15個までしか増えない。D_1の需要曲線は，D_2の需要曲線と比べ傾きがなだらかである。このような場合，価格の変化に対し需要量の変化が大きくなり需要の価格弾力性が高いと呼ぶ。

たとえば，米など生活必需品は，価格が変化しても需要量は大きく変化しないと考えられるため需要の価格弾力性は低く，宝石など奢侈品は，価格変化に対し需要が敏感に反応すると考えられるため，

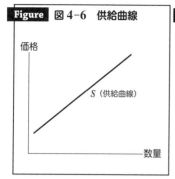

図4-6 供給曲線

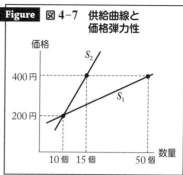

図4-7 供給曲線と価格弾力性

需要の価格弾力性は高いとされる。需要の価格弾力性は以下のような式で表される。

$$需要の価格弾力性 = \frac{需要量の変化率}{価格の変化率}$$

〈価格が上がると供給は増える:供給曲線〉

図4-6は供給と価格との関係を示した**供給曲線**(Supply Curve: S)である。縦軸は価格を,横軸は供給量を示している。売り手であるところの供給者は,一般に価格が高くなるにつれ供給量を増やし,安くなるにつれて供給量を減らすため,右上がりの形状をしている。

供給曲線の形状も需要曲線と同じことがいえる。菓子が200円で10個の供給量であったとする(**図4-7**)。菓子の価格が200円から400円に上がった際に,S_1の供給曲線の場合,供給量は10個から50個まで増えるが,S_2の供給曲線の場合10個から15個までしか増えない。2つの供給曲線の違いは,供給曲線の傾き,すなわち供給の価格弾力性が異なるからである。

一般に,生産に大掛かりな設備が必要ない商品,たとえばアパレル製品等は,供給の価格弾力性が高くなる。一方で,生産にある程

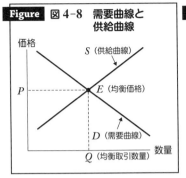
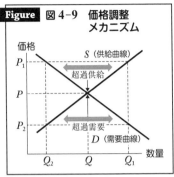

度の時間がかかる商品,たとえば増産に大規模な設備導入が必要な財や,収穫に時間がかかる農作物や手の込んだ手工芸品は,供給の価格弾力性が低くなる傾向にある。供給の価格弾力性は以下のような式で示される。

$$供給の価格弾力性 = \frac{供給量の変化率}{価格の変化率}$$

〈価格と量の決定:価格調整メカニズム〉

図 **4-8** のように商品を含む財・サービスの価格と需要量・供給量は,この需要曲線と供給曲線の交点 (E) で決まる。ここで決まる価格のことを**均衡価格**と呼び,数量 Q を均衡取引数量と呼ぶ。

市場において需給が一致しない場合,市場はどのような動きを見せるだろうか。図 **4-9** のように,たとえば市場価格が P_1 なら,供給量 (Q_1) ＞需要量 (Q_2) となり超過供給が発生する。このような場合,売れ残りを防ぐため価格が下がり,最終的には,需要量と供給量が一致する均衡価格 (P) になるまで価格は下がる。

反対に,市場価格が P_2 なら,供給量 (Q_2) ＜需要量 (Q_1) となり超過需要が発生する。このような場合,需給を一致させるよう価格

が上昇し，同様に均衡価格（P）になるまで上昇する。このようなメカニズムを**市場の価格調整メカニズム**と呼ぶ。

2 市場の価格調整メカニズムの前提

　市場の価格調整メカニズムは，超過需要にある場合は価格が上がり，超過供給にある場合は価格が下がることで，需要と供給を一致させる。すなわち価格調整メカニズムが働いている市場では，価格は財・サービスの相対的な過不足を示す指標となり，価格の変化によって需給が調整され，効率的な財・サービスの配分（資源配分と呼ぶ）が実現される。

　しかし，こうした市場における価格調整メカニズムが働くためにはいくつか条件がある。

　第1に，市場において売り手（供給者）と買い手（需要者）が多数存在すること，第2に，市場で取引される財・サービスに関して十分な情報が得られること，第3に，市場で取引される財・サービスが同質であること，第4に，売り手（供給者）と買い手（需要者）とも，市場に参入したり，市場から退出したりを自由に行えることである。

　このような条件が満たされている場合，完全競争市場という，価格調整メカニズムがうまく働く市場となる。完全競争市場では売り手（供給者）も買い手（需要者）も，単独では価格をコントロールすることができない。なぜなら，多数の売り手，買い手がいるため，単独で高い価格で売ろうとしても他の売り手が同質の財・サービスを安い価格で供給していれば全く売ることできなくなり，単独で安い価格で買おうとしても他の買い手は高い価格で需要していれば同質の財・サービスを買うことはできなくなるからである。このように完全競争市場では，需要者，供給者ともに市場価格を所与として

行動する価格受容者（プライス・テイカー）となる。

3 市場の限界

　市場は必ずしも万能ではなく，市場の価格調整メカニズムがうまく働かない場合もある。以下で，そのいくつかの例について見ていく。

〈競争が不完全な場合：独占・寡占〉

　まず，競争が不完全である場合である。たとえば，一部の大企業が巨大化し市場を支配するようになると，単一の企業が市場を支配する独占，少数の企業が市場を支配する寡占と呼ばれる状況が生じ，企業間の競争が弱まり，価格が資源配分を効率化する機能が弱まってしまう。独占企業は自らの判断で価格を決定することができるため，価格支配力を持つ。ここで決定される価格を，独占価格と呼ぶ。寡占企業も，市場占有率を上げるため価格以外の面での競争（非価格競争）を行う傾向にある。寡占企業も，プライス・リーダー（価格先導者）となり，生産費に一定の利潤を加えた管理価格を設定することがある。このような場合，仮に技術革新により生産費用が低下しても価格が下がりにくくなる，価格の下方硬直性と呼ばれる現象が起きる。そこで，独占によるさまざまな弊害を防止するために，**独占禁止法**がある。独占禁止法の目的を遂行するために，設置されたのが，公正取引委員会である。

〈市場が存在しない場合：公共財〉

　また，そもそも市場自体が存在しない場合，市場の価格調整メカニズムは機能しない。たとえば，対価を払わなくても財・サービスを利用でき，ある人がその財を消費しても他の人の消費が減らない（非競合性，非排除性と呼ぶ）ような，公共財（公園や警察，消防など）と呼ばれる財の場合，市場の価格調整メカニズムでは最適な供給を

行うことができない（→ **CHAPTER 9**）。

〈外部経済，外部不経済〉

さらに，市場を通じず他の主体に利益を与えたり，不利益をもたらしたりする外部経済，外部不経済と呼ばれる状況においても，市場の価格調整メカニズムはそのままではうまく機能できない。たとえば観光地開発によって周辺の地価が上がり利益を受ける人（外部経済）がいる一方で，環境破壊が進み不利益を受ける人（外部不経済）もいる（→ **CHAPTER 11**）。企業は，外部経済は自分の利益として算入するが，外部不経済には目をつぶり負担しようとしない傾向にある。

〈自 然 独 占〉

その産業そのものが，独占を生みやすい構造を持っている場合（自然独占と呼ぶ），そのままでは自然に独占が形成され，市場の価格調整メカニズムはうまく働かない。たとえば，財・サービスの生産に多額の大規模な生産設備（固定費用）が必要な電信電話，水道，ガス等の事業の場合，生産量が大きくなればなるほど平均費用（財・サービス1単位当たりの生産費用）を削減でき，生産量が大きくなればなるほどライバルに対し優位に立てるため，独占が形成されやすい性質を持っている。

〈市場にゆだねるのが望ましくない場合：社会的共通資本〉

加えて，人間が必要とする財・サービスであっても，市場に完全にゆだねることが望ましくないと考えられる場合もある。医療や教育，道路，港湾，空港などはその供給が社会の人々にとって必要不可欠な社会的共通資本と呼ばれ，市場とは別の仕組みによって運営されるべきと考えられている。

以上のような市場メカニズムがうまく働かない場合は，政府が積極的に市場に介入し，規制・コントロールする，あるいは市場に代

わってその財・サービスを積極的に供給するという政策が必要となる（→ CHAPTER 8, 9）。

> **NEXTSTEP**
>
> 本章では，現代における企業の活動と，市場が持つ機能と限界について学んだ。企業の理解については企業論，企業が属する産業の動向や経済全体については産業経済論，日本経済論を学ぶことで理解を深めることができる。市場の働きや限界についてはミクロ経済学を学び理解を深めてほしい。

■ **文献案内**

■ 金森久雄・大守隆編［2019］『日本経済読本（第21版）』東洋経済新報社

　　1950年から改訂を重ねる，日本経済の現状分析と課題のありか，およびその解決策を探る入門書。

■ 橘川武郎・平野創・板垣暁編［2014］『日本の産業と企業──発展のダイナミズムをとらえる』有斐閣

　　日本の主要産業・企業の現状の強み・課題を，歴史的視点を踏まえて分析している。

■ 三戸浩・池内秀己・勝部伸夫［2018］『企業論（第4版）』有斐閣

　　現代における企業の役割を多面的に解説。

Action!

1 74ページ表4-1に掲載されている企業のうち2社のウェブサイトにアクセスし，財務諸表を入手するとともに，81ページ図4-3のように，「資産・利益・収益」および「資産・負債・資本」の項目に整理し，業種ごとの財務的な特徴を確認してみよう。

2 公正取引委員会のウェブサイトにアクセスし，「独占禁止法」に

抵触した事例を2つ取り上げ，どのような「独占行為」がなされたのか，確認してみよう。

5 国際貿易と外国投資

CHAPTER グローバル化の進展の中で

どうして貿易が行われるのだろうか？

この章のねらい

○ 国際経済に関する身近な疑問について考えることから始めて，貿易，直接投資，経済統合などに関する基本的事実と理論を学ぶ。

○ 貿易体制について，1995年のWTO設立の前と後の違いを理解し，時代の画期を意識して歴史的に社会現象を考察する方法に慣れる。

○ グローバル化の意味とその明暗両面について考え，この現象に具体的にどう向き合うかについて，見解を持つためのヒントを得る。

抵触した事例を2つ取り上げ，どのような「独占行為」がなされたのか，確認してみよう。

国際貿易と外国投資

CHAPTER 5

グローバル化の進展の中で

どうして貿易が行われるのだろうか？

この章のねらい

○ 国際経済に関する身近な疑問について考えることから始めて，貿易，直接投資，経済統合などに関する基本的事実と理論を学ぶ。

○ 貿易体制について，1995年のWTO設立の前と後の違いを理解し，時代の画期を意識して歴史的に社会現象を考察する方法に慣れる。

○ グローバル化の意味とその明暗両面について考え，この現象に具体的にどう向き合うかについて，見解を持つためのヒントを得る。

私たちはグローバル化時代に生きている。2020年からの新型コロナウイルスのパンデミックの間は，各国の国境は閉鎖に近い状況になったが，その後感染が終息に向かうなか，国際的な動きが再開した。今は，みなさんの祖父母の世代が生まれ育った時代とは明らかに異なっている。インターネット接続料金さえ払えば，地球の裏側にいる人と無料でビデオ会話が可能である。世界的に外国への出稼ぎ労働者が顕著に増え，日本国内でも，今や多くの産業の重要な生産現場を外国人労働者が担っている。本章では多面的に経済のグローバル化の意味を考察する。

Key Words

絶対優位　　比較優位　　産業内貿易　　企業内貿易
グローバル・バリュー・チェーン（GVC）　　国際収支表
グローバル・インバランス　　自由貿易協定（FTA）
経済連携協定（EPA）

1　国際貿易と国際分業

1　産業間貿易と比較優位の理論

　なぜ外国と貿易をするのだろうか。簡単に表現すると，貿易とは外国のモノを買うことか，または外国に自国のモノを売ることであるが，その理由や背景は何か。最も単純な国際貿易の構造は，仮に日本とA国という2国間で考えると，日本で生産されていないモノでA国にあるモノはA国から輸入し，A国で生産されていないが日本にはあるモノは日本からA国へ輸出することである。

　輸入については，日本は石油や天然ガスがほとんど出ないので，中東や東南アジアの産油国から毎年大量に輸入している。その必要

性は容易に理解できるであろう。原油の輸入量は，1970年代や90年代には2.5億キロリットルを優に超えていたが，その後減り始めた。2015年頃は2億キロリットル弱で，2020年には，新型コロナウイルス感染拡大の影響だと考えられるが，1.36億キロリットルになった。これは高度成長期のピーク時のほぼ半分である（石油連盟［2023］23頁）。長期的減少傾向の理由は気になる点であるが（→ Action! 1），今は話を先に進めよう。輸出については，たとえば日本はサウジアラビアやアラブ首長国連邦といった自動車の非生産国に自動車を輸出している。これら2国は2022年の日本の自動車輸出相手国のトップ10に含まれている（日本国税関ウェブサイトを参照）。

　以上のように，完全に異なる産業間での取引，すなわちあるモノについて，輸入のみで輸出がない（または輸出のみで輸入がない）という状況のことを産業「間」貿易といい，このタイプの貿易の動機は明快である。

　なお，オフィスの清掃，機械設備のメンテナンス，海上輸送，損害・生命保険といったサービスも貿易の対象だが，以下叙述の簡素化のため，説明の例からは省略する。

　産業間貿易についての古典的理論として，産業部門の「優位」と「劣位」という考え方を説明しておこう。生産を得意とする部門を「優位」，不得意とする部門を「劣位」と呼ぶ。得意，不得意というのは，生産設備の技術水準，手先の器用さといった労働力の特徴，政府や金融機関の支援の有無，自然環境の条件など，いろいろな要因による。たとえば日本は多様な要因から自動車づくりが得意なので，この産業は優位部門である。他方，日本の今日における劣位部門の例としては，コーヒー豆の生産や日用の衣類の縫製などがあげられよう。さて，劣位にあるモノは輸入しあい，自国は優位を有するモノの生産に傾斜したほうがよいと考えるのが，代表的な貿易理

表5-1 2国2財モデル

(1) 2国2財モデル1

	ブドウ	布
ポルトガル	80人	90人
イギリス	120人	100人

(2) 2国2財モデル2

	ブドウ	布
ポルトガル	170人	0人
イギリス	0人	220人

論である。

ところでこの優位には,絶対優位と比較優位がある。ある産業部門について,他国の同部門に対する優位性を**絶対優位**,国内の他部門に対する優位性を**比較優位**という。比較優位から国際貿易構造を説明したのが,デヴィッド・リカードの比較優位の理論である(→ **CHAPTER 2**)。彼は単純化して「2国2財モデル」として示したが,それが**表5-1**である。

表5-1(1)は,ポルトガルとイギリスについて,ブドウと布をそれぞれ1単位生産するのに必要な労働者の数を表している。いずれの国も両財生産しているので,貿易が不要だともいえるが,それでも貿易しようというわけである。なお,いずれの財についてもポルトガルのほうが少ない労働者で1単位生産できるので,同国のほうが全体として技術力が高いと考える。つまりブドウでも布でもポルトガルはイギリスに対して絶対優位を有している。

さてポルトガルでは,ブドウのほうが布より少ない労働者で1単位生産できるので,ブドウに比較優位がある(布が比較劣位)。イギリスでは布に比較優位がある(ブドウが比較劣位)。それぞれ比較優位のある産業に労働者をすべて移動させると,**表5-1**(2)の状況になる。するとポルトガルではブドウは2.125単位生産されるようになり,イギリスでは布が2.2単位生産されるようになる。従来**表5-1**(1)では,世界全体の生産量は両財あわせて4単位であった。

比較優位産業に資源配分を傾斜したことで，世界全体の生産量は4.325単位へと増大した。リカード・モデルでは，この増分（0.325単位）が貿易のメリットだと説明される。

現実の経済では，比較劣位部門での雇用がゼロになることはないので，**表5-1**(2)のパターンは極端で非現実的である。また**表5-1**(1)の労働者数は「マジック・ナンバー」といわれる特殊な数である。貿易のメリット（世界全体の総生産量の増大）が生じる数字の組み合わせも，生じない組み合わせも，実は両方について多様な可能性がある。**表5-1**は，世界経済に自由貿易のメリットが生じる特殊な例を説明したにすぎない。

では，産業部門の優位性に着目した理論は，貿易の一般理論として説明力がないのだろうか。実際に世界経済を見ると，各国が優位部門に諸資源を傾斜配分する傾向は，たしかに観察される。現実の産業構造は2国2財モデルほど単純ではなく，多くの部門から成り立っているが，各国には得意分野がある。得意でなくなった劣位部門を外国に出す（海外生産に切り替える）という例は，多くの産業で展開している。この場合ある産業が海外移転した原因は，比較劣位なのか絶対劣位なのか，その両方なのか，実証的な判定は容易ではない。しかし，おおまかにはリカードの比較優位の理論に整合する形で国際分業が展開しているようにも見える。

ところで国際分業は世界全体の生産量を効率的に増大させるから，よいことなのだろうか。懸念すべき問題もある。国際分業の展開は国内産業の構造転換（例：工場閉鎖）を伴うが，その痛みは社会的に公正に分かちあわれているだろうか，優位部門への特化は産業構造の多様性を喪失させるのではないか，海上輸送や空輸は化石燃料を大量消費するので，地球温暖化への寄与が大きいのではないか，輸入食品は健康上安全なのか，などの点である。

2 産業内貿易と企業内貿易

　現代の貿易は，上述した産業「間」貿易の内容よりもさらに複雑である。第1に，**産業「内」貿易**が展開しているのである。これは，A国がB国に対してある財を輸出しているが，A国はB国から同じ財を輸入しているという貿易構造をさしている。たとえば牛肉は日本でも生産されていて，和牛として人気があり一部は輸出されている。しかし，海外たとえばオーストラリア産の「オージー・ビーフ」や「タスマニア・ビーフ」などを輸入していて，それらも量販店の店頭に並んでいる。和牛の場合は日本からの輸出量はまだ少ないが，2国が同種類の商品を大量に輸出しあう場合がある。たとえば日本とアメリカは，互いに自動車，原動機，半導体等電子部品，科学光学機器などを輸出しあっている。また産油国のインドネシアは，実は近年原油の純輸入国へと変貌した（輸出額＜輸入額）。自国の原油を輸出して外貨を稼ぎつつ，中東から原油を輸入しているのである。これも産業「内」貿易の例である。

　なぜこのような貿易が展開するのか。食材の場合，日本産の独特の味や食感が輸入品で代替できないことが，日本産が市場から消えない理由であろう。自動車の場合はどうか。自動車は単に走ればよいというわけではなく，走行性能，安全性，車載オーディオ機器の音響を含めた車内環境の快適さ，車体全体のデザイン，燃費，排ガスのクリーンさなどの多様な要素が，各モデルの競争力を構成している。メーカーは総合的な魅力を高めて，新車を開発して販売する。これを価格競争に対する「非価格競争」といい，独占（または寡占）的競争の一形態である（→ **CHAPTER 4**）。同じ自動車という商品でも，多様な要素を比較したうえで，自国の車ではなく，他国の特定メーカーのモデルが欲しいという選好が消費者にあるので，産業内貿易が生じると考えられる。

たとえばアメリカ国内での自動車販売台数は，2016年が近年のピークで，約1755万台であった。約1224万台を国内で生産して約205万台を輸出する一方，約815万台を輸入していた。ちなみに販売台数はコロナ禍で22年に1390万台まで落ち込み，翌23年に1562万台に回復した（日本貿易振興機構［2017］40頁～41頁；同［2023］61頁；大原［2024］）。産業内貿易の展開は，今日特殊事例ではなく一般的である。

第2に産業内だけでなく，企業内でも国際取引が生じている（**企業内貿易**）。たとえば自動車メーカーは，国内工場と海外にある工場との間で部品の取引を展開している。日本の自動車メーカーは，生産工程を分割し，東南アジアの複数の国に工程を配分して，自動車生産の国際分業体制をつくっている。工程によっては企業外にアウトソーシング（外注）する場合もあるので，分業体制はより複雑になる。こうした生産の流れ全体を**グローバル・バリュー・チェーン**（以下GVCと略す）または**グローバル・サプライ・チェーン**と呼ぶ。GVCの発達の中で，付加価値貿易（Trade in Value Added: TiVA）という考え方が注目されるようになっている。たとえばA国がB国に対してスマートフォンを輸出して50億円の貿易黒字を実現したとして，その生産のために40億円分の原材料や中間財（部品）をC国から輸入していたなら，A国が生産した付加価値は10億円にすぎない。GVCが展開する時代の，貿易に対する新しい見方である。

さて，ある工程を企業外とくに途上国の企業に外注した場合，注文を受けた途上国の側から見ると，地元の企業が先進国の多国籍企業のGVCに組み込まれたと表現できる。そうした統合の進展が途上国経済の自立にとってプラスかマイナスかについては，多様な評価がある（➡ **CHAPTER 10**）。なお企業内貿易の展開は，日本企業が海外に事業所や工場を有していることを意味するが，この点につい

ては第3節⊡**3**を参照されたい。

2 国際収支表

⊡**1 国際収支の構造**

　商品の国際取引を量的に捉えることはできるだろうか。その方法が**国際収支表**である。時代によって国際収支表の表示ルールが異なるので，読み方も変わる。日本の財務省・日本銀行は大幅な見直しを行って，2014年1月にIMF国際収支マニュアル第6版に準拠した統計に移行した。以下はその最新ルールによる説明である。なお「国際取引」とは，居住者と非居住者の間の取引のことで，居住者をどう定義するかの問題があるが，日本人および日本に6カ月以上滞在している外国人を居住者とするというのが，判断基準の1つである。

　国際収支表の基本式は以下のとおりで，「複式計上」に従っているので，右辺はゼロである（「複式計上」について詳しくは，日本銀行のウェブサイトに解説があるので参照されたい）。

$$経常収支＋資本移転等収支－金融収支＋誤差脱漏＝0$$

　経常収支は，①貿易収支，②サービス収支，および③2つの所得収支（第1次，第2次）からなる。①貿易収支は財貨の輸出入の収支で，石油や野菜や自動車の貿易など，みなさんは多くの例を想起できるであろう。②サービス収支の一例は，海外旅行である。③第1次所得収支は，雇用者報酬，投資収益およびその他の3項目からなっている。雇用者（ここでは従業員の意味）への報酬とは，居住者から非居住者への賃金・給与の支払いを意味する。投資収益は金融資産提供の対価である利子・配当金等の収支のことで，直接投資

(工場建設等)と間接投資(株式投資等)の収益がここに計上される。第2次所得収支は居住者と非居住者の間で行われた対価を伴わない資産の提供についての項目で,外国人出稼ぎ労働者の本国送金(家族宛て),無償資金協力や寄付などが,その例である。

資本移転等収支は対価の受領を伴わない固定資産の提供,債務免除のほか,非生産・非金融資産の取得処分等の収支状況である。

金融収支は直接投資,証券投資,金融派生商品,その他投資および外貨準備増減額の合計である。各項目の具体的な金額については,2023年度の国際収支表を**表5-2**に示したので,確認されたい。

2　近年の構造変化

国際収支は式の右辺がつねにゼロだとしても,各項目の構成比は年々変化する。とくに日本の場合,近年顕著な構造変化が生じた。たとえば第一次所得収支が約35兆円と(**表5-2**),従来よりも多額であるが,その一因は昨今の円安である。海外への投資収益は外貨(ドルなど)で受け取るので,これを円安(ドル高)の為替レートで換金すると,増えたのである。また戦後日本は「貿易立国」といわれただけあって,長年にわたって貿易収支が黒字であった。赤字の年も1970年代に2回あったが(2回のオイル・ショックが原因),それ以外は黒字だったのである。ところが2011年以後現在まで赤字の年が多く(16年と17年のみ3~4兆円の黒字),とくに22年は20兆3295億円の過去最大の赤字を記録した。23年も**表5-2**にあるとおり貿易収支は赤字であったが,規模は6.5兆円に縮小した。この大きな変化の要因は何だろうか,考えてみよう(→ Action! 2)。

近年注目されている現象として,**表5-3**に示したようなグローバル・インバランスがある。これは経常収支の赤字国と黒字国に偏重がある状況のことをさしている。具体的には,過去数十年の傾向

Table 表 5-2 2023 年（暦年）の日本の国際収支表

（単位：億円）

項　目	内訳（3階層分を3列に表示）			金　額	内訳（3階層分を1列に表示）
経常収支（I=a+b+c）				213,810	
	(a) 貿易・サービス収支				−94,167
		貿易収支			−65,009
			輸出		1,003,546
			輸入		1,068,555
		サービス収支			−29,158
	(b) 第1次所得収支				349,240
	(c) 第2次所得収支				−41,263
資本移転収支（II）				−4,001	
金融収支（III=d+e+f+g+h）				233,037*	
	(d) 直接投資				228,423
	(e) 証券投資				278,262
	(f) 金融派生商品				65,026
	(g) その他投資				−381,117
	(h) 外貨準備				42,444
誤差脱漏（IV）				23,228	
合　計（I+II−III+IV）				0	

（注）　*計算すると233,038になるが，原資料ではこのとおり（四捨五入の影響による）。
（出所）　財務省公式ウェブサイトの国際収支総括表より2023年度分を抜粋（https://www.mof.go.jp/policy/international_policy/reference/balance_of_payments/bpnet.htm）。

として中国，ドイツ，日本の黒字が大きく，アメリカが巨額の赤字を計上してきた。なお2022年のロシアの経常収支黒字は同国の史上最高記録であったが，長年の傾向ではない。この急増は，コロナ禍の輸入の減退や同年2月24日に開始したロシア−ウクライナ戦争下での輸出構造の変化（中国，インドへの輸出拡大）など，多様な事情によると考えられる。

　アメリカと中国の関係を，外貨準備高や長期利子率などに注意しながら考えると，本書**はしがき**に紹介されているような循環構造が見えてくる。**表5-3**に見られる経常収支の不均衡が問題かそうで

Table 表5-3 グローバル・インバランス (2020〜22年)

(単位:10億ドル)

経常収支黒字国	2020年	2021年	2022年	経常収支赤字国	2020年	2021年	2022年
中　国	249	353	402	アメリカ	-620	-846	-944
ロシア	35	122	233	イギリス	-87	-47	-116
ドイツ	274	330	171	インド	24	-39	-68
サウジ・アラビア	-23	44	151	フランス	-47	11	-58
シンガポール	57	76	90	ブラジル	-28	-46	-57
日　本	148	197	89	トルコ	-32	-7	-48
スイス	3	70	81	イタリア	73	64	-24
オランダ	47	74	43	ポーランド	15	-9	-21
香　港	24	44	38	ベルギー	6	3	-20
韓　国	76	85	30	メキシコ	23	-8	-18
スウェーデン	32	41	25	タ　イ	21	-11	-17
オーストラリア	30	50	20	カナダ	-35	-5	-7
インドネシア	-4	4	13	アルゼンチン	3	7	-4
マレーシア	14	14	13	南アフリカ	7	15	-2
スペイン	8	14	8				

(出所) IMF [2023] p.15, Table 1.1 より抜粋して並べ替え。

ないかで，専門家の見解が分かれている。

3 外国投資

　外国投資には間接投資と直接投資があるが，それぞれどのような経済活動をさしているのだろうか。間接投資は，配当やキャピタル・ゲインを得ることを目的として，外国の有価証券（株式や国債）を売買することである。キャピタル・ゲインとは，安く購入した有価証券等が，高く売れたときに得られる利得である。直接投資（Foreign Direct Investment: FDI）は，工場や事務所を現地に建設して，

長期的に生産活動を展開することである。工場を有する現地企業の株の過半数を買収して支配権を得る形で現地工場を経営しはじめる場合も，直接投資である。直接投資の場合，企業はなぜ，いつ，海外に投資するのだろうか。以下，順番に考察しよう。

1　直接投資の動機

　最初に，なぜ企業は直接投資をするのかについて考えよう。日本企業を念頭においた場合，わざわざ海外に工場を建設しなくても，日本で商品を製造して輸出すればよいのではないか，という疑問を持たないだろうか。それは当然の疑問である。海外活動は，社員を派遣して滞在させるためのコストがかかる。就学年齢に達した子どもを連れての赴任の場合，慣れない外国での家族生活を支援するための特別手当を給与に上乗せする必要がある。文化や言葉の壁があって，経営判断に必要な政治経済情報の収集は容易ではない。また，日本と比較して治安の水準が低い場合が多い（社用車は防弾ガラス仕様だったりする）。労働組合が強く（日本が相対的に弱いともいえるが），労務の領域でも日本国内と状況が大きく異なる。にもかかわらず，輸出よりも海外現地生産を選択するさまざまな理由がある。

　現地政府が先進国の工場誘致を強く望んでいるといった政治的理由もあるが，総じて，現地生産のコストのほうが貿易に伴う取引コストより安いと見込まれるため，直接投資が選択される。貿易という市場取引が直接投資の後は親企業と現地子会社間の企業内取引になるので，こうした説明を「内部化」(internalization) 理論という。

　さてホスト国で生産活動を展開する場合，当然現地企業（民族資本系）との競合が経営に影響を与える。ホスト国とは，たとえばアメリカ資本のハンバーガー店がタイで販売活動をしている場合，タイがホスト国である。外国企業はホスト国の現地企業と競争して生

き残るために十分な,企業に特異な優位性がなければならない。1つは技術的優位性で,たとえばファストフード店といった外食産業であれば,ホスト国の地場の(民族資本系の)企業には出せない独特の旨さを提供できる,などが優位性の一例である。総合的なブランド力も優位性の一要素である。なおこの優位性は企業レベルの概念で,産業部門レベルで生じるリカード・モデル(➡第1節⊡1)の優位論とは異なるので,注意しよう。

⊡2 直接投資のタイミング

次に,会社にとって「いつ」直接投資を展開するのがよいのだろうか。これに関わる理論がプロダクト・ライフ・サイクル(PLC)理論である。PLC理論では,1つの工業製品は,導入期→成長期→成熟期→衰退期と変化していくと考える。導入期は新開発の製品が市場に投入された直後で,開発や製造は先進国内部で取り組まれる。成熟期になると,多様な経路での技術移転の結果,その製品は市場で標準化していて珍しくなく,同種の製品をつくる競合企業が増えている。この段階では,価格競争力を維持するため,賃金コストの抑制が強く求められるようになり,生産を低賃金国へ移転させる。すなわち直接投資となる。以上は製品の「成長」から,外国投資行動についての「いつ」を説明するアプローチである。

以上2点から考察したが,直接投資には投資摩擦という負の面もある。いわゆる「公害輸出」や現地工場での労使間の摩擦(あるいは現地労働者の権利侵害)である。投資摩擦をなくす努力を払うことも企業の国際経営の重要な要素である。

⊡3 日本企業の進出先

日本企業はどの地域に多く進出しているだろうか。経済産業省が

Table 表5-4 日本企業現地法人の地域別分布 2021年度

地域名	全地域	北米	アジア				欧州	その他
				中国	ASEAN10	その他アジア		
法人数	25,325	3,201	17,136	7,281	7,435	2,420	2,812	2,176
構成比	100	12.6	67.7	28.8	29.4	9.6	11.1	8.6

(出所) 経済産業省大臣官房調査統計グループ構造・企業統計室［2022］9頁の「3表」。

「海外事業活動基本調査」を毎年実施しており，それによって日本法人の海外活動状況を知ることができる。同調査の最新版によれば，2021年において2万5325法人が海外で経済活動を展開しており，**表5-4**に示されているように7割近くがアジアで活動している。とくに3割弱が中国に立地している。海外の現地で生産した財は，現地国内向け以外に第三国へ輸出されたり日本へ輸出されるが，その構成を示したのが**表5-5**である。たとえばアジアに進出した日本法人の場合，21年度時点で，生産した財（完成品や中間財）の約55％を現地（立地した国内）で販売し，約24％をアジア域内の第三国へ輸出し，約16％を日本に輸出した。ちなみに同表では12年と21年の割合が比較できるが，アジア地域に進出した日本法人については，現地と日本への販売比率が低下し，域内の第三国への輸出割合が増加した。1つの解釈としては，域内の分業ネットワークがこの間に発展したことの反映だと考えられる。以上，複雑な国際分業の一端がわかる統計数値である。貿易と投資のより詳しい実態については，同省の『通商白書』各年版（同省ウェブサイトから無償ダウンロード可）が有益である。

表5-5 現地・域内販売比率および日本への販売比率——2012年度と2021年度の比較

	現地・域内販売比率									日本への販売比率		
				現地販売比率			域内販売比率					
	2012年度	2021年度	変化	2012年度	2021年度	変化	2012年度	2021年度	変化	2012年度	2021年度	変化
北米	93.7	92.9	-0.8	68.0	71.4	3.4	25.6	21.4	-4.2	2.5	2.8	0.3
アジア	75.4	79.2	3.8	57.1	55.4	-1.7	18.3	23.8	5.5	18.6	15.5	-3.1
欧州	84.2	82.7	-1.5	41.3	41.1	-0.2	42.8	41.6	-1.2	3.2	4.0	0.8

(出所) 経済産業省大臣官房調査統計グループ構造・企業統計室 [2022] 13頁の「6表」。

4 地域経済統合と自由貿易体制

1 自由貿易と現代

現代の世界は，自由貿易を進める方向に動いているのか反対の方向なのか，どちらだろうか。たしかに貿易が自由化されて関税（輸入税）の引き下げが続き，海外製品の日本国内での流通は拡大した。外国製の自動車（外車），チリ産や南アフリカ産のワイン，タイ産の米，ブラジル産の鶏肉などの国内流通量が増加した。しかし他方で，食品と工業製品の両方で「国産」表示が増えた。自由貿易が促進されているはずの今日，なぜ日本国内の店の棚に「国産」の2文字が躍るのだろうか。外国製品が増えたので，輸入品と国産品を区別するための当然の掲示だともいえる。しかし国産品の販売をむしろ重視しているかにも見えることもある。おそらく，時代の大きな流れは自由貿易の促進だとしても，実際には保護貿易維持や「日本製嗜好」への強い力も日本社会には根強く残っていて，現実は複雑だと見ておくべきであろう。

2 関税と関税率について

　第二次世界大戦後から今日まで、世界は、冷戦による東西陣営間の壁はあったにせよ、全体として自由貿易の推進が西側諸国の間ではほぼ共通の目標であった。しかし注意すべきことは、ウルグアイ・ラウンド（→ 3）までの自由化は、自由化に向かう「努力をする」という特徴があり、実際には各国とも複雑で多様な保護政策（国境措置）を採用し、実施していたということである。最も強い保護は数量規制で、たとえばあるモノの輸入量をゼロとすることも可能であった。その一例は1999年3月までの日本の米(コメ)市場である。それより緩い規制方法は、関税（tariff または customs duty）とくに輸入関税で、当時どの国も、数十％は一般的で、数百％～数千％という関税率もあった。

　関税とはどのような仕組みだろうか。輸入税と輸出税があるが、外国からの輸入品のCIF価格に国境で課す税を輸入税といい、税収は輸入国の国庫に入る。CIF価格とは輸入する商品の価格に、損害保険料と海上輸送費を加えた価格である。たとえばCIF価格が100ドルの日本市場向け商品に、日本政府が10％の輸入税を課すと、日本での販売価格は110ドルになり（店頭での販売時は日本円に換算）、輸入税がないときよりも高額になる。これを「価格競争力がその分低下した」と表現するが、それだけ日本国内で生産された日本製商品の価格競争力が相対的に高まったことになり、日本の生産者が保護され、同時に日本の国庫が税収分だけ潤うことになる。

　輸出税は、世界的に見て、今日多くない。A国の大豆の輸出に輸出税が課されれば、支払うのはA国の大豆農家で、税収はA国の国庫に入る。輸出税はメーカーや農家などの生産者に輸出を減らす動機を与える。この税は、途上国で生産力・供給力がまだ低く、輸出より国内販売を優先するように政府が生産者を誘導したい場合

や，税制が弱く所得や消費を十分に捕捉できていないために輸出に課税して国が十分な税収を確保しようとする場合などに利用されていると考えられる。

3 世界貿易機関（WTO）設立後の変化

このように保護政策が豊富に組み込まれた「自由貿易体制」が戦後長く続いたが，世界貿易機関（WTO）の設立（1995年1月1日）を生んだウルグアイ・ラウンドで，大きな変化が生じた。それはどのような変化だろうか。基本的事項を最初に確認しておくと，1947年に署名された関税及び貿易に関する一般協定（GATT）の運営を担う国際機構として，協定と同盟のGATTが長く存在していた。1995年に新たな機構としてWTOが創設された。このGATT協定の下で，これまで9回のラウンド交渉が重ねられてきた。ラウンド交渉とは文字通り円卓会議で，上席や末席を設けず，参加国全員が一堂に会して対等な立場で自由化促進の交渉をする場である（実際には円卓を囲むわけでない）。大国と弱小国が1対1で交渉すると，弱小国は交渉力不足で負けやすいが，ラウンド交渉では弱小国が連帯して大国と対等に交渉できるというメリットがある。その第8回交渉が南米ウルグアイで1986年から94年にかけて開催されたウルグアイ・ラウンドである。

ウルグアイ・ラウンドでは，第1に，途上国の工業製品市場を高率関税で保護する方針を転換して，貿易自由化の対象とした。背景には，先進国の工業部門の多国籍企業の子会社が途上国に多く立地するようになり，途上国と先進国の間の企業内貿易が活発になって，工業製品の自由な取引が重視されるようになったという背景がある。

第2に，先進国の農業市場の保護も縮小した。これにより日本の米市場も開放された。すなわち米輸入の「関税化」が始まった

のである（1999年4月）。当初は，精米の場合，1キログラム当たり351.17円という税率（従量税）であった。これは従価税に換算すると数百〜千％に近い高率で，一見自由化には見えないが，数量制限と比べると自由化へ向かう第一歩なので，「関税化」を「自由化」と理解するのである。第3に，サービス分野も自由化されたので，今日，公共機関の清掃といったサービス商品も，国際競争入札の対象となっている。第4に，知的財産権の保護についての規定が整備された。ウルグアイ・ラウンドとWTO体制下で，全世界のほぼ全部門が原則的に自由化の対象となったのである。

こうして途上国の工業部門の関税率が低下したが，国境措置による国内産業保護が撤廃されたわけではない。実際には関税や数量制限などの貿易制限は継続しているし，地域や地球の環境保全を目的とした新旧の多様な貿易制限（例：絶滅危惧種の輸出入禁止）も継続していることに，注意しておこう。

ちなみに旧（ないし現在の）社会主義国はどうか。中国は2001年に，ロシアは2012年にWTOに加盟し，その他旧社会主義国も多くがこの機構に入った。2024年3月現在の加盟国数は164である。カリブ海に浮かぶ社会主義国で，長年アメリカから敵視されて経済制裁を受け続けてきたキューバはどうか。意外かもしれないが，WTO設立年にさっそく加盟している。キューバは，世界各国との経済的・外交的交流に熱心な国である。

各国の関税率はどのくらいだろうか。それはWTOの年次報告書 *World Tariff Profiles* で知ることができる。関税率には譲許税率（bound rate）という交渉で認められた上限率（協定税率ともいう）と，実際に課される実行税率があり，後者はMFN税率ともいう。MFNは「最恵国待遇」（Most Favored Nation treatment）の略字で，MFN税率とは同じ輸入品について適用されている最も低い税率を

さしている。税率は商品によって異なるが，貿易量の多い商品もあれば少ない商品もある。国全体の平均税率については，単純平均を見る場合（貿易量は捨象）と加重平均を見る場合（貿易量でウェイト付け）の2通りがある。2022年時点の実行税率（MFN税率）の単純平均値については，香港（中国）の0％からスーダンの21.6％まであり，日本は3.9％である（WTO［2023］pp. 8-11の表の「Simple average/MFN applied」の列を参照）。

4 自由貿易協定（FTA）と経済連携協定（EPA）

自由貿易協定（Free Trade Agreement: FTA）とは，貿易促進を中心とした協定で，**経済連携協定**（Economic Partnership Agreement: EPA）とは，貿易や投資や人の移動の促進，経済関連法制の調和，官民経済協力の推進などを含む包括的な協定である。それぞれ2国間協定と，3カ国以上の加盟国による多国間協定がある。2国間および多国間の地域協定を総称して地域経済統合というが，地域貿易協定（Regional Trade Agreement: RTA）という呼び方もある。

地域経済統合誕生の背景にはどのような事情があるのだろうか。WTOでのラウンド交渉で利害対立が複雑になり，交渉が進捗しなくなった経緯があげられよう。2001年からカタールの首都ドーハで始まったドーハ・ラウンドは，2006年から08年にかけて「頓挫」し，その後事実上「終わった（dead）」との報道が，たとえば『フィナンシャル・タイムズ』紙から2015年12月末に出ている（Financial Times［2015］）。なぜこのような状況に至ったのであろうか。

日本，EU，インドなどは，農業市場のこれ以上の開放について慎重であったが，アメリカなど穀物輸出国はさらなる開放を迫っていた。非農産品の分野では，工業製品について先進国が高いレベルの市場開放を途上国に求めていたのに対して，途上国は慎重であっ

た。とくにブラジルやインドといった中所得国や人口大国は,「まだ発展途上なので保護が必要だ」と考えていたが,先進国側は「十分に発展したので,彼らは保護を減らすべきだ」と主張した。ドーハ・ラウンド開始時は,ブラジルはまだ途上国であったが,交渉が続く2000年代に経済の急成長を果たして,BRICSの一員として新興国に数えられるようになった。新興国・中所得国の台頭で南北問題の構図が交渉中に一変し,利害関係が複雑になったのである。またウルグアイ・ラウンド以降,ラウンド交渉参加国が激増し(ウルグアイ・ラウンドでは93カ国,ドーハ・ラウンドでは153カ国),ドーハ・ラウンドではそもそも最初から利害調整は容易ではなかったともいえる。

交渉の進展を待ちきれない各国は,個別に2国間の経済連携協定や自由貿易協定を結んだり,地域経済統合の仕組みに参加したりするようになった。ただし地域経済統合については,ウルグアイ・ラウンドの前から仕組みはあり,たとえばヨーロッパであれば欧州石炭鉄鋼共同体(ECSC, 1952年発足),中南米であればラテンアメリカ自由貿易連合(LAFTA, 1961年発足)などがあることは,事実として押さえておこう。さて地域協定の最近の代表例は東アジア地域包括的経済連携(RCEP)や環太平洋パートナーシップ協定(TPP)である。ちなみに日本は,1990年代の後半まで,2国間のFTAやEPAにはきわめて消極的であった。その後方針を大転換し,次々と2国間協定を結んできた。最初にシンガポールとEPAを締結し(2002年発効),その後遠いラテンアメリカについても,メキシコ(2005年発効),チリ(2007年発効),ペルー(2012年発効)とEPAを結んできた。2024年2月現在で,日本については21のEPAまたはFTAが発効済みまたは署名済みである(RCEPなど多国間協定を含む)。

地域経済統合は，地域内や2国間に限定して貿易や投資の自由化を促進するが，域外や2国以外に対しては差別的なので，世界全体の自由化をめざすGATT／WTOの自由化原則と整合的かどうか，という論点があり，多様な見解が出されている。

> **NEXT STEP**
>
> 　グローバル化の推進力は何か。時代の雰囲気や自然発生的潮流だと考えるか，明確な推進勢力があると見るか。グローバル化の明暗とくにマイナス面についても，本章の随所で言及した。以上の問題についてより深く考えるには，貿易論，外国為替論，国際価値論（労働価値説）などの個別分野や，世界経済論，国際経済学，国際政治経済学などの包括的学問分野がある。今後どのような世界が望ましいかを考えながら，学んでいこう。

■ 文献案内

■ 小林尚朗・篠原敏彦・所康弘編［2023］『貿易入門――世界と日本が見えてくる（第2版）』大月書店

　多様な大学に所属する14人の研究者の共著による，大学生1・2年生向けの入門書の改訂版。歴史，理論，貿易実務，戦後貿易の分析，今後の課題などがわかりやすく解説されている。

■ 妹尾裕彦・田中綾一・田島陽一編［2021］『地球経済入門――人新世時代の世界をとらえる』法律文化社

　貿易と貿易ルール，国際マネーフロー，途上国，持続可能性といったトピック編のあと，アメリカ，中国，EUの地域編もあり，世界経済の実態がわかりやすく分析されている。

Action!

1 近年，日本の原油輸入量が減っている要因について，一般財団法人日本エネルギー経済研究所，経済産業省，証券会社（複数），NPO法人国際環境経済研究所のウェブサイトでそれぞれの見解を調べ，比較してみよう。また環境保全分野のNPO法人（国際NGOの日本支部等含む）の見解も調べてみよう。

2 日本の貿易収支が2011年以降現在まで赤字の年が多くなった要因について，経済産業省の『通商白書』の分析や民間の調査研究機関（例：総研の2文字が入った名称の機関が複数ある）の分析をインターネットで探して，比較してみよう。

現代経済と金融

CHAPTER 6

金融システムの安定に向けて

活発化する資金の流れは，経済の姿をどのように変えるのか？

この章のねらい

○ 現代の経済を「カネの流れ」という観点から捉えることで，金融が果たしている役割の全体像をつかむ。

○ 国際通貨の役割や金融のグローバル化と呼ばれる現象について学び，世界的なレベルで金融が果たしている機能を理解する。

○ 日本経済の長期不況や世界金融危機などの政策課題への関心を養い，金融論・国際金融論といった専門分野への橋渡しをする。

よく「経済を人の体に例えるならカネは血液だ」といわれるように，今や金融は経済活動に欠かせない存在となっている。しかしそれゆえ，ひとたびその機能に問題が生じれば経済全体が大きく混乱する。経済の世界では「カネ」のことを「貨幣」と呼ぶ。以下，貨幣の機能や金融の仕組みについて学びながら，現代の金融システムが抱える課題を明らかにしていこう。

Key Words

貨幣の3機能　金融仲介　最後の貸し手　物価の安定
非伝統的な金融政策　金融のグローバル化　国際通貨
リーマン・ショック

1 貨幣経済の仕組み

1　貨幣とは何か──カネが果たす役割

　金融の仕組みを知るために，まず現代の経済で貨幣が果たしている役割について説明しよう。貨幣には，「表示機能」「交換・支払機能」「価値貯蔵機能」という，3つの機能がある（貨幣の3機能）。

　まず貨幣の表示機能とは，財・サービスの価値を表す物差しとしての機能である。たとえば，リンゴや服の値段は日本では円で表示される。服の値段がリンゴの個数で表現されることはない。そして，さまざまな価値を貨幣単位で表すことの裏返しとして，貨幣は支払い＝財・サービスとの交換に用いられる（交換・支払機能）。さらに貨幣で財・サービスが得られるからこそ，私たちは貨幣（あるいは金融資産）の形で価値を保有しようと考える（価値貯蔵機能）。

　このような機能を果たす貨幣が存在しなかったら，私たちの生活

は著しく不便なものになる。たとえば米農家は，生活に必要な衣類等を自ら生産した米と物々交換して入手しなければならなくなる。しかし，この取引は「自らの持つ衣類を米と交換したい誰か」との間でしか成立しない。物々交換の経済では，取引のたびに互いの目的がぴったり一致する（欲求の二重一致）誰かを探し回るという途方もない労力が必要となるのである。貨幣があれば，米農家はいったん米を売って貨幣に換え，その貨幣で衣類だけでなく生活に必要な財・サービスを購入すればよい。あらゆる取引が貨幣を通してなされる貨幣経済は，非常に便利な仕組みであることがわかるだろう。

　では，貨幣としての機能を果たしているのは何だろうか。多くの人は千円札や百円玉を思い浮かべるに違いないが，実はそれらの紙幣や硬貨などの現金だけが貨幣ではない。私たちが金融機関に保有する預金も貨幣に含まれる。この点は貨幣の支払手段としての機能を考えるとわかりやすい。支払手段として機能する貨幣のことを「通貨」と呼ぶことがあるが，遠隔地間の取引など現金での支払いがなじまない取引では，銀行口座への振り込みなど「預金通貨」を用いた支払い（決済）が行われる。企業間の支払いはもちろん，個人も公共料金の支払いなどに預金通貨を利用している。

2　多様化する貨幣──デジタル化の進展

　さらに近年，情報通信技術（ICT）の進歩に伴い，貨幣の形は急速に多様化している。電子マネーは今やおなじみだが，「フィンテック」という技術によって生み出された仮想通貨が世界的な注目を集めている。各国の通貨は法律で支払手段としての機能を保証された法定通貨であり，中央銀行などの公的主体が発行している。法定通貨は「確実に支払いに利用できる（店は法定通貨での支払いを拒否できない）」という意味で強制通用力を持つ。他方，コンピュータ

上にデータとして存在するだけの仮想通貨は,公的な発行主体がおらず法律に支えられた通用力も持たない。ビットコインの市場価格が乱高下していることからもわかるように,価値が不安定な貨幣は支払手段に適さない。日本の金融庁は,ビットコインなど仮想通貨の呼称を「暗号資産」に改めている。仮想通貨は,私たちに「貨幣とは何か？」という根本的な問いを投げかけることになった。

一方,仮想通貨のメリットは送金コストの低さにある。銀行預金を用いた送金には一定の手数料が発生するが,フィンテックによってつくられた通貨を用いた送金はこのコストを大幅に節約することができる。労働者の出稼ぎと海外送金への依存度が高いエルサルバドルは,2021年にビットコインを法定通貨として導入することを決めている。またフィンテックが持つメリットを活用すべく,スウェーデンや中国などでは中央銀行がデジタル形式の法定通貨を発行する計画が進められている。

3 金融機関の役割──資金の流れを生み出す主体

世の中には,自動車や住宅など手持ちの資金だけでまかなうことが難しい高額な買い物をしようとする人々がいる。他方,いつか必要になるとしても当面は利用する予定のない資金を保有している人々もいるだろう。このように経済には,今,資金が不足している主体と今すぐには利用される予定のない資金を持つ主体とが併存している。そして,余っている主体（黒字主体）から不足している主体（赤字主体）へと資金を流す役割を担っているのが金融機関である。

黒字主体と赤字主体を結びつけることを**金融仲介**というが,金融仲介には間接金融と直接金融の2つの方法がある。間接金融を担うのは銀行である。銀行は,当面利用される予定のない資金を預金として受け入れる一方,預金を元手に貸付を行ったり株式や債券など

の証券に投資したりする。たとえば日本の銀行，とりわけメガバンクと呼ばれる大手行は，国債の最大の買い手として黒字主体の資金を政府という赤字主体に「間接的」に供給している。他方，直接金融を担う代表が証券会社である。証券会社は，企業が発行する株式や社債，さらに政府が発行する国債などの証券を投資家に販売し手数料を得る。証券会社は，黒字主体である投資家の資金を赤字主体である証券の発行者に「直接的」に供給する仲立ちをしている。

4 資金循環――カネの流れの全体像

　赤字主体が銀行から資金を借りたり黒字主体が資金を証券等で運用したりする場が金融市場だが，金融市場では金融仲介を通して膨大な取引が行われており，カネの流れ＝資金循環が生み出されている。資金循環の全容は，日本銀行が作成している資金循環統計で確認することができる。この統計は，日本の金融機関・非金融企業・政府・家計・海外等の各部門が保有する金融資産と金融負債の残高を集計したものである。2023年末時点（速報値）では，家計部門が負債（388兆円）を上回る資産（2141兆円）を保有する一方，企業部門（資産：1534兆円，負債：2326兆円）と政府部門（資産：821兆円，負債：1442兆円）は純負債を抱えている。これまでの累計で見れば，黒字主体の家計部門から赤字主体の企業・政府部門に資金が流れてきたことがわかる。

　他方，この数値は残高であり，毎年の黒字と赤字が経年的に積み重なった結果にすぎない。現代日本の資金循環の特徴とその背後にある経済の動きをつかむには，各部門の資金過不足の推移に目を向ける必要がある。**図 6-1** が示すように，1980年以降，家計部門は一貫して黒字主体だったが，少子高齢化の影響で資産を取り崩しながら生活する高齢者が相対的に増える中で，黒字幅は縮小傾向にあ

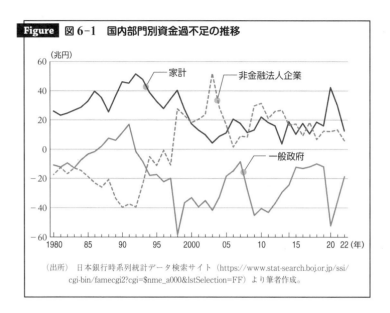

Figure 図6-1　国内部門別資金過不足の推移

（出所）　日本銀行時系列統計データ検索サイト（https://www.stat-search.boj.or.jp/ssi/cgi-bin/famecgi2?cgi=$nme_a000&lstSelection=FF）より筆者作成。

る。これに対し1990年代以降，政府部門は一貫して赤字主体である。少子高齢化やバブル崩壊後の景気低迷の中で，景気対策や社会保障費などの歳出を税収だけでまかなうことができなくなったことが原因である。他方，企業部門は，バブル期に積み上げた銀行借入を返済したり，日本経済の成長率が低下する中で設備投資等を抑制したりしている。このため残高で見れば現在も赤字主体だが，1990年代以降，毎年の資金フローで見れば黒字主体に転じている。

5　通貨当局の役割——金融システムの安定を図る

　前項で説明したように，金融機関はカネという血液を経済という体の隅々に行き渡らせる心臓の役割を担っている。とりわけ銀行は，預金・貸付に加え，1で述べたように預金通貨を用いた決済手段を私たちに提供する存在でもある。もし金融機関が破綻するような

1　貨幣経済の仕組み

ことがあれば，資金の流れはたちまち梗塞を起こし経済活動は大きく混乱することになる。そこで政府は，金融機関の破綻を防ぐ「危機予防」と，仮に破綻が生じた場合もその影響を最小限にとどめるための「危機管理」の枠組みを整えておく必要がある。

危機予防のため，金融機関の行動を規制・監督しているのが金融庁である。金融業務には貸し付けた資金が返済されなくなる「信用リスク」等のさまざまなリスクがつきものである。金融庁は，詳細なルールに基づき，金融機関がこれらのリスクを適切に管理し健全な経営に努めているかどうか監視している。また危機管理の面では，銀行が破綻した際に預金を保護する預金保険制度の運営に加え，破綻した金融機関の再建や他の金融機関への吸収合併等を円滑に進める破綻処理の業務を預金保険機構が担っている。

他方，危機管理においては日本銀行も重要な役割を果たす。金融機関は金融仲介を担う一方，自らが資金不足になった場合は他の金融機関から借入を行う。実際，金融機関は日常的に生じる資金の過不足を調整しあっており，互いに貸借関係で結ばれている。このため，金融機関Aの破綻はAに貸付を行っていた金融機関Bの経営に影響を与える。これがただちにBを破綻させるほどの悪影響は持たなかったとしても，Aの破綻でリスクに敏感になった他の金融機関はBへの貸付を控える可能性がある。そうなれば，Bは一時的な資金不足をまかなうことすら困難になり本当に破綻してしまうかもしれない。そしてBの破綻が金融機関CやDに波及し金融機関の経営悪化が連鎖していけば，個人や企業への貸し渋りが生じたり決済システムが停止したりして経済活動は危機に瀕する。

貸付のことを「信用」というが，たった1件の破綻が金融市場で信用の収縮をもたらし，結果として金融システム全体の機能不全を引き起こす恐れがある。こうした「システミック・リスク」の顕在

化を防ぐため，有事の際，中央銀行である日銀は，金融市場や資金繰りに行き詰まった金融機関に**最後の貸し手**として資金を供給し金融システムの安定（信用秩序の維持）を図るのである。

現代の金融政策

1 金融政策の目的——貨幣価値の安定を図る

金融システムの安定に加え，法定通貨の発行者として貨幣の価値の安定を図ること，すなわち金融政策も中央銀行の重要な使命である。貨幣の役割については第 *1* 節 1 で説明したが，貨幣の価値が不安定であれば円滑な経済活動は著しく阻害されることになる。

ここで，貨幣価値の安定とは**物価の安定**を意味する。貨幣の価値は，その貨幣で購入できるモノの量によって決まるからである。とりわけ物価の上昇は，同じ額の貨幣で消費できるモノの量を減少させることから，貨幣価値の低下を意味する。先進国の中央銀行の多くは物価の安定を金融政策の目標に掲げており，たとえばユーロ圏の中央銀行である欧州中央銀行は，創設以来，2％の物価上昇率を物価安定の目安としてインフレの抑制に努めている。

2 金融政策の方法——金利の調整

中央銀行は，経済全体の貨幣量を調整することで私たちの経済活動と物価水準に働きかける。たとえば経済の見通しが明るく景気が上向きなときは，自動車や住宅の購入に踏み切る人や店舗の増設など事業を拡大させる企業が増え，銀行借入に対する需要が増加する。そして需要に見合った貨幣が供給されれば，経済活動は活性化し，経済成長や物価の上昇が生じる。逆に景気が過熱し物価の上昇が行きすぎるようであれば，貨幣供給量を抑制する必要が出てくる。

では，中央銀行はどのようにして貨幣供給量を調節するのだろうか。日本では貨幣供給量のことをマネーストックと呼ぶ。マネーストックとは個人や企業（非金融法人），地方公共団体などが保有する通貨（現金・預金など）の総量のことだが，これら非金融部門の主体と取引するのはあくまで一般の銀行であって日銀ではない。伝統的に，日銀は銀行との取引を通して金融市場の金利を調整することで「間接的に」このマネーストックを調節しようとしてきた。

もう少し詳しく説明しよう。マネーストックの変化は，直接的には銀行貸付（銀行信用）によってもたらされる。たとえば，ある企業に対する 100 万円の貸付は，その企業の預金額を 100 万円増やす（銀行が企業の預金に 100 万円記帳する）形でなされるため，マネーストックも 100 万円増加する。ここで，貸付金利が低いほど返済コストが減るため，銀行借入への需要（ひいては銀行貸付とマネーストック）も増えると考えられる。金利の水準は借り手の信用度なども考慮して個々の銀行が自由に設定しているが，基準となるのは「コールレート」と呼ばれる金利の水準である。銀行は個人や企業との取引で生じる日常的な資金の過不足を他の金融機関との短期的な資金の貸借で調整しているが，この貸借に適用される短期金利がコールレートである。銀行貸付の金利も含め，さまざまな短期金利はコールレートの動きと連動している。日銀はコールレートの調整によって経済全体のあらゆる短期金利に影響を与えることができるため，これを金融政策の対象である「政策金利」として操作する。

コールレートは，金融市場の状況に応じて決まる。すなわち，資金不足の金融機関が多く資金需要が大きければ上昇し，資金過剰の金融機関が多く資金需要が小さければ低下する。そこで日銀は，金融機関が保有する国債などの金融資産の売買によって市場の資金量を調節している。なお，資金量を調節するための資産取引を「公開

市場操作」(オープン・マーケット・オペレーション：オペレーション，オペ) と呼び，オペレーション等を通して日銀が供給する資金を「マネタリーベース」という。

3　金融政策の変容——非伝統的政策とは何か

このように日銀は，伝統的に政策金利を調節することで景気や物価に働きかけようとしてきた。他方，バブルの崩壊以降，日本経済が長期にわたり低迷しデフレ圧力にさらされてきたため，金融政策は緩和傾向で推移した。バブル崩壊後に6.0％だった公定歩合は1990年代を通して引き下げられ，99年2月にはコールレートをほぼ0％に誘導する「ゼロ金利政策」が発表された。その後もデフレ圧力は払拭されなかったが，すでに金利は0％近くまで低下しており，伝統的な金利政策は限界に達していた。このため日銀は，2001年3月，「量的緩和」という，それまで他の中央銀行が採用したことのなかった**非伝統的な金融政策**を採用した。

量的緩和とは，コールレートが0％に達してもなおマネタリーベースの供給を続ける政策である。供給された資金は，銀行が日銀に保有する「日銀当座預金」に積み上がっていく。銀行は一定の資金を「法定準備」として当座預金に積み立てておくことを義務づけられているが，量的緩和は法定準備を上回る「超過準備」の創出を目標としていた。銀行の貸付能力を高めると同時に，「デフレ脱却に向けて金融緩和が継続する」との期待を生み出すことで中長期の金利を低下させることが企図されたのだった。金融政策の操作対象は，コールレートから日銀当座預金残高に変わったのである。

4　異次元の金融緩和——アベノミクスと日銀

日本の景気は2002年から緩やかに回復に向かったが，2008年に

アメリカで発生した金融危機の影響で深刻な打撃を受けた。戦後最悪水準のマイナス成長に陥る中，日銀は 2006 年に停止していた量的緩和とゼロ金利政策を復活させた。そして 2012 年 12 月，安倍晋三首相がアベノミクスの「3 本の矢」の第 1 に大胆な金融緩和を掲げると，金融緩和は「異次元」と評される段階に達した。2013 年 1 月，日銀の白川方明総裁によって物価上昇率 2％の実現というインフレ目標が掲げられると，3 月，白川総裁に代わって就任した黒田東彦総裁は，この目標を 2 年程度で実現するためにマネタリーベースを 2 倍にするという大規模な金融緩和に踏み込んだ。

　異次元の緩和は，円高を是正し株価を押し上げる効果を持った一方，期限である 2 年が過ぎた後もインフレ目標が実現する目途は立たなかった。そこで 2016 年 1 月，日銀は，欧州中央銀行も採用していたマイナス金利政策を導入し，日銀当座預金の超過準備の一部にマイナス 0.1％の金利を課すことを発表した。日銀から金利を取られないよう各行が超過準備を貸付などに回すことを期待した政策だったが，銀行の収益が圧迫されることへの懸念から銀行株が下落するなど，悪影響の方が目立つ結果となった。さらに 9 月には，長期金利を 0％程度へと抑制することをめざすイールドカーブ・コントロールという新たな緩和措置に踏み切った。

　2018 年 3 月，黒田総裁は任期を迎えた。資金供給のために日銀が買い取った国債の残高は 400 兆円を超える規模に達していた。ハイパーインフレ（貨幣価値の大暴落）を防ぐため，日銀は政府から「直接」国債を購入することを禁止されている。これに対し現実は民間の金融機関が購入した国債を「間接的」にとはいえ日銀が買い取ってきた形だが，ハイパーインフレはおろかインフレ目標すら達成されなかった。もちろん，非伝統的な政策を採用していたのは日銀だけではない。アメリカの中央銀行にあたる連邦準備制度も，非

伝統的な方法で2008年の金融危機と景気後退に対処した。他方，雇用情勢の改善を受け，2015年末，アメリカでは非伝統的な方法からの脱却が始まった。非伝統的な政策の有効性を疑問視し日銀も出口戦略を模索すべきとの声もあったが，2018年4月に再任した後も黒田総裁による金融緩和は続いた。2020年に入り，新型コロナウイルスの感染拡大が経済活動に混乱をもたらすようになると，企業の資金繰りを支えるために追加的な金融緩和が行われた。

5　金融政策の正常化──出口戦略のゆくえ

2022年2月，ロシアがウクライナに侵攻すると，その影響は金融政策にも及ぶこととなった。両国はともに主要な一次産品輸出国であったため，供給の混乱から石油・天然ガス・穀物などの価格が上昇した。物価上昇に見舞われた欧米では，インフレ抑制のために政策金利の急速な引き上げが行われたのである。こうして日本と欧米との間の金利差が広がると，これを反映して円安が進んだ。為替相場の決定については複数の理論が存在するが，金利差は為替相場の短期的な変化に影響を与える（→第3節 2）。

円安は，外貨で価値が表示される財の円建て価格を上昇させ，円で価値が表示される財の外貨建て価格を低下させる。たとえば1ドル115円から150円に円安が進めば，1ドルの財は115円から150円に上昇する一方，115円の財は1ドルから約0.77ドルまで低下する。このため円安によって，主要な輸入品である一次産品の円建て価格はいっそう上昇した。一次産品の価格上昇は企業の生産コストを増やすが，コストの増加分が製品価格に転嫁されれば，これを負担するのは消費者になる。実際，円安によって日本の消費者物価は上昇し（輸入インフレ），国民生活を直撃した。一方，円安は輸出関連企業の業績を押し上げた。輸出品の外貨建て価格の低下が競争力

を向上させただけでなく,海外で得られた外貨建ての売上の円建て額が増加したためである。このほか複数の要因が追い風となり,2024年2月,日経平均株価はバブル崩壊直前の水準を更新し過去最高となったほか,春闘では大企業を中心に賃上げが相次いだ。

2024年3月,日銀は「2％の物価目標の実現が見通せる状況になった」との判断からマイナス金利とイールドカーブ・コントロールの解除を決定した。他方,植田和男総裁は「緩和的な金融環境が当面は継続する」との見通しを同時に示した。金融政策の急速な「正常化」が国民生活に与える打撃が懸念される一方,金融緩和が継続するとの見通しから円安が進行した。10年にわたり続いた異次元緩和からの慎重な修正が進められている。

国際通貨制度の仕組み

第 *1*・*2* 節では,一国の通貨・金融制度について,とりわけ日本を事例に説明した。他方,一国の経済や金融は国際的な金融の動向からも影響を受ける。とりわけ,**金融のグローバル化**と呼ばれる現象が進む現代において,その傾向は強まっている。そこで第 *3*・*4* 節では,国際金融の仕組みと現状について解説する。

1 外国為替取引——異なる通貨を交換する

国によって通貨が異なるため,国際取引では必ずしも自国の通貨が利用できるとは限らない。そこで,異なる通貨を交換するための「外国為替取引」(外為取引)が必要になる。外為取引を行う市場を外国為替市場と呼ぶが,この市場での中心的なプレーヤーは銀行である。そして外国為替市場は,銀行と銀行の顧客である個人や企業が取引を行う「対顧客市場」と,銀行同士が取引を行う「銀行間市

場」とに分かれる。

　対顧客市場では,海外旅行や輸出入などに伴って個人や企業が銀行から外貨を購入したり外貨を自国通貨に交換(外貨で自国通貨を購入)したりする。1ドル＝100円といった具合に,外貨には「為替相場」(為替レート)という価格がついている。顧客との取引に用いられる相場を「対顧客相場」というが,対顧客相場の基準になるのが銀行間市場で決まる「銀行間相場」である。銀行にとっての商品である外貨の在庫は,顧客との取引を通して刻々と変動する。そこで銀行は,手持ちの外貨の量を他の銀行との取引を通し調整する。

　銀行間市場では,「ドルに対して円が不足すれば,ドルに対する円の値段が上昇し円高ドル安になる」といった具合に需要と供給のバランスから為替相場が決まっている。銀行間相場の動向は,対顧客相場を通じて国際取引に影響を与える。そこで,銀行間市場には中央銀行など各国の通貨当局も参加しており,政策的に為替相場の調整を図っている。これを政府による「為替介入」と呼び,たとえば日本の場合,円安ドル高の流れを是正するために日本銀行が「円買い・ドル売り」を行うことがある。

　現在,外国為替市場は世界中に存在し,つねに世界のどこかで市場が開いているという意味で「24時間市場」と呼ばれる。世界では1日に7兆ドル以上の外為取引が行われており,取引の中で為替相場も絶えず変動している。このように大量の外為取引が行われる理由,すなわち為替相場を変動させる要因は何だろうか。

　まず,貿易などの経常取引が思いつくだろう。自国の経常収支黒字／赤字は,中長期的に自国通貨高／安をもたらす傾向がある。他方,国際貿易額は年間25兆ドル程度であるから,日々の外為取引の大部分は経常取引を目的としたものではなく,為替相場の変動も経常取引によってもたらされているわけではないことがわかる。

取引の多くは,為替リスク(為替相場の変動により保有する資産の価値が変動するリスク)を回避するためのヘッジ,短期的な利益獲得を目的とした裁定(安く買って高く売る／低い金利で借りて高い金利で運用するなどして差額を得る取引)や投機(リスクを承知で高い利益をねらう取引)である。ICT の発達等で取引が便利になる中,今後も短期的取引を中心に外為取引は増加していくだろう。

2 為替相場の決定理論——為替相場の傾向をつかむ

膨大な外為取引の内容をすべて知ることは不可能であるから,為替変動の要因を逐一完全に説明することはできない。しかし,一定の期間を設定してみると為替相場の動きにはトレンドが存在しており,「私たちは経済合理的に行動する」との前提から導かれる理論を用いれば,そのトレンドを理解することは可能である。

私たちの経済合理的な行動とは裁定取引をさす。たとえば,まったく同じ財が日本よりアメリカで安く売られているとしよう。輸送に関わるコストや時間を無視すれば,アメリカでこの財を仕入れて日本で売れば利益が生じる。これが裁定だが,この取引が続くとアメリカでこの財が品薄になり価格が上昇する一方,日本ではこの財が過剰になり価格が低下する。裁定行動は利益が出なくなるまで,つまり日米でこの財の価格が同一になるまで続く。わずかな価格差も見逃さずに裁定取引が行われているとすれば,特定の財の価格は世界中どこでも同じになるはずである(一物一価の法則)。

特定の財を広くとらえ,日米の国民が平均的に消費する種々の財サービスをひとまとめにした「商品バスケット」という架空の財を考える。裁定取引によって,商品バスケットの価格,つまり物価についても一物一価の法則が成り立つとすれば,日本の物価(円)＝アメリカの物価(ドル)×為替相場(1ドル＝○円)となり,為替相場

の理論値は「日本の物価／アメリカの物価」と表される。これを購買力平価（Purchasing Power Parity: PPP）と呼ぶ。国際的な裁定取引という非現実的な想定を置いていることから，現実の相場がPPPと一致することはない。しかしPPPは，長期的な相場の動きを説明できると考えられている。

同様の見方は，金融資産への投資についてもあてはまる。日米間で利回りの格差があり，日本よりアメリカで投資する方がもうかるとすれば，この利回りの差をめぐる裁定取引が生じ，結果，日米どちらで投資を行っても得られる利回りは同じになるはずである。つまり，①日本の金利で1年間資金を運用する場合と，②現在の為替相場（直物相場）で円をドルに換えアメリカの金利で1年間運用し1年後の為替相場で円に戻す場合の収益は同一になる。計算は省くが，この条件から「為替相場の変化率＝2国間の金利差」という関係が導かれる。これを金利平価と呼び，短期的な為替相場の変化を説明すると考えられている。第2節⊡5で述べたように，アメリカの金利が相対的に上昇すれば，日本よりアメリカで資金を運用した方が高い収益を得られるとの考えから，直物で円を売って米ドルを買う動きが生じ，円安を招くことになる。

⊡3　国際通貨とは何か──貨幣が果たす国際的な役割

貿易などの国境を越えた取引で利用される通貨を**国際通貨**という。もちろん，世界政府や世界中央銀行が存在しないことからもわかるとおり「世界通貨」（どの国の通貨でもない通貨）のようなものが普及しているわけではない。他方，世界に存在する通貨の種類が170を下らないとされる中，これらの通貨すべてが等しく国際的に利用されているわけでもない。国際的に「貨幣の3機能」を果たしているのは，米ドル（カナダやオーストラリアなども自国通貨をドルと呼称して

いるので,以後,アメリカのドルを強調する場合には米ドルと表記する)やユーロといった少数の通貨である。

たとえば,アメリカと他国との貿易だけでなく,アメリカ以外の2国間(日本とアジア諸国などアメリカにとっての第三国間)貿易でも,財の価格が米ドルで表示され(表示機能),支払いも米ドルで行われることが多い(交換・支払機能)。そして,米ドルの利用価値が高ければ,価値を貯蔵する手段としてもドル建ての金融資産(預金・証券など)が選択されることになる(価値貯蔵機能)。

以上は民間レベルの話だが,国際通貨は各国の政策運営(公的レベル)においても3機能を果たしている。まず多くの国は,1ドル＝△円のように国際通貨を基準に自国通貨の為替相場を表示している(表示機能)。自国通貨の為替相場は外貨の数だけ存在するが,政府にとって関心事なのは,実際の国際取引に利用されている(それゆえ自国経済に影響がある)米ドルやユーロに対する為替相場だからである。なお,前項でふれた為替介入とはこの相場を調整するための外為取引であるため,必然的に自国通貨と国際通貨の売買という形をとる(交換・支払機能)。そして,「自国通貨買い・国際通貨売り」の為替介入には国際通貨が必要になり,「自国通貨売り・国際通貨買い」の為替介入によって国際通貨が得られるため,政府はつねに一定の国際通貨を保有している。政府が保有する外貨(外貨建ての金融資産)を「外貨準備」と呼ぶが,米ドルやユーロなどの国際通貨が各国の外貨準備の大部分を構成している(価値貯蔵機能)。

4 基軸通貨——なぜ米ドルが国際通貨なのか

貨幣の国際的な機能が少数の通貨に集中している理由は,取引の効率化にある。仮に取引相手国によって逐一利用する通貨が異なるとすれば,民間業者は支払いに備えて多くの種類の外貨を手元に保

有しておかなければならないし，政府もまた数多くの為替相場の動きに注意しなければならない。少数の国際通貨が利用される場合に比べ，その手間がいかに膨大なものか容易に想像できるだろう。

　では，国際通貨として機能する少数の通貨が米ドルやユーロなのはなぜだろうか。米ドルを例に検討してみよう。国際通貨の中でもとりわけ重要な役割を果たす通貨を「基軸通貨」といい，第二次世界大戦以降は米ドルがその機能を果たしてきた。大戦を経て世界の工業生産力の大半を保有する圧倒的な経常収支黒字国として台頭したアメリカは，経常取引で獲得した黒字を援助や資本輸出の形で主要各国に還元し，世界経済の復興に大きな役割を果たした。そして，アメリカ経済に依存した世界経済の構造が成立していく中で，米ドルは基軸通貨としての地位を築いていった。

　基軸通貨の交替が簡単には生じないことを「基軸通貨の慣性」という。基軸通貨としての地位が確立されると，取引量の増加と取引コストの低下が相互促進的に進み，その通貨の利用を前提とした制度や慣行が整っていくためこうした現象が生じる。実際，米ドルが基軸通貨として機能しはじめると世界各国で米ドルの保有高は増加していった。最も利用される通貨であるため米ドルの外為取引にかかる手数料はどの通貨よりも安く，そのことが米ドル建ての取引を増加させ，さらに取引コストが低下し……という循環が生まれたのである。1980年代に入りアメリカが経常収支赤字国そして世界最大の債務国に転落してからも，米ドルの有用性に対する信用が大きく揺らぐことはなかった。経常収支黒字国である中国の人民元はもとよりヨーロッパの共通通貨ユーロに対しても依然として米ドルが優位性を維持しているのは，「基軸通貨の慣性」によるものといえるだろう。

金融のグローバル化

1 資本自由化——グローバル化する資金の流れ

　今では想像できないかもしれないが，第二次世界大戦が終了してからしばらくは，海外渡航や貿易，海外への投資など民間部門による自由な国際取引は「為替管理」(外貨の利用に対する規制)の下で全面的に制限されていた。国際的な資金移動を「国際資本移動」というが，国際資本移動が世界規模に拡大し「金融のグローバル化」と呼ばれる現象が進展したのは 1980 年代後半以降のことである。

　前節でふれたように，主要国は第二次世界大戦によって荒廃した経済を再建するためアメリカ経済に強く依存していたが，アメリカから物資を輸入したりするための米ドルは著しく不足していた(ドル不足)。そこで政府は希少な米ドルを集中的に管理し，復興に資する国際取引に重点的に割り当てていた。西欧や日本で為替自由化(為替管理の廃止)が進むのは，これらの国で経済復興が進みドル不足が解消していく 1950 年代末以降のことである。先進諸国の為替自由化は，1960 年代前半にかけて貿易など経常取引について進み，70〜80 年代にかけて資本取引へと拡大していった(資本自由化)。

　各国が資本自由化を進めた背景は多様だが，制度的な自由化に先立って，すでに 1960 年代には国内の為替管理を逃れる形で「ユーロ市場」と呼ばれる国際金融市場が形成され，この市場を起点に資本取引が行われるようになっていた(ユーロ市場とはヨーロッパの通貨ユーロの市場ではなく，本国以外でその通貨建ての取引が行われる市場をさす。ここではロンドンにおける米ドル建て取引が行われる市場のことである)。さらに 1970 年代に入り，先進諸国が固定相場制から変動相場制に移行すると，為替相場の変動がもたらす為替リスクに対処

するための「金融デリバティブ」と呼ばれる金融商品が開発され，国際的な資本移動を促進した。先進国の資本自由化は，こうした現実を制度的に追認したものと見ることもできる。

他方，1980年代以降，アジアなどの新興国でも為替自由化が進んだ。二度のオイル・ショックによって先進国の経済成長が鈍化した一方，アジア諸国は，為替自由化によって積極的に先進国資本を取り入れて工業化を進め，高い成長を遂げた。そして，低成長で資金余剰の先進国から相対的に高成長で資金不足の新興国への資本投資が進む中，グローバルな資金循環が形成されていったのである。

2　繰り返す金融危機──規制緩和と金融制度の不備

資本移動の自由化は，各国国内の金融自由化と軌を一にして進んだ。1970年代頃まで，多くの先進国では金融機関の活動や金融市場の取引にさまざまな規制が課されていた。しかし，資本はより規制が少なく取引がしやすい国の金融市場に流れ込む傾向がある。そこで各国は，自国への資本流入を促して金融市場を活性化させるため積極的な規制緩和を進めたのだった。そして規制緩和と並行して金融機関の活動は国際化し，グローバルなレベルで金融機関の競争が激化していった。第2節で述べたように，金融システムの安定には適切な金融制度が必要である。しかし資本自由化と金融自由化のペースは急速であり，そうした自由化の流れに適合した金融制度の整備は国際的にも国内的にも遅れがちだった。

こうした中，1980年代以降，先進国・途上国を問わず金融危機が頻発するようになった。たとえば日本では，金融自由化の流れの中で金融機関の競争が激化したり金融商品が多様化したりする一方で，それらへの適切な規制監督体制は整備されなかった。そして，企業の資金運用や銀行による貸付がリスクの高い不動産や株式投資

4　金融のグローバル化

に向かったことで，1980年代後半にバブルが生じた。バブルは1990年代に入り崩壊し，不良債権と金融機関の破綻を招いた。

また，奇跡的ともいわれる成長を遂げていたアジア諸国でも，流入した資金を適切に管理する制度は未整備であった。流入した資金は工業化のためではなく次第に安易な不動産投資などに使われるようになり，これがバブルとその崩壊をもたらした。1997年，アジア諸国に流入していた資金は一挙に流出し，為替市場ではアジア諸国の通貨が暴落しただけでなく（通貨危機），外資に依存していた各国の金融機関は破綻し，金融危機は経済危機へと深化した。

金融制度の不備によってバブルと金融危機が生じたり，大量の資本流出によって通貨危機や金融危機が発生したりした事例は少なくない。実際，国際通貨基金（IMF）の調査によれば，1980年から2007年にかけて世界では120件の銀行危機，183件の通貨危機が発生したとされる（Laeven and Valencia [2008]）。

3 世界金融危機——「100年に一度」の危機だったのか

1980年代以降，各地で金融危機が繰り返されてきたが，最大のものは2008年にアメリカを震源に発生した危機である。2008年9月，アメリカの大手投資銀行であるリーマン・ブラザーズが破綻した。このリーマン・ショックの影響は金融市場を通して欧米の金融機関に広がり，金融危機は世界的な規模へと拡大した。また金融危機は経済にも大きな打撃を与え，2009年6月にアメリカ自動車会社の雄であるGMが破綻すると世界的な不況へと発展した。一連の危機の影響で失われた資産の価値は約50兆ドルに上るとされるが，これは日本のGDPの10倍にあたる規模であった。

2008年10月，米連邦準備制度理事会の元議長だったアラン・グリーンスパンが述べたように，世界金融危機はそのインパクトだけ

を見れば「100年に一度」の危機であった。他方，危機のメカニズムについて見ると，それまで繰り返し発生してきた金融危機と似通った点が多かった。以下，検討しよう。

日本がバブル崩壊後の景気後退に苦しんでいた今世紀初頭，アメリカもまた2001年9月の同時多発テロやITバブルの崩壊によって景気後退に直面していた。アメリカでは，比較的長い期間にわたって低金利政策がとられ金融緩和が進んだが，こうした中で生じたのが住宅バブルだった。住宅バブルは，「サブプライム・ローン」といわれる住宅ローンの増加によって住宅購入が進んだことによって引き起こされたものだった。サブプライム・ローンとは信用力の低い「サブプライム層」と呼ばれる人々への貸付だったが，金融機関がこのようなリスクの高い貸付を増やすことができたのは「証券化」と呼ばれるリスク回避の枠組みが存在したためである。

サブプライム・ローンを提供した金融機関は高い信用リスクを負うことになるが，貸付債権を「特別目的会社」という機関に売却することで，そのリスクを手放すことができた。この特別目的会社は，サブプライム・ローン以外にもさまざまな債権を金融機関から買い集め，高度な金融技術を使ってさまざまな証券をつくり世界中に販売していた。貸付債権から証券がつくられることから，この仕組みを「証券化」と呼ぶわけである。他方，2006年半ばから住宅価格が下落に転じバブルが崩壊すると住宅ローンの返済が滞りはじめた。結果，サブプライム・ローン債権からつくられた証券の価格も暴落し，これらの証券に多額の投資をしていたリーマン・ブラザーズをはじめ欧米の金融機関は大きな打撃を受けることになった。

サブプライム・ローンのようなリスクの高い貸付によってバブルが生じたこと，サブプライム・ローンからつくられた証券への投資という金融機関のハイリスクな行動を規制できなかったことなど，

4 金融のグローバル化

金融制度の不備が世界金融危機の直接的な原因となった。そしてこの限りにおいて，世界金融危機もまた 1980 年代から繰り返してきた危機と類似した条件の下で発生したものだったといえよう。

4　危機対応の枠組み──国際金融システムの安定に向けて

世界金融危機を契機に，国際的に危機対応のための枠組みづくりが始まっている。第 *1* 節で説明したように，金融危機への対応には危機予防と危機管理の 2 つの枠組みが重要である。

金融グローバル化の中で各国の金融システムが密接に関連するようになったことで，一国の危機が他国あるいは世界へと波及するリスクが高まっている。そこで危機予防の面では，個別の金融機関に対する規制に加え国際金融システム全体の監督が必要になる。まず前者については，銀行規制の国際的なルールを定めてきた国際決済銀行（BIS）を中心に「バーゼルⅢ」と呼ばれる規制強化のためのルールが制定されている。そして，国際金融システム全体を監視するための枠組みとしては，主要 20 カ国・地域の代表から構成される G20 と，主要な国際金融機関と通貨当局の代表から構成される金融安定化理事会（FSB）の連携を軸とする体制が構築されている。

また危機管理の面では，危機に陥った国に支援を行う国際機関である国際通貨基金（IMF）の融資能力が大幅に拡充された。IMF の融資には「コンディショナリティ」という借り手国が守るべきさまざまな条件が付されるが，支援を迅速に行い危機の鎮静化を優先するために，この条件の簡素化も進んでいる。

このように，危機対応の枠組みは整備されつつあるが，課題も残っている。銀行への規制が強化される一方，世界金融危機の発生に深く関わったヘッジファンドなどの「シャドー・バンキング」に対する規制は容易ではないとされる。他方，規制の厳格化がより良

い金融システムを生み出すとも限らない。金融とは経済という体にカネという血液を安定的に循環させる仕組みだから，規制が行きすぎれば経済の活力が損なわれてしまうためである。金融グローバル化が進む現代，金融システムの安定と金融本来の機能を両立していく視点が重要性を増している。

▶ NEXT STEP

本章で説明したように，現代の経済において金融はその存在感を強めているが，金融政策の効果や金融危機への対応をめぐっては検討されるべき課題が残されている。これらの点を専門的に検討したい読者は，金融論や国際金融論といった理論分野の科目を学んでみよう。

■文献案内

■ 日本銀行金融研究所編［2011］『日本銀行の機能と業務』有斐閣（日本銀行金融研究所ウェブサイトに全文掲載）

　　日本銀行に関する解説書。日銀の役割を中心に，入門的な金融論や金融政策論についても学ぶことができる。

■ 飯島寛之・五百旗頭真吾・佐藤秀樹・菅原歩［2017］『身近に感じる国際金融』有斐閣

　　国際金融論の入門テキスト。平易な文章と豊富な具体例で，国際金融の理論・制度・歴史・現状が手際よく解説されている。

■ 岩井克人［2006］『二十一世紀の資本主義論』筑摩書房（ちくま学芸文庫）

　　貨幣とは何か？という問いに明快に答えた論考が収められている。ITの発達で姿を変える貨幣の本質を見極めるうえで示唆に富む1冊。

Action!

1 日本銀行の時系列統計データウェブサイトからマネタリーベースとマネーストックの時系列データをダウンロードし,日本の「非伝統的な金融政策」について数量的に確認してみよう。

2 IMF のウェブサイトで International Financial Statistics にアクセスし,自分の好きな国の通貨の米ドルに対する為替相場の動きを確認してみよう。

労働市場と労働政策

CHAPTER 7

働きがいのある人間らしい仕事へ

有配偶者(パートナー同居含む)のワーク・ライフ・バランスの希望と現実
(内閣府男女共同参画局「男女共同参画社会に関する世論調査」〔2019年〕より)。

人間らしく働くとはどういうことだろうか?

この章のねらい

○ 労働市場の特徴について理論的に理解する。
○ 日本的雇用慣行と日本の労働市場の構造について理解する。
○ 労働政策の概要と課題について理解する。

私たちが日ごろ購入するモノやサービスは、人々の労働によってつくり出されている。また、私たちの多くは労働によって得た所得で、生活に必要なモノやサービスを購入している。労働は私たちの社会を支える重要な要素であり、それゆえ日本国憲法では「すべて国民は、勤労の権利を有し、義務を負ふ」と規定されている（第27条第1項）。

勤労の権利（労働権）とは、職業選択の自由、公正で好ましい労働条件や失業からの保護などが保障されることであり、そのためにさまざまな労働政策が実施されている。

この章では、こうした労働政策が形成される理由について理論的に解説するとともに、私たちの労働をめぐる諸課題と労働政策のあり方について考察する。

Key Words

非自発的失業　　整理解雇4要件　　長時間労働
過労死・過労自殺　　男女雇用機会均等法　　日本的雇用慣行
同一価値労働同一賃金

1 労働市場と職場の利害対立

毎年、企業の新卒採用活動の時期になると学生の「就活」が話題になる。今年は「売り手市場」だ、「買い手市場」だといわれるように、労働にも市場がある。ここで売り手とは就職活動をする学生であり、買い手とは採用する企業のことである。では、労働市場では何がどのように売買されているのだろうか。

1 労働市場における交換

経済における市場の役割は、社会的に必要とされる商品を必要な

量だけ,必要としている人々に配分することである。この点は労働市場も同様である。標準的な経済学では,企業がモノやサービスを生産するために労働者を雇い入れ,労働者は労働時間を販売して対価として賃金を受け取ると考える。つまり,労働市場で売買されているのは労働時間であり,賃金は労働時間の価格である。

　企業がより多くの労働者を雇用しようとする場合,賃金の引き上げなど,より良い条件を提示すればよい。他方,労働者は労働条件が希望に沿わなければ離職してより良い条件の仕事を探すことができる。失業者が雇用機会を求める場合は,より低い賃金を受け入れることで雇用される可能性は高まるだろう。このような賃金の変動を通じて企業が必要な質と量の労働時間を手に入れ,すべての労働者が許容できる条件で労働時間を販売できれば,労働問題は生じないだろう。しかし,現実にはさまざまな労働問題が生じている。なぜだろうか。

2　雇用契約の不完備性と労使間利害対立

　労働者が労働時間を販売するといっても,労働という行為そのものは労働者から切り離すことはできないので,むしろ自らの労働能力(労働力)を時間単位で企業に貸し出しているといったほうがイメージしやすいかもしれない。企業は,賃金と引き換えに労働時間内に労働者に指揮・命令をして労働力を利用する権利を手に入れる。

　企業の目的はより多くの利潤を得ることであるから,できるだけ安価に労働時間を購入し,労働者にできるだけ一生懸命働かせようとする。労働者はできるだけ高い賃金で労働時間を販売しようとし,過酷な労働は望まないであろう。このように,労働時間の取引をめぐって企業と労働者の利害が対立している。

　企業と労働者が労働時間を売買する際には雇用契約が交わされる

が，労働時間内に労働者がどの程度一生懸命働くか（労働密度）はあらかじめ厳密に規定することはできない。これを「雇用契約の不完備性」という。不完備契約が企業と労働者のどちらに有利に働くかは，両者の交渉力の差によって決まってくるが，一般的には企業側に有利に働くと考えられる。というのは，労働者は労働時間を販売して得た収入で自分（およびその家族）の生活を維持しているため，労働時間を販売できなければ生活できないからである。しかも，労働時間は保存できないため，賃金が高い時にまとめて販売したり，賃金が低い時に売り控えたりすることができない。それゆえ，失業しないために低賃金を強いられて十分な生活費を確保できなかったり，劣悪な労働条件を受け入れざるをえなかったりする。

労働者が抱く失業の脅威によって労働者の企業に対する交渉力が低下することを「産業予備軍効果」という。「産業予備軍」は失業者のことで，企業が生産規模を拡大したり，労働者を解雇して代替要員としてすぐに雇い入れたりできる存在を意味する。失業率が低下すれば「売り手市場」となり労働者の交渉力は高まり，上昇すれば「買い手市場」となって交渉力は低下する。

歴史的に見て，失業率が非常に低く産業予備軍効果がゼロとなるような国はほとんど存在しない。1990年代初頭以降の日本では，景気の悪化に伴い多くの労働者が職を失い，希望する職に就けないか，仕事に就けたとしても非正規雇用であり，フルタイムで働いても所得が生活保護水準を下回る「働く貧困層」（ワーキングプア）となる者もいた。さらに，正社員であっても長時間労働や不払い残業を余儀なくされるなど，劣悪な労働条件を強いる企業が増え，「ブラック企業」と呼ばれて社会問題化した。

3 労働問題の発生と労働政策のはじまり

　労働問題は，資本主義経済が成立し企業に雇われるという働き方（賃労働）の普及とともに発生した。世界で最も早く資本主義経済が確立したイギリスでは，18世紀半ば以降に紡績機や蒸気機関，力織機などの技術が発明され，工場制度が確立して生産方法や生産組織の変革が起こった（➡ **CHAPTER 2**）。多くの女性や年少・児童労働者が雇われ，劣悪な条件で働かされたため，労働者の肉体的摩耗と道徳的退廃をもたらし，作業能率の低下，伝染病拡大，幼児死亡率の上昇などの社会問題を引き起こした。これに対し，1833年には児童労働禁止や年少者の労働時間を制限する「連合王国の工場の児童，年少者の労働を規制する法律」（工場法）が成立した。その後，成人男性も保護の対象となり，職場の安全衛生に関する規制，失業保険制度，最低賃金制度などの労働者保護政策が形成されていった。

　また，労働者は，交渉力を高めるために労働組合を結成した。当初は組合の結成が非合法化され，組合運動は弾圧されたが，次第に法認されるようになり，現在の日本では団結権，団体交渉権，団体行動権が労働三権といわれている。

　1919年には国際連盟とともに国際労働機関（International Labor Organization: ILO）が設立された。ILO憲章の前文では「いずれかの国が人道的な労働条件を採用しないことは，自国における労働条件の改善を希望する他の国の障害となる」との認識が示され，条約や勧告の策定を通じた国際労働基準の確立に努めている。第1回総会で工業的企業の1日8時間・週48時間制，失業防止・救済，母性保護，女性・年少者の深夜業禁止，児童労働禁止に関する条約が採択された。経済のグローバル化が進展する現在，ILOはディーセント・ワーク（働きがいのある人間らしい仕事）の実現をめざしており，国際労働基準の確立は非常に重要な取り組みとなっている。

雇用と失業

現在の日本では憲法第22条により職業選択の自由が保障されている。どのような職に就くか,どの企業に勤めるかは個人の自由である。一方,私有財産制の下で,財産の所有者にはその使用および処分権が認められており,ここから派生して,企業には生産手段を誰に使用させるか,使用させないかを決定する権利,すなわち労働者を解雇する権利(解雇権)が認められている。それゆえ労働者は,どのような企業にも雇われうる権利を有すると同時に,どの企業からも雇用されず,失業するリスクも有している。

1 失業の諸形態

失業はいくつかの形態に分類できる。現在の労働条件に満足できず仕事に就いていない状態を自発的失業,現行賃金以下でも働く意思はあるが仕事に就けない状態を**非自発的失業**という。労働者が離職または解雇され,別の企業で働きはじめるまでに一時的に仕事に就いていない状態は摩擦的失業という。

一般的な財・サービスの市場では,価格の変動により需要と供給が調整される(➔ **CHAPTER 4**)。労働市場でも賃金の変動により需要と供給が調整されれば非自発的失業は生じないが(➔ **Final CHAPTER**),現実には失業が存在している。

賃金は企業にとって単なるコストではなく,労働者を動機づける役割もある。企業は労働者のやる気を高めようと賃金を決定するため,低い賃金を許容する労働者がいたとしても,一定水準以下には引き下げない可能性がある。また,賃金は経済全体から見れば総需要の主要な構成要素でもあり,賃金が低下するとモノが売れなくな

り，失業が増加する可能性もある。つまり，労働市場は賃金の変動を通じて需給が一致するよう調整されるわけではないのである。

　労働者が探している仕事の種類や労働者の技能と企業が求めている労働者の特徴が一致せず，需要と供給のミスマッチが生じている状態を構造的失業という。たとえば，衣服製造工場の多くが国外に移転して失業者が増加する一方，高度な専門知識を有するコンピュータ技術者が不足しているような状態が考えられる。失業者がすぐに技術を身につけて新たな職を得られるわけではない。

　労働者の中には，職には就いているが，本人の能力を十分に発揮できず望まない仕事をしていたり，賃金が低かったりするため，求職活動を続ける者もいる。これを半失業ないしは不完全就業という。また，求職活動をしたが仕事に就けなかったため求職活動を諦めた者は求職意欲喪失者という。いずれも統計上は失業者には含まれないが，労働問題を分析する際に考慮すべき視点である。

2　失業の動向

　失業は総務省「労働力調査」によって「完全失業者」として把握される。完全失業者は，①仕事がなく月末1週間に仕事をしなかった（就業者ではない），②仕事があればすぐに就くことができる，③調査期間中に仕事を探す活動や事業開始の準備をしていたという条件を満たす者と定義されており，非常に限定的な概念である。

　義務教育を終えた15歳以上人口のうち，完全失業者と就業者（自営業主，家族従業者，被雇用者など）の合計が「労働力人口」である。労働力人口に占める完全失業者の割合を完全失業率という。

　図7-1は完全失業率の推移を示している。高度経済成長期前半の1950年代半ばから60年代初頭にかけて完全失業率は低下し，70年代初頭までは1％台で，完全雇用というべき失業率が非常に低い

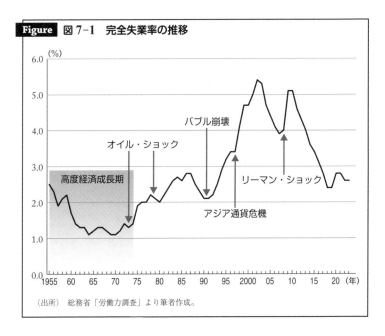

Figure 図7-1 完全失業率の推移

(出所) 総務省「労働力調査」より筆者作成。

状態が続いた。1973年の第1次オイル・ショック以降は次第に上昇し，80年代半ば以降のバブル経済期に2%前後に低下したが，バブル崩壊後は再び上昇し，90年代以降は完全失業率の変動幅が大きくなっている。

3　解雇規制とマッチング支援

　日本国憲法では，解雇権の基礎にある財産権（第29条）は「公共の福祉に適合する」ことが求められており，解雇権より生存権（第25条）や勤労権（第27条）が優先される。失業は労働者とその家族の生活に大きな影響を与えるため，解雇はさまざまな形で規制されている。

　労働契約法では，解雇には，社会通念上相当であると認められる

「客観的に合理的な理由」が必要とされている（第15条）。さらに，労働基準法等で，出産前後の休業中や業務上の災害による療養中の解雇，思想信条や正当な労働組合活動を理由とした解雇は禁止されている。また，雇用主は解雇する日の30日前までに解雇予告をするか，30日に満たない場合は不足日数分の解雇予告手当を支払わなければならない。

解雇には，不況や経営不振時の余剰人員を解雇する整理解雇，就業規則違反や犯罪などを理由とした懲戒解雇，それ以外の普通解雇がある。整理解雇は，裁判で争われる場合，①解雇の必要性，②解雇回避努力，③人選の合理性，④手続きの妥当性の4つの条件に照らして有効性が判断される（**整理解雇4要件**）。このため日本の解雇規制が諸外国より厳しいといわれることがある。しかし，先進国の雇用保護規制（Employment Protection Legislation: EPL）を比較すると，雇用保護（EPL）指標が低いアングロ・サクソン諸国は1.0〜1.5，日本は2.1でこれらに次いで低く，決して諸外国より解雇規制が厳しいわけではない。

解雇規制が厳しいと，企業が不況期に過剰人員を抱えることで労働コストが高まり，労働需要が低下してかえって失業率が上昇するとの主張がある。しかし，**図7-2**によれば，アングロ・サクソン諸国を除けば，失業率と正規雇用の雇用保護（EPL）指標の関係は明確ではない。また，日本を含む複数の国では，アングロ・サクソン諸国よりもEPL指標は高いが失業率は低く，失業率が雇用保護規制だけで決まるわけではないことを示唆している。

失業率は，労働力人口に占める新規失業者の割合と失業期間の積であるから，平均失業期間が長くなれば失業率も高まる。完全失業者のうち失業期間が1年以上続く長期失業者の割合は，1980年代は15〜20％程度であったが，90年代半ば以降に上昇し，2010年以

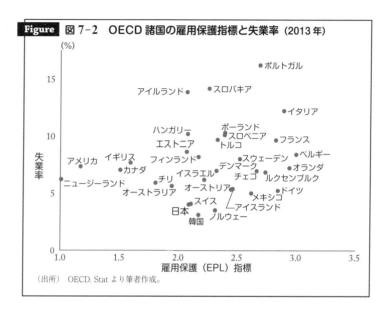

Figure 図7-2 OECD諸国の雇用保護指標と失業率（2013年）

（出所）OECD. Stat より筆者作成。

降は35〜40％となった。そこで、近年は長期失業者への対策が課題となっている。長期失業者を減らすためには、解雇規制の緩和による雇用の流動化ではなく、就業可能性を高めるための充実した職業訓練や丁寧なマッチング支援が求められる。

3 長時間労働と労働時間制度の課題

　日本は先進諸国の中でも長時間労働者が多い。**長時間労働**は心身の健康に悪影響をもたらすため古くから社会問題とされてきたが、近年では仕事と生活の調和（ワーク・ライフ・バランス）という点からも社会的に取り組むべき課題として認識されている。

1　労働時間の法的規制

ミクロ経済学（→ Final CHAPTER）では，労働者は所得と余暇から得られる満足度が最も高くなるよう労働時間を決定すると考える（所得余暇選好モデル）。一方，企業は自社の利潤が最大化されるよう財・サービスの生産量を決定し，必要な量の労働時間を労働者から購入する。

1時間当たりの労働密度と労働コストが等しければ，企業は全体として必要な時間を確保すればよいので，個々の労働者は希望する労働時間を選択できるはずである。しかし，労働者を採用するにはコストがかかり，交通費や社会保険料などの固定費を支払う必要がある。また，労働者の能率は始業してから徐々に上昇し（ウォーミングアップ効果），長時間働き続けると能率は低下する（疲労効果）など，時間当たりの労働密度は変化する。固定費が大きければ大きいほど，またウォーミングアップ効果が大きく，疲労効果が小さいほど，企業にとっての最適な労働時間は長くなる。ただし，これが労働者にとって最適な労働時間と一致するとは限らない。

労働者と企業の最適労働時間が異なる場合，労働時間がどちらにとって望ましい時間に決定されるかは，両者の交渉力の大きさに依存する。高度な知識や技能を有する一部の労働者を除き，ほとんどの労働者は企業に対する交渉力が弱く，労働時間は長くなりやすい。そのため，多くの国で労働時間は法的に規制されている。

2　日本の長時間労働

日本では労働基準法で，雇用主は労働者に週40時間，1日8時間を超えて働かせてはならないと規定されている（第32条）。ただし，一定の条件の下で時間外労働（残業）も認められている。企業は法定労働時間の範囲内で所定労働時間を設定する。これに時間外

労働時間を加えたものが総実労働時間である。

年間総実労働時間は，1970年代半ばから80年代にかけて約2100時間で推移したが，87年の労働基準法改正により週休2日制が広がり，90年代初頭はバブル崩壊もあいまって短縮していった。1990年代半ば以降，パートタイマー等の非正規雇用が増加したため，全労働者を平均すると1850時間程度まで短縮したが，パートを除く一般労働者の労働時間は2000時間程度で推移している。

ただし，この統計には賃金が支払われない「サービス残業」が含まれていない。推計によれば，サービス残業は年間約240時間で，平均するとすべての労働者が週5日毎日約1時間のサービス残業をしていることになる。

2015年の男性の長時間労働者比率（週労働時間が49時間以上の割合）は29.5％で，約3人に1人が週10時間以上の時間外労働（サービス残業を除く）をしている。アメリカ（2012年）21.8％，イギリス17.8％，フランス14.1％，ドイツ14.1％，デンマーク12.0％，スウェーデン10.1％などと比べ，依然として長時間労働者が多い（労働政策研究・研修機構［2017］）。

3 過労死・過労自殺

日本の長時間労働問題を象徴するのが，**過労死・過労自殺**である。仕事による過労・ストレスが主要原因となり，脳・心臓疾患，精神疾患等を発病し死亡または重度の障害を残す，あるいは自殺すること（未遂を含む）を過労死・過労自殺という。2002年には，大手自動車会社で工場の班長相当職として働いていた男性（当時30歳）が長時間労働と業務上のストレスにより心停止後に死亡した（2007年に労災認定）。2015年には，大手広告代理店の新入社員の女性（当時24歳）が長時間労働と業務上のストレスにより，うつ病などの心因

性の精神障害となり，入社6カ月で自殺した（2016年に労災認定）。

過労死・過労自殺の動向は労災保険制度の請求および認定件数で一端を把握できる。2022年度の脳・心臓疾患による労災の請求件数は803件，うち死亡が218件，精神疾患による労災の請求は2683件，うち自殺は183件であった。なぜ日本では労働時間が長く，過労死・過労自殺のような痛ましい出来事が後を絶たないのだろうか。

4 労働時間制度をめぐる現状と課題

日本の法定労働時間は他の先進国と比べて長いわけではない。しかし，日本の労働基準法には多くの例外規定があるため規制力が非常に弱い。とくに問題なのが労働基準法第36条で，労働組合ないしは労働者の過半数代表者と書面による協定（三六協定）を結び，行政官庁に届け出れば，時間外・休日労働をさせられる点である。時間外労働には1カ月45時間，年360時間などの上限が定められているが，臨時的に時間外労働を行うべき特別な事情が予想される場合，特別条項付き協定を結べば月100時間，年720時間まで働かせることができる。

管理監督者または秘書などの機密の事務を扱う者は，労働時間規制は適用除外となる。これを悪用してファストフード店やコンビニエンスストアの店長などが，「管理監督者」に相当する権限や労働時間に関する裁量がないにもかかわらず，「管理職」だからとして残業代が支払われずに長時間働かされる例が数多く見られ，「名ばかり管理職」問題として知られるようになった。

1987年に労働基準法が改正され，週労働時間が48時間から40時間制へと短縮される一方で，一部の職種で「みなし残業制」（実際の残業時間にかかわらずあらかじめ決められた残業時間だけ働いたとみな

す制度）を認める裁量労働制や変形労働時間制（一定の期間で週当たりの平均労働時間が40時間を超えなければ，週または1日の法定労働時間を超えても時間外労働とみなさない制度）が導入され，労働時間制度の弾力的運用が可能となった。その後も規制強化と弾力化の両方の動きが続いている。

　経営者側からは，ホワイトカラー労働者を労働時間規制の適用除外とする制度（ホワイトカラー・エグゼンプション）を求める動きがある。労働者側の強い反対により何度も廃案となったが，2018年に年収要件や対象職種を限定して労働時間規制を適用除外とする「高度プロフェッショナル制度」が導入された。将来，これらの要件が緩和されないよう注視する必要がある。

　労働者側からは，長時間労働の弊害をなくすため，時間外労働の上限規制を厳格化し，EU諸国で導入されている勤務間インターバル制度（終業時刻と次の始業時刻の間に一定の休息時間の確保を義務づける制度）の法制化が求められている。

　近年では，男女平等や子育て・介護支援という面から仕事と家庭生活の両立が求められている。1985年の**男女雇用機会均等法**導入に際し，経営者団体は職場における男女平等の前提として女性に対する保護規定（時間外・休日労働の制限等）の撤廃を求めたが，労働者側はむしろ男性労働者の過酷な働き方が男女平等を阻害しているとして，労働時間に関する男女共通の規制強化を求めた。均等法導入以降，女性に対する保護規定は廃止・縮小されていったが，男性を含めた長時間労働の短縮は十分とはいえなかった。

　子育て・介護支援策として，育児・介護休業制度の整備や保育サービスが拡充されてきた。しかし，女性が結婚・出産後も仕事を続けていくためには夫の家事・育児参加が不可欠であるにもかかわらず，子育て期の男性が最も労働時間が長いことから，男性を含むす

べての労働者の労働時間短縮が求められる（→ **CHAPTER 8**）。

また，高齢や病気などでフルタイムでは働けない場合，ボランティア活動や勉強などと両立したい場合など，正社員として働きながら希望に応じて短時間勤務を選べるような，労働者にとって柔軟な働き方の実現が期待される。

日本的雇用慣行と労働市場の階層構造

企業は労働市場の動きに受動的に対応するだけでなく，労働者から十分な労働努力を引き出すために労働者を管理・統制する。この方法を労働者統制システムという（Edwards [1979]）。大企業のホワイトカラーの職場では，職務が階層的に組織され，職務階梯を昇進するに従って賃金が上昇する制度が導入され，労働者は監督者に評価されるよう動機づけられる。これを官僚制的統制という。

小零細企業や低賃金サービス労働では，賃金の動機づけ機能は低く，監督者の個人的裁量で脅しやおだてなどにより労働努力を引き出す単純統制が用いられる。大量生産工場のベルトコンベア・システムのように，機械の速度により労働密度を高めるのが技術的統制である。現実には複数の統制システムが組み合わされている。

1 日本的雇用慣行とメンバーシップ型雇用契約

日本企業における官僚制的統制システムの主な特徴は，終身雇用，年功賃金，企業別労働組合とされ，「三種の神器」と呼ばれている。このような**日本的雇用慣行**の本質は雇用契約の特徴にある（濱口 [2009]）。諸外国の一般的な雇用契約では，仕事の内容と範囲があらかじめ定められ，労働者はその内容と範囲について義務を負う。こうした仕事を職務（ジョブ）といい，このような雇用契約を

「ジョブ型雇用契約」という。日本企業では，雇用契約で職務内容が特定されず，しばしば人事異動が行われ，職務が変更されることもある。このような雇用契約を「メンバーシップ型雇用契約」という。

日本企業の多くは，正社員を新卒一括採用で雇い入れる。一括採用により入社した社員は，新入社員研修ののちに配属が決まり，その後も人事異動で職務を変更するジョブ・ローテーションにより社内の複数の職務を経験する。職務が特定されていないため，企業は新しい技術を導入したり，新規事業を始めたりする際，社内の人事異動で必要な人員を確保しやすい。また，不採算部門を廃止したり，経営難で人員整理をしたりする時も，人事異動や関連会社への出向で雇用を維持しようとする。これにより定年年齢まで雇用が継続される長期雇用慣行（終身雇用）が可能となる。

日本企業における賃金制度は一般に年功序列型賃金と呼ばれているが，年功賃金には「年の功」型と「年と功」型がある（熊沢 [1997]）。「年の功」型は年齢や勤続年数とともにほぼ自動的に昇給し，労働者（およびその家族）の生活費を保障する生活給型賃金制度である。終戦直後から 1960 年代半ば頃までは一般的だった。

しかし，「横並び」型の自動昇給では労働者を動機づけられないため，労働力不足が深刻化した 1960 年代半ば以降，大企業を中心に「年と功」型の「職能給制度」が確立し，広く普及した。

正社員が入社すると，階層的に区分された職能等級（たとえば社員，副主事，主事，副参事，参事など）の最下層に位置づけられ，毎年実施される人事考課の結果，昇級・昇格していく。賃金は年齢や勤続年数に応じて上昇する生活給部分と職能等級に応じて昇給する能力給部分，各種手当からなる。多くの企業では昇級・昇格に必要な勤続年数が設定されており，先輩社員を大きく飛び越えて抜擢される

ことはあまりなく,昇進には比較的長い年数を要するなど,年功的に運用されことも少なくない。とはいえ,入社直後は処遇格差が小さいが,諸外国のジョブ型雇用と比べて広範な労働者が個人査定の対象となっており,長期にわたる評価の結果,処遇に一定の差がつくため動機づけ効果は決して小さくない。

職能給制度では,企業内の職務遂行能力に応じて職能等級が設定されているが,ジョブ型雇用とは異なり,職務の内容と給与額は切り離されており,社員は企業からの多様な要請に応えることが期待される。職務の内容と範囲の曖昧さは,仕事量や責任の拡大につながりやすく,長時間・過密労働を生み出す背景ともなっている。

労働者は賃上げや職場の安全確保などの労働条件引き上げを個人で要求するのは難しい。そこで,労働組合を結成して団体交渉を行う。日本の労働組合の特徴は,職種を問わず企業内の全正社員を代表する組織という点にある。しかし,企業別の団体交渉では,賃上げが企業の支払能力や個別組合の交渉力に制約されるという限界があるため,団体交渉を春季に合わせて行う「春闘」を組織し,好業績の大手企業の賃上げを他企業に波及させるよう努めてきた。

民間企業の賃上げは人事院勧告を通じて公務員給与に反映され,これを参考に中小企業などの賃金改定が行われることで,経済全体へと波及する。

2 労働市場の構造

日本的雇用慣行は,主に大企業の男性正社員労働者に該当する。中小企業は多様でばらつきも大きく,大企業より条件のよい企業も存在するが,概して企業規模が小さくなるほど統制システムは制度的側面が弱まり,単純統制の比重が高まる。平均勤続年数は短くなり,年齢・勤続年数に応じた賃金の上昇幅も縮小し,年齢に応じて

上昇する生活費に見合った所得や原則として定年まで続く雇用の安定が保障されない場合も少なくない。

従来は女性の多くが家事・育児といった「家庭責任」を負い，結婚や出産に伴い離職したため，長期勤続を前提する日本的雇用慣行の下では，補助的な労働の担い手と見なされてきた（→ CHAPTER 8）。世界的な男女平等の流れを受けて1985年に男女雇用機会均等法が制定されたが，男性労働者の働き方は見直されず，男性正社員並み（またはそれ以上）に働く女性にのみ男性と同様の機会を保障するものであった。

均等法成立後は大卒女性を積極採用する企業も増えたが，「コース別雇用管理」が導入され，中核的な業務を担う総合職には主に男性，補助的な業務を担う一般職はほぼすべて女性を採用するという形で，性別の雇用管理が維持された。

非正規雇用労働者（多くは女性）はメンバーシップ型雇用から排除されており，経営悪化に伴う整理解雇に際して真っ先に雇用調整の対象となる。職務は限定されており，勤続年数が長くなっても必要となる技能や経験はほとんど変わらず，賃金はあまり上昇しない。

5 日本的雇用慣行と労働市場の変容

日本経営者団体連盟（現在は日本経済団体連合会に統合）は1995年に『新時代の「日本的経営」』という報告書を公表し，労働者を「長期蓄積能力活用型」「高度専門能力活用型」「雇用柔軟型」の3種類に分け，それぞれに適した人事管理をすべきであると提言した。これ以降，日本的雇用慣行と日本の労働市場は大きく変容していった。

1　成果主義賃金の導入と賃金の抑制

　バブル崩壊後の長期不況下で，多くの企業では，新卒採用を抑制して中核的な正社員を絞り込み，賃金コストを抑えつつ労働意欲を維持・向上させるため，短期的な成果や業績を処遇に反映させる「成果主義賃金」の導入が試みられた。しかし，メンバーシップ型雇用のため職務内容や責任の範囲が曖昧で，協調的な働き方を重視する日本の職場には，職務範囲の明確化が前提となる業績中心の評価はなじまず，成果主義賃金の導入は進まなかった。

　現実に進行したのは，個々の労働者の職務範囲は変えずに，あるいは拡大させながら，勤続や年齢に応じて昇給する生活給部分の割合の引き下げや家族手当などの属人給の廃止・縮小，査定結果を反映させる能力給部分の割合の引き上げなどであった。この結果，主として50歳前後の中高年の給与が抑制された。

2　ワーキングプアの増加と最低賃金の引き上げ

　就職氷河期に新卒期を迎えた若者の中には，不本意な条件ながらも正規雇用の職に就いたけれども，十分な経験を積まないうちに「即戦力」となることを期待され，過大なノルマや長時間労働に耐えられず早期に離職する者が増加した。違法な働き方を強いる「ブラック企業」も目立ちはじめ，そうした企業で働く正規雇用労働者は「周辺的正社員」などと呼ばれた。

　一方，一般職が担ってきた仕事の多くは，より不安定な派遣労働などの非正規雇用へと置き換えられていった。非正規雇用化の動きは若年男性にも及び，正規雇用に就けず，あるいは「ブラック企業」を離職して，非正規雇用での就労を余儀なくされる若者が増加し，働きながらも貧困状態にある「ワーキングプア」が注目された。

　派遣労働者が増加した背景には労働者派遣法の規制緩和がある。

もともと労働者派遣制度は正社員を派遣労働者に置き換える「常用代替」の防止を原則とし，一部の専門的業務のみに認められる「ポジティブリスト」方式であったが，1999年に一部の業務のみで禁止する「ネガティブリスト」方式に移行し，原則自由化された。2004年には製造業での派遣が解禁され，2007年には製造業における派遣期間が1年から3年に延長されたため，製造業派遣が急増した。ところが，2008年秋以降のリーマン・ショックによりアメリカへの輸出が急減し，自動車産業を中心に大量の「派遣切り」が行われた。住み込みで働いていた派遣労働者の多くは仕事と住まいを同時に失うことが予想されたことから，NPOや労働組合が協力して霞が関の厚生労働省前にある日比谷公園内に「年越し派遣村」をつくり支援したことで注目を浴びた。

また，漫画喫茶やネットカフェなどに寝泊まりしながら日雇い派遣などの不安定な仕事で働く「ネットカフェ難民」が社会問題化した。

その後の労働者派遣法改正により，日雇い派遣は原則禁止となり，違法派遣時の直接雇用義務付け（みなし雇用制），派遣労働者の雇用安定措置やキャリアアップ支援，派遣先労働者との「均衡待遇」の配慮義務化など，派遣労働者保護規定が導入された。一方で，常用代替防止のため設けられていた派遣期間の上限（期間制限）が緩和され，同一事業所でも部署が変われば制限を超えて派遣が認められるようになり，「常用代替防止」という考え方が骨抜きにされたことが労働組合などから批判されている。

低賃金労働者の処遇改善策としては，賃金の最低水準を法的に規制する最低賃金制度があるが，最低賃金の決定に際して，従来は労働者の生活水準よりも企業の支払能力が重視されてきたため，フルタイムで働いても収入が生活保護水準以下となる「逆転現象」が存

在していた。

2007年に最低賃金法が改定され，生活保護との整合性に配慮することとされ，最低賃金が引き上げられた。厚生労働省は，2014年に「逆転現象」は解消されたとしたが，その後も最低賃金の引き上げは続き，2023年には全国加重平均1004円，最低893円となり，政府が当面の目標としていた平均1000円，最低800円を上回った。労働組合や若者グループの「エキタス」などが全国一律1500円を求めるなか，政府は2030年代半ばまでに平均1500円に引き上げるとの目標を表明した。これに伴い，中小・零細企業への効果的な支援策が求められている。

3　均衡待遇と同一価値労働同一賃金

正規雇用が絞り込まれ，非正規雇用に代替される過程で非正規労働者の職務範囲は拡大し，処遇は変わらないまま基幹的な職務を担うようになっていった。非正規雇用に関する最も大きな問題は，正規雇用労働者と同じ仕事をしているのに処遇が大きく異なる点である。もともと日本企業では労働者1人ひとりの職務範囲が曖昧であり，職務内容と賃金とが対応しておらず，雇用形態間で賃金に大きな格差があった。とはいえ，非正規雇用の半数を占めるのが学生アルバイトや家計補助的に働く主婦パートであったため，低賃金に対する不満は顕在化しにくかった。しかし，「ワーキングプア」の増加や非正規労働者の基幹化に伴い，雇用形態間の格差が社会問題化した。

賃金の雇用形態間格差に関して注目すべき裁判が丸子警報器事件である。自動車のクラクションを製造している丸子警報器では，1970年代後半から既婚女性を臨時社員として採用し，2カ月契約が繰り返し更新され，ベテラン臨時社員の賃金は高卒正社員の初任給

より低かった。臨時社員らは1993年にこの賃金格差は不当であるとして提訴し，一審では臨時社員の賃金が同じ勤続年数の正社員の賃金の8割以下となるのは違法との判決が出された。1999年には和解が成立し，臨時社員は実質的な正社員化を勝ち取った。この判決の理念はその後，「均衡待遇」としてパートタイム労働法や労働契約法，労働者派遣法に盛り込まれた。

「均衡待遇」とは，通常の労働者との職務内容，人材活用の仕組みや運用，契約期間等の違いに応じて「バランスの取れた待遇」を求めるという考え方である。諸外国における**同一価値労働同一賃金**の理念とは異なり，同一の労働であっても雇用形態や人材活用の仕組みの違いによる一定の格差を認めるもので，十分なものとはいえない。しかし，格差縮小に向けた取り組みとして，まずは「均衡待遇」がどうあるべきかをそれぞれの企業の労使間で検討していくことが求められる。現行のほとんどの企業別組合が正社員を代表するものであるが，非正規労働者も含めてどのように公平性を確保するかが問われることになるだろう。

同一価値労働同一賃金を実現すると，賃金の生活給的な側面が弱まり，賃金だけで世帯の生計費を確保することが難しくなる可能性もある。そこで，賃金制度の見直しと同時に，育児や教育にかかる費用を保障するための社会保障制度の拡充が必要となる。

4 ディーセント・ワーク実現に向けて

日本では急速に少子高齢化が進展し，定住外国人を含めた総人口は2008年をピークに減少に転じた。国立社会保障・人口問題研究所の2017年推計（出生および死亡ともに中位推計）によれば，総人口は2015年の1億2709万人から2053年には9924万人まで減少する。人口減少は社会にさまざまな影響を及ぼすが，労働面では労働力人

口減少による経済活動の停滞が懸念されるため，政府は外国人労働者受け入れや労働力率向上をめざしている。

外国人労働者については，1990年代初め頃から日系人への就労に制限のない在留資格の付与，外国人技能実習制度や経済連携協定による外国人看護師・介護福祉士候補者受け入れ制度，高度人材ポイント制などにより受け入れを進めてきた。2023年10月末時点の外国人労働者数は204万8675人で，2023年の就業者数の約3％に相当する。このうち，「永住者」や「日本人の配偶者等」「永住者の配偶者等」，日系人などの「定住者」が含まれる「身分に基づく在留資格」が61万5934人（30.1％），「専門的・技術的分野の在留資格」が11万5955人（24.2％），「技能実習」が6万9247人（20.2％），留学生のアルバイトなどが含まれる「資格外活動」が2万1671人（6.5％）であった（厚生労働省「『外国人雇用状況』の届出状況まとめ」2023年10月末時点）。

どこの国においても外国人労働者は差別の対象になりやすいが，日本の技能実習制度は「開発途上国の人づくりに協力する」という名目で技能実習生を受け入れ企業等に拘束することで，低賃金部門における労働力の輸入手段として機能するだけでなく，賃金不払いやハラスメントなどの人権侵害の温床となってきた。政府は2024年3月，支援団体や研究者，国連などによる長年の批判に応え，技能実習制度を廃止し，日本国内の労働力不足を補うことを目的とし，本人の意向による転職を認める「育成就労制度」を新設することを表明した。今後，外国人労働者により労働力人口の減少を補うには，より大規模かつ継続的な受け入れが必要となる。そのためには，日本人労働者との同一価値労働同一賃金を実現するとともに，文化的多様性を尊重しつつ，日本社会での生活を支援する取り組みが求められる。

労働力率を向上させるためには，従来のような男性正社員中心の日本的雇用慣行を大幅に見直し，性別や年齢，障害の有無などによらず，誰もが働きやすい職場にする必要があり，ディーセント・ワーク（権利が保護され，十分な収入を生み出し，適切な社会的保護が与えられる生産的な仕事）の実現が不可欠となるであろう。

NEXT STEP

労働経済学では，ミクロ経済学の理論を応用したさまざまなモデルを学び，労働契約の特徴や労働市場の機能，労働政策のあり方について考察する。ただし，本章で学習したように，労働市場は労働者の家庭や地域での生活，社会保障，税制などの諸制度とも密接に関わっている。他の領域との関連性を意識しながら学習を発展させよう。

■ 文献案内

■ 遠藤公嗣［2014］『これからの賃金』旬報社
　　賃金の雇用形態間・男女間格差を克服し，同一価値労働同一賃金を実現する賃金制度を提案している。

■ 熊沢誠［1997］『能力主義と企業社会』岩波書店（岩波新書）
　　日本企業の能力主義の特徴と，1990年代以降の変化を考察している。

■ 濱口桂一郎［2009］『新しい労働社会──雇用システムの再構築へ』岩波書店（岩波新書）
　　日本型雇用の特徴がメンバーシップ型雇用にあるという点から現代日本の労働問題を明らかにし，解決の方向性を展望している。

Action!

1 厚生労働省『賃金構造基本統計調査の概況』（各年版）に記載さ

れている「第8表 雇用形態,性,主な産業別賃金,対前年増減率及び雇用形態間賃金格差」にアクセスし,産業分野別に,雇用形態間賃金格差の動向について考察してみよう。
2 自分が住んでいる地域を対象に,単身者が最低限生活するのに必要な1カ月の費用を検討し,最低賃金はいくらにすべきかを考察してみよう。

CHAPTER 8 少子高齢化と社会政策

福祉をめぐる政策の特徴と課題

福祉をめぐる政策の日本的特徴は何だろうか？

この章のねらい

○ 日本の社会政策の特徴を，国内外の社会・経済的な文脈とともに，国際比較の視点から理解する。

○ 福祉とはそもそも何か，経済学の関連概念や歴史的背景を踏まえ，本質的な意味をつかむ。

○ 福祉政策の役割や機能について，社会保障論，社会政策論といった専門分野への橋渡しをする。

みなさんは，どんな「幸せな生活」を送りたいだろうか。留学したい。勉強だけでなくサークルや恋愛も楽しみたい。人それぞれイメージがあるだろう。「福祉」とは，自分や他者が「幸せな生活を送る」ことであり，国民の権利でもある。国際的な比較や，歴史的なサイクルから考えると，日本の福祉をめぐる政策の特徴や問題は何だろうか。本章で考えていこう。

Key Words

潜在能力　　ベヴァリッジ報告　　ナショナル・ミニマム
社会保険方式　　二元的構造　　福祉レジーム　　無償労働
介護・育児の社会化　　ジェンダー主流化　　社会的排除

1 福祉とは何か

1　狭義の福祉と広義の福祉

みなさんは「福祉」と聞くと，何を思い浮かべるだろうか。経済的・身体的に困難を抱えた，限定された人に対する援助，というのが一般的なイメージかもしれない（＝狭義の福祉）。しかし，「福祉」という言葉の語源をたどると，「福」も「祉」も幸福（満ち足りた生活）という，幅広い人に対する意味を持つ（＝広義の福祉）。

福祉を「幸福」という広義の意味で捉えているのが，日本国憲法である。日本国憲法第12条と第13条には，「公共の福祉」という言葉が出てくる。限られた対象への福祉（狭義の福祉）ではなく，広く社会全体の福祉を意味するものである。さらに重要なのが，日本国憲法第25条の生存権規定である。

「第25条第1項:すべて国民は,健康で文化的な最低限度の生活
　　　　　　を営む権利を有する。
　　第2項:国は,すべての生活部面について,社会福祉,
　　　　　　社会保障及び公衆衛生の向上及び増進に努めな
　　　　　　ければならない」(日本国憲法)

　つまり国は,社会全体の福祉(社会福祉),社会全体の安全(社会保障),社会全体の健康(公衆衛生)を高める国家でならなければならないのである。
　一方,福祉を,限定された人(子ども,高齢者,障害を持つ人,貧困層など)に対する援助(狭義の福祉)とする捉え方は,どこからきたのだろう。このことを考えるには,1950年「社会保障制度に関する勧告」にまでさかのぼる必要がある。これは,社会保障制度審議会によって吉田茂首相(当時)に提出され,戦後日本の制度形成に大きな影響を与えたものである。
　「社会福祉」については,同勧告の第四編において,「国家扶助の適用をうけている者,身体障害者,児童,その他援護育成を要する者が,自立してその能力を発揮できるよう,必要な生活指導,更生補導,その他の援護育成を行うこと」とされた。狭義の福祉の意味である。
　さらに社会保障制度は,「社会保険,国家扶助,公衆衛生及び社会福祉の各行政が,相互の関連を保ちつつ綜合一元的に運営されてこそはじめてその究極の目的を達する」(総説)としている。
　このように,日本では制度的に,「社会福祉」が狭い意味で,「社会保障」の方が広い意味を持って使われる傾向がある。しかし海外では逆で,「社会福祉」の方が広い意味を持って使われており,日本の使い方が独特である。図8-1に示したように,第二次世界大

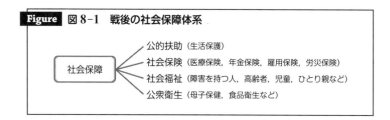

図 8-1 戦後の社会保障体系

戦後の日本の社会保障制度は，社会保障が上位で，下部に公的扶助，社会保険，社会福祉，公衆衛生という日本独特の体系化がなされたが，現代社会においては，この体系自体が見直しを迫られている。この点については後述する。

2 福祉の度合いをどう測るか──潜在能力アプローチ

では，福祉は何で測ることができるのだろうか。所得が高ければ福祉の度合いが高いと単純に考えてよいだろうか。また，消費者が財・サービスを購入して得られる満足感のことを「効用」というが（➡ CHAPTER 1），効用が高ければ，福祉の程度が高いといえるだろうか。所得や効用だけで，私たちの福祉を十分に捉えることができるだろうか。

これは，「福祉」は何で測ることができるのかという重要な問いである。厚生経済学や社会選択理論で大きな影響力を持つアマルティア・センが論じたように，所得や効用だけで人の「福祉」は捉えられない。人間は経済的側面以外に，さまざまな社会関係の中で生き，多様性を持った存在だ。その多様性を踏まえながら「福祉」を考える必要がある。そこで重要なのは，個人が選択できる生き方の幅がどの程度あるのか，どの程度「自由」があるのか，である。個人の「福祉」は，その人の生活の質，生活の良さとして見ることができるからである。人の生活とは，相互に関連した「機能」（ある状

態になったり,何かをすること)の集合からなっている。適切な栄養を得ているか,よい健康状態にあるか,清潔な住まいがあるか,孤立せず親密な関係(家族など)の中で生きているか,自尊心を持っているか,社会生活に参加しているか。このように人の存在は,さまざまな「機能」から構成されている。この機能の組み合わせが**潜在能力**(capability)である。「福祉」の潜在能力アプローチは,従来の経済学における厚生・効用・福祉といった根本概念を大きく変えたのである。

3 福祉の担い手

こうした福祉は,誰がどう担っているのだろうか。福祉の供給は,福祉国家・家族・市場・非営利部門(コミュニティ)の4部門が担う「福祉多元化」「混合福祉」の状況にある。

第1に,そもそも家族内の福祉ケア(高齢者の介護や子育て)を担ってきたのは家族(主に女性)や親族,そして地域社会であり,家族や親族が福祉の供給を担ってきたといえる。

第2に,福祉国家である。福祉国家(welfare state)という言葉は,1930年代にイギリスで最初に使われた。当時,ドイツのファシズムを権力国家(power state)と呼び,それに対してイギリスは福祉国家をめざすべきなのだと主張がなされた。同じくイギリスで政府の委員会から「ベヴァリッジ報告」(→ 4)という重要な報告書が出され,そこで描かれた戦後の福祉国家の青写真は,世界各国に大きな影響力を持ち,福祉国家という言葉が広く世界に知られるきっかけとなった。

第3に,企業(民間営利部門・市場)である。企業も従業員に対し福利厚生事業を提供するという意味で福祉の主体である。また,民間の株式会社が介護や保育事業に進出するようになって久しい。民

間営利部門も福祉供給を担うようになってきたのである。

　第4に，NPOや生活協同組合，あるいはコミュニティ（地域社会）といった非営利部門である。社会的企業という言葉もあるように，近年では福祉の重要な担い手となっている。

　この福祉供給を担う4部門の間の役割分担について，「福祉ダイアモンド」「ケアダイアモンド」という理論で，そのサービスや財源のあり方を分析する研究も生まれてきた。

4　社会政策の目的と手段

　では，福祉をめぐる政策の目的は何だろうか。福祉をめぐる政策は，社会保障，社会福祉，社会政策といったいくつかの概念があるが，本章では社会政策と統一する。社会政策の目的は，究極的には「福祉」の実現である。ここでは消極的な目的，積極的な目的に分けて考える。

　まず，歴史的にさかのぼって消極的な目的から見ていこう。日本の戦後社会保障制度のお手本とされたイギリスの「ベヴァリッジ報告」では，「ゆりかごから墓場まで」の社会保障計画による**ナショナル・ミニマム**の保障という考え方が打ち出された。そこでは，回避されるべきものとして，窮乏（want），疾病（disease），無知（ignorance），不潔（squalor），無為（idleness）の「5つの巨悪」があり，これを退治するために個別政策が設計された。すなわち，窮乏の退治には所得保障政策，疾病の退治には保健・医療政策，無知の退治に対して教育政策，不潔の退治に住宅政策，そして無為の退治に雇用政策が形成されてきた。

　くわえて現代社会では，「6つ目の巨悪」として能力障害（disability）や虚弱（frailty）も存在する（武川［2011］）。さらに，ジェンダー・年齢・人種・障害などの属性に基づく差別やハラスメント，児

Table 表8-1 現代社会における社会政策の目的

消極的目的 (回避すべき)	①窮乏,②疾病,③無知,④不潔,⑤無為,⑥能力障害・虚弱,⑦差別・ハラスメント・虐待・暴力
積極的目的 (実現すべき)	①豊かさ,②健康,③発達,④快適さ,⑤自己実現,⑥能力発揮・回復,⑦権利擁護

童虐待や高齢者虐待,DVという暴力も社会問題化している。よって「7つ目の巨悪」として差別(discrimination),ハラスメント(harassment),虐待(abuse),暴力(violence)もあげられる。

一方,積極的な目的は,上記の「巨悪」の裏返しとして捉えられる。すなわち,①窮乏に対して豊かさ,②疾病に対して健康,③無知に対して発達,④不潔に対して快適さ,⑤無為に対して自己実現,⑥能力障害・虚弱に対して能力発揮・回復,⑦差別・ハラスメント・虐待・暴力に対して,権利擁護をめざしていくことが積極的な目的と位置づけられる(**表8-1**)。

政策の手段としては,給付と規制がある。給付は直接給付(現金による給付,または現物〔サービス〕による給付)と間接給付(所得控除,各種控除など税制上の優遇措置)とがある。また,規制による政策も広範囲にわたる。たとえば,労働基準法や男女雇用機会均等法といった労働条件に関する法律や,男女共同参画社会基本法といった規制政策は,消極的な目的だけでなく,積極的な目的を果たすうえで重要な手段である。また,医療,福祉,教育といった社会サービスには,設置基準や職員配置,資格などを定める諸規制によって,その質が一定に保たれるように定められている。

5 社会政策の体系

1 で説明したように,戦後の社会保障制度は,社会保障が上位

で，下部に社会保険，公的扶助，社会福祉，公衆衛生という体系化がなされた（**図8-1**）。そのため，社会保障という概念が一般的に使われてきた。一方，社会福祉政策，福祉政策というと，生活保護や高齢者福祉といった限定された対象への政策というイメージがある。

さらに，国際的には「社会政策」（ソーシャル・ポリシー）という枠組みで，社会保障や社会福祉を包含して捉えられてきた。社会政策は，経済政策との対比で考えるとわかりやすい。公共政策のうち，経済の安定や発展を直接の目的として策定されたり実施されたりするのが経済政策である。一方，公共政策のうち，市民生活の安定や向上を直接の目的として策定されたり実施されたりするのが社会政策である（武川［2011］）。

前述した社会政策の消極的・積極的な目的を踏まえると，現代社会における社会政策の体系と代表的な制度は次のように整理できる。

①労働政策（労働基準法，労働安全衛生法，最低賃金法，雇用保険，失業対策，職業紹介・訓練，男女雇用機会均等法など）
②所得保障政策（社会保険，社会手当，生活保護法，生活困窮者自立支援法など）
③保健・医療政策（医療法，健康増進法，医療保険，労働者災害補償保険，高齢者医療確保法，介護保険など）
④社会的ケア政策（老人福祉法，児童福祉法，障害者総合支援法，介護保険，子ども・子育て支援法，母子及び父子並びに寡婦福祉法，社会福祉法など）
⑤教育政策（教育基本法，学校教育法，私立学校法，学校給食法，いじめ防止対策推進法など）
⑥住宅政策（住生活基本法，高齢者居住安定確保法，公営住宅法，社会

福祉法など）

⑦権利擁護（男女共同参画社会基本法，年齢差別禁止〔雇用対策法〕，障害者差別解消法，配偶者暴力防止法，高齢者虐待防止法，児童虐待防止法など）

2 日本の社会政策の特徴
──国際比較から考える

日本の社会政策の特徴は何だろうか。国際比較研究から4つの点を指摘できる。

1 社会保険方式・二元的構造の制度体系

第1に，日本の社会保障制度は，ドイツの影響を受け，**社会保険方式**のビスマルク型である。もともとヨーロッパ中世では商工業者が相互に生活困難を支え合う仕組みがあり，近代に入ると工場労働者は労働組合で相互扶助の仕組みをつくった。これをドイツのオットー・フォン・ビスマルクは，1880年代に強制加入の社会保険制度へと発展させた。労働者が保険料を出し合い，病気やけが，障害，死亡などのリスクに備えるための，疾病保険（1883年），労働災害保険（1884年），障害・老齢保険（1889年）を世界で最初に立法化した（ビスマルク社会保険立法）。一方で，社会保険ではなく税方式を中心とした制度体系をベヴァリッジ型という。

このビスマルク社会保険立法は各国に広まり，日本でも米騒動や労働争議が激化していた1922年に，日本ではじめての社会保険として，健康保険法が制定された（1923年に関東大震災があり，4年後の27年に全面施行）。ドイツと比べ，日本の健康保険制度の特徴は，単なる組合方式だけではなく，政府が運営する方式（＝政府管掌）と

国庫補助という国家主義的な要素が入ったことである。

その後，戦時下の日本は，一般労働者を対象としたはじめての年金制度として，1941年に労働者年金保険法を制定し，44年に事務職にも拡大して厚生年金保険法と改称されたものの，45年8月15日の敗戦を経て，戦後の混乱期に入る。

戦後は，1958年に国民健康保険法が改正され，3年かけて61年に国民皆保険が実現した。また，厚生年金制度が抜本的に見直され，1954年に被用者（企業に雇用されている人）向けに厚生年金保険法が全面改正された。自営業者には1959年国民年金法が制定され，61年から国民皆年金が実現した。しかし，被用者の妻は任意加入であり，ジェンダーの視点から見ると皆年金とはいえないのが当時の状況であった。被用者の妻は基礎年金ができた1985年に，学生は89年に強制加入とされた。

国民皆保険・国民皆年金は，文字通り，国民すべてが医療保険と年金を享受できるように設計されたものだが，全国民が一元化された制度に加入しているわけではない。雇われて働く被用者は厚生年金（職域保険），被用者以外（自営業者や農業従事者など）は国民健康保険という**二元的構造**で，国民皆年金・国民皆保険という制度が形成された。被用者向けの職域保険と，それ以外の保険の間の給付や負担の格差は，この二元的構造から生じている。

2 社会政策の逆機能──所得再分配が貧困の拡大を助長

第2に，日本の税や社会保障給付は，経済協力開発機構（OECD）諸国の中で唯一，税と社会保障による所得再分配が貧困率を上昇させるという逆機能を持っている。年金や社会手当，生活保護といった社会保障給付（所得再分配）は，私たちの生活を助け，貧困率を低下させる役割を持つはずである。しかし，日本では税と社会保障に

よる所得再分配が, 逆に貧困の拡大を助長しているという矛盾が指摘されてきた。

ひとり親の実態や政策が, その国の福祉のレベルを示す「リトマス試験紙」だといわれている。日本は国際的に母子世帯の就業率が高いにもかかわらず, 貧困率が高い。ひとり親の貧困率を国際比較で見ると, OECD加盟36カ国中35位 (48.3%) である (36位はコスタリカ〔49.6%〕。内閣府『令和4年版男女共同参画白書』)。日本の労働市場における雇用の質の低さやひとり親に対する政策が十分でないことを示唆している (OECD Family Database)。

振り返れば, 日本政府は公式の貧困率統計を長年持っていなかったが, 2009年にOECDと同様の方法で計算した。相対的貧困率の計算方法は以下のとおりである。まず, 課税後と社会保険・社会保障給付後の世帯所得を算出し, それを世帯人数で調整して再分配後の所得を計算する。その再分配後の所得の中央値の50%以下の人々の割合を, 相対的貧困率という。

日本の子どもの貧困率を見ても, 2006年には所得再分配前より所得再分配後のほうが高くなっており, 2009年や2012年は逆転が解消されたものの注視が必要である。ユニセフの2016年の報告にによれば, 所得再分配前後の貧困率の変化を見ると, 再分配後の方が貧困率が低く, 所得再分配の効果が見られる国々が先進国では大半である (ユニセフ・イノチェンティ研究所[2016])。低所得世帯に対する税や社会保険料が高く, 公的給付が限定的となっていることの影響をよく検討しなければならない。

3 「男性稼ぎ主」を想定した制度設計

第3に, 日本の社会政策は, 男性が就労し, 女性が家事・育児・介護を行う, いわゆる「男性稼ぎ主」を想定して形成されてきた

「男性稼ぎ主型社会政策」である点が特徴である。

　たとえば，1985年に創設された，第3号被保険者制度が典型である。それまで年金は国民年金，厚生年金，共済年金と別々に運営されており，夫が厚生年金加入者である専業主婦は，国民年金に任意加入となっていた。そのため，国民年金に任意加入しない専業主婦も多く，離婚した場合に無年金になるという問題が指摘されていた。そこで，女性が将来自分の基礎年金を受け取れるよう，厚生年金・共済年金加入（＝第2号被保険者）の配偶者がいて，年間所得が130万円未満で20～60歳の者（主に妻）に対しては，保険料の拠出なしで年金に加入できる制度（＝第3号被保険者制度）が創設された（日本の年金制度の概要については図8-2参照）。しかし，この制度に対しては，女性が夫の扶養範囲内にとどまるために収入を抑えることから女性の就労抑制効果があること，拠出なしで年金が支給されるため共働き世帯と比べたときに不公平感があることなどが問題視されてきた。

　その後，2016年10月から厚生年金保険・健康保険の加入対象が広がり，これまでは労働時間が週30時間以上の被用者が対象だったのが，従業員が501人以上の会社については，週20時間以上の被用者にも対象が広がった。これは，保険料負担を回避するために年収が被扶養認定基準（年間収入130万円）を超えないよう就業調整をしているパートやアルバイトの人が，社会保険の適用になるよう拡大策が講じられたものである。しかし，依然として「男性稼ぎ主モデル」を前提とした就業調整の慣行が根強く残っており，第3号被保険者制度の改革には至っていない。

　こうした日本の制度や慣行について，大沢真理は「男性稼ぎ主」型の生活保障システムと特徴づけ，スウェーデンは両立支援型，アメリカは市場志向型と捉える。日本は小泉純一郎政権時に両立支援

Figure 図 8-2 日本の年金制度の構造

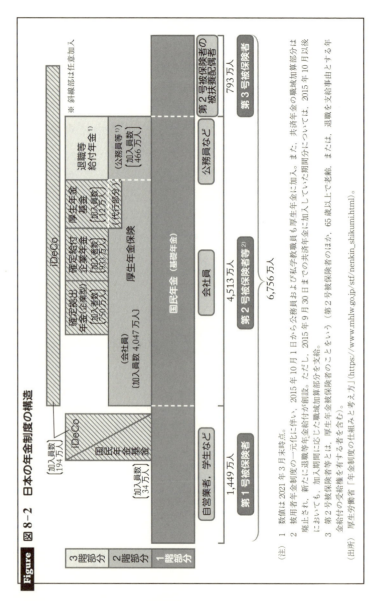

(注) 1 数値は 2021 年 3 月末時点。
2 被用者年金制度の一元化に伴い、2015 年 10 月 1 日から公務員および私学教職員も厚生年金に加入。また、共済年金の職域加算部分は廃止され、新たに退職等年金給付が創設。ただし、2015 年 9 月 30 日までの共済年金に加入していた期間分については、2015 年 10 月以後においても、加入期間に応じた職域加算部分を支給。
3 第 2 号被保険者等とは、厚生年金被保険者のことをいう（第 2 号被保険者のほか、65 歳以上で老齢、または、退職を支給事由とする年金給付の受給権を有する者を含む）。

(出所) 厚生労働省「年金制度の仕組みと考え方」(https://www.mhlw.go.jp/stf/nenkin_shikumi.html)。

型へ向かう兆しが見られたが，その後は市場志向型に向かう動きも強い（大沢［2014］）。

4 家族主義的な福祉レジーム

また，福祉のあり方を，国家・市場・家族の役割分担から捉える**福祉レジーム**から見ると，日本の福祉レジームは家族の役割が大きい家族主義的な特徴を持つ。一方，スウェーデンやノルウェーなど北欧諸国は福祉国家の役割が大きい社会民主主義レジーム，アメリカやイギリスは市場の役割が大きい自由主義レジームと位置づけられている。イエスタ・エスピン-アンデルセンによる福祉レジーム論は，国際的に大きな影響力を持ち，とくに1990年代以降は国際的に福祉レジーム論が興隆した。一方でさまざまな批判もなされた。たとえば，エスピン-アンデルセンの分析は，所得保障が中心で社会サービスや他分野の検討がなされていないこと，さらには福祉をめぐる政策や福祉国家にあるジェンダー・バイアスへの検討がなされていないという批判が起こった。その後エスピン-アンデルセン自身も，「脱家族化」という概念を設定し，「社会政策（または市場）が女性に対し，働いて経済的に自立するための自律性を与えられるかどうかの度合い」について比較を行った。社会民主主義レジームで最も脱家族化の程度が高く，日本や南欧では脱家族化の程度が低い。前述した母子世帯の貧困は，脱家族化の程度が低い日本の姿を映し出している。

3 少子高齢化は経済社会にどのような影響をもたらすのか

日本は世界一の高齢化率であるとともに，この間，少子化も進行してきた。今後の人口構造を見ると，2020年では20〜64歳が55％

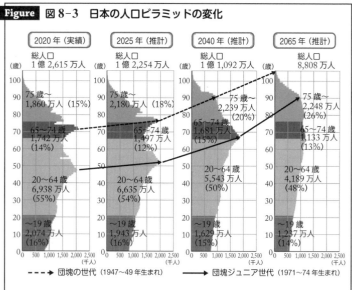

Figure 図8-3 日本の人口ピラミッドの変化

(注) 2020年の実績値は，図に掲載している推計値の後に公表されたものであることに留意が必要である。
(出所) 厚生労働省ウェブサイト (https://www.mhlw.go.jp/stf/wp/hakusyo/kousei/21/backdata/01-01-01-04.html) 2024年6月13日アクセス。

だったのが，2065年には48％となると予測されている。また，2065年には65歳以上の高齢者人口が39％を占めるようになると推計されている（**図8-3**）。晩婚化（晩産化）と高齢化が同時に進行することで，ダブルケア（育児と介護の同時進行）も社会問題化しており，人口減少と少子高齢化が確実に進行している。

少子高齢化が経済社会に及ぼす影響については，多くの議論がある。労働力不足の問題，地方の過疎化による地域経済の衰退など，少子高齢化が経済成長にマイナスの影響をもたらすというイメージは根強い。しかし，人口が経済に及ぼす影響は単純に議論できるものではない。たとえば，人口減少により国内市場が縮小しデフレに

つながる，または国内市場が空洞化する，という議論がある。しかし，それが人口減少だけの要因によるのかは精査が必要である。生産年齢人口は減るが，高齢者人口は増え続けるため，新しい市場や産業が形成されていく面もある。少子高齢化イコール経済成長にはマイナス，という単純な図式や，少子高齢化危機論そのものを，冷静に検討する必要がある。

少子高齢化時代の「男性稼ぎ主型社会政策」のゆくえ

では，日本の「男性稼ぎ主型社会政策」はどこへ向かうのか。ここでは，介護・育児の社会化，ジェンダー主流化の点から具体的に考えていこう。

1 無償労働（介護・育児）の社会化

従来，家族でとくに女性が担っていた介護や育児といった**無償労働**のコストを，社会全体で分担しようというのが**介護・育児の社会化**である。さかのぼれば，介護，育児それぞれの社会化にとって，1989 年が 1 つの大きな転換期である。

〈介護の社会化〉

まず介護の社会化についてであるが，1989 年とは，消費税（3%）が導入された年であり，その根拠となったのが高齢化社会に向けた福祉拡充のための財源確保の必要性であった。1989 年 12 月にゴールドプラン（「高齢者保健福祉推進 10 カ年戦略」），94 年に新ゴールドプラン（「新・高齢者保健福祉推進 10 カ年戦略」）が出され，「新しい公的介護システムの創設を含めた総合的な高齢者介護対策の検討」が課題とされた。1997 年に介護保険法が成立し（2000 年施行），介護が必要な人を社会全体で支える仕組みがつくられた。社会保険の原

理を導入し，40歳からそのリスクに備える仕組みが用意されたが，実際には税と保険の両者が混じった仕組みである。

介護保険が導入される前は，介護サービスは，医療保険である老人保健制度か，社会福祉制度の特別養護老人ホームで提供されていた。医療と福祉の2つの制度で給付されるサービスの内容や費用負担のバランスが悪かった。本来，福祉的な支援が必要とされる人が，老人病院に入院することも多く，社会的入院が発生し，老人医療費の非効率性が問題となった。さらに措置制度（利用者が福祉サービスを選べず，行政が一方的に福祉を割り当てていた制度）の財源不足も問題となっていた。このように福祉と医療制度の役割を問い直し，財源不足に対応するため，介護保険制度が創設された。介護保険法の着実な推進のために1999年ゴールドプラン21（「今後5か年間の高齢者保健福祉施策の方向」）が策定され，市町村の果たす役割がより拡大した。

もともと介護保険は5年後に見直すことになっていたため，2005年に介護保険法が改正された。介護の必要な度合いを示す「要介護度」「要支援」の区分けが変更され，要介護者の発生予防が重要とされた。介護保険導入によって民間セクターの比重が拡大し，準市場（後述）の福祉改革が進行している。2015年の介護保険改正では，介護サービス利用料の自己負担割合を引き上げ，一律で1割から一定の所得がある人は2割負担となった。また，特別養護老人ホームの入所対象者が狭められた。

〈育児の社会化〉

次に，育児の社会化について見ていこう。1989年，出生率が1.57となり，1990年「1.57ショック」として社会問題化した。人口が長期的に増えも減りもせずに一定となる出生の水準を「人口置換水準」というが，それは2.07くらいであり，人口置換水準を大

幅に下回る結果となった。これを契機に，仕事と子育ての両立支援や子どもを産み，育てやすい環境づくりに向けた取り組みが始まった。

1994年「エンゼルプラン」(「今後の子育て支援のための施策の基本的方向について」) と「緊急保育対策等5か年事業」，1999年「新エンゼルプラン」(「重点的に推進すべき少子化対策の具体的実施計画について」)，2001年「仕事と子育ての両立支援等の方針」(「待機児童ゼロ作戦」など) と対策が打ち出され，保育供給不足への対応がなされてきたが，国や地方自治体の保育需要の見込み (ニーズ調査に基づく目標事業量の想定) が低く，供給不足の抜本的な解決はなされていない。

その一方で，保育事業の規制緩和が1999年から進行し，地方自治体や社会福祉法人以外の供給主体 (株式会社やNPOなど) も認可保育所を開設することができるようになった。また，保育の供給不足がとくに都市部で深刻で，待機児童が減らないことから，定員の弾力化 (定員を超えて児童を預かる) や，小規模保育園の開設に関わる規制緩和が進められてきた。

それでも少子化は下げ止まらず，結婚した夫婦が産む子どもの数も減っていることから，2002年「少子化対策プラスワン」において，専業主婦への支援，男性への支援，企業のもう一段の取り組みが課題とされた。そこで2003年「次世代育成支援対策推進法」が制定され，地方公共団体や企業等における行動計画の策定や実施が進んできた。

民主党政権 (2009～2012年) では，自民党政権の「少子化対策」の枠組み自体を捉えなおし，2010年「子ども・子育てビジョン」において「チルドレンファースト」の理念を打ち出した。普遍的な子ども手当制度の導入や児童扶養手当を父子世帯にも導入するなど，子ども施策の大きな改革がなされた。

その後，自民党政権下で2015年4月より，子ども・子育て支援新制度がスタートし，準市場の構造の中で保育・地域子育て支援が展開されている。準市場とは，イギリスで用いられてきたquasi-marketの訳語である。国家による独占的な供給体制を見直し，競争的な「市場」原理を活用するが，公的規制（参入規制や質に関する規制）と公定価格を設定してサービスがコントロールされる。日本では介護サービス，保育サービスなどの改革論でこの概念が用いられるようになった。

その後の自民党政権において，消費増税の増収分の使途変更により，2019年10月から幼児教育・保育の無償化が始まった。しかし，無償化よりも待機児童ゼロ（全入化）を求める声も根強い。

2 ジェンダー主流化

日本が「男性稼ぎ主」型と特徴づけられる要因の1つに，あらゆる分野でのジェンダー平等を達成するための手段（ジェンダー主流化）の発展が遅いことがあげられる。2004年からワーク・ライフ・バランス憲章が策定されるなど，ジェンダー平等化，男性の働き方・企業の労働慣行の改革が求められてきた。

歴史的には，1975年国連の「国際婦人年（国際女性年）」に第1回世界女性会議が開催され，「世界行動計画」が策定された。日本も婦人問題企画推進本部を設置し，1977年「国内行動計画」，81年「国内行動計画後期重点目標」，87年「西暦2000年に向けての新国内行動計画」，96年「男女共同参画2000年プラン」，そして，99年「男女共同参画社会基本法」へとつながり，基本的な法整備が整えられてきた。2015年「女性活躍推進法」制定と2022年の同法改正により，101人以上の事業主に行動計画の策定・公表などが義務化された。

しかし，強固な「男性稼ぎ主」型からの脱却には依然として課題も多く，新たな福祉国家・市場・家族・非営利セクター間の福祉をめぐる役割分担の見直しと，家庭内自体の役割分担の見直しが求められてきた。実際には，非正規化の進行で雇用が劣化し，賃金や労働環境が悪く，また長時間労働の改善は進んでいない（→ **CHAPTER 7**）。一方で若い世代には仕事と生活とバランスを保って過ごしたいという意識が広がっている。さらに非正規労働者にはワーク・ライフ・バランス支援制度を利用する資格が十分にないこともあり，制度利用資格の面で，男性と女性，そして，正規と非正規職の間で差のない中立な制度にしていくことが求められている。

5 グローバル化・分権化時代における社会政策の展望

グローバル化の中で，移民の送出国と受入国の所得格差など国際的な地域間格差を背景に，外国人ケアワーカーが先進国におけるケアの担い手となっている。また，国内の社会政策をめぐる地域間格差も深刻である。グローバル化・分権化時代における社会政策を展望していくにあたっての視座を考えていく。

1 グローバル社会のインバランスを前提とした社会政策

グローバル化経済，ポスト工業化社会においては，雇用が第三次産業中心となり，女性の社会参画が拡大し，家族形成の不安定化（少子化，離婚率の上昇等）が顕著となってきた。そこで，貧困といった従来捉えられてきたリスクでは捉えきれない，リスク構造の転換が進み，「新しい社会的リスク」(new social risk) という概念で1990年代後半から議論されている。新しい社会的リスクとは，仕事と家族生活が調和しないリスク，ひとり親になるリスク，高齢や

障害で要介護となるリスク,非正規労働など非典型的なキャリアのために社会保障から排除されるリスクなどを意味する。

先進国では,この新しい社会的リスクの対応戦略として,ポスト福祉国家の統治戦略が模索されてきた。20世紀の福祉国家は所得再分配中心のアプローチであったが,21世紀においては,**社会的排除**に対応する社会的包摂中心の戦略が注目されている。社会的排除とはフランスで生まれた言葉で,経済的な排除,政治的な排除に加えて,労働や社会関係からの排除(社会的排除)を問うものである。折り重なる排除を,社会全体で包摂していく必要性(社会的包摂)が高まったのである。貧困という経済的側面の欠如だけでなく,つながりの欠如(社会関係の剥奪,孤立),社会的諸制度への不完全な参加(労働が不安定,失業),政治参加や影響力の欠如といった政治的側面の欠如も含めることで,多次元的に人々の欠如の実態を把握し,包摂することが重要との含意がある。日本では2011年に,内閣府社会的包摂推進室が設置された。

社会政策の目標は,人々を社会的なリスクから守ることであり,社会的リスクの公的な管理である。見てきたように,とくに東アジアでは少子化・高齢化が進行し,要介護のリスク,仕事と家庭生活が調和しないリスクなど,共通した課題を抱えている。2008年からは,インドネシア,フィリピンと日本との経済連携協定(→**CHAPTER 5**)に基づく外国人看護師・介護福祉士候補者の受け入れが始まり,外国人の介護労働者によって日本の高齢者が支えられるようになった。ただ,これはフィリピンやインドネシアの労働市場の状況の悪さや,両国の福祉・労働政策が未整備であることの裏返しでもある。日本の福祉は,同じアジアの福祉や労働状況が悪い社会の労働者に依存し,それを前提とする国際的な福祉の分業システムの形成が進行している。

2　分権化と地域間格差

　分権化が進行する中で，福祉をめぐる政策の地域間格差が深刻化している。とくに子ども・子育て分野では顕著であり，保育サービス，手当などは自治体ごとに格差が生じている。

　日本では少子化問題の社会問題化の後，2000年代後半から，若者のネットカフェ難民，若年ホームレス，子どもの貧困が社会問題としてみなされるようになった。2016年に「子どもの貧困対策法」が制定され，各自治体では子どもの貧困実態調査や計画づくりが進められている。

　また，2011年3月11日に発生した東日本大震災をはじめ，度重なる災害により，減災や災害レジリエンス（＝災害からの回復力）という新しい視点の重要性が高まっている。災害は，高齢者や子どもを抱えた世帯，病人，障害を持つ人，外国籍の在留者など困難な状況におかれやすい人々に対し，より大きな不自由を強いるものであり，潜在化した生活リスクが，災害によって深刻な形で顕在化した。被災地の生活支援は，戦後の社会保障体系の抜本的な見直しを迫っている。新型コロナウイルス感染拡大への対応も同様である。

　日本の社会的排除への対応も，「自立支援」として労働参加の強調（ワークフェアの政策）が見られるが，グローバル化が進行する中で，国籍，年齢，性別に関わりなく，ライフスタイルに中立的な社会政策の改革が今こそ求められる。それは，所得の「再分配」だけではなく，社会関係の中で，国籍，性別，年齢，文化を尊重するという「承認」の問題でもある。

　地域のネットワークの中で市民の承認が担保されるような対策や，これまでの高齢者中心の政策を，年齢に中立な形で見直すこと，ジェンダーに中立的な福祉受給権・外国人の福祉受給権の保障なども，社会的包摂として重要な論点である。

> **NEXTSTEP**
>
> グローバル化と分権化の中で,年齢,ジェンダー,国籍,階層に中立的な生活保障システムの構築,そして格差の是正が課題である。これらの点を専門的に検討したい読者は,社会保障論・社会政策論や財政学,労働政策,労働経済学といった科目を学んでみよう。

■ 文献案内

- 坏洋一・金子充・室田信一 [2016]『問いからはじめる社会福祉学——不安・不利・不信に挑む』有斐閣

    社会政策に関する「問い」を見つけて学ぶうえで最適な入門書。気になる章から読んでみよう。

- 武川正吾 [2011]『福祉社会——包摂の社会政策(新版)』有斐閣

    社会政策の体系的な入門書。原理的な問題とともに,国際的な視座から日本の社会政策の特徴を学べる。

- 大沢真理 [2014]『生活保障のガバナンス——ジェンダーとお金の流れで読み解く』有斐閣

    日本の生活保障システムの逆機能をはじめ,豊富なデータから理解できる。

Action!

1. OECD Family Database (http://www.oecd.org/els/family/database.htm) を使い,気になる国の出生率や離婚率,政策への支出を見て,比較の表をつくってみよう。そして国家間の違いを考えてみよう。
2. 少子化と高齢化が同時に進行し続けると,どのようなリスクがあるだろうか。たとえば,育児と介護が重なる「ダブルケア」の問題が指摘されている。2050年頃の社会を見通しながら,このことを考えてみよう。

9 社会と財政

CHAPTER 私たちの暮らしを支える政府の役割

財政と私たちの暮らしはどのように結びついているだろうか？

この章のねらい

○ 国や地方自治体が公共サービスを提供する理由や，公共サービスの財源としての税と料金の違いについて理解する。

○ 国際比較の視点から，日本財政の特徴や課題について理解する。

○ 予算や租税，公債などの財政制度に関する基礎的な知識と論点について理解する。

189

「総額100兆円を超える政府の来年度予算が国会で成立した」といったニュースを目にしても,自分自身とはあまり関係のない話のように感じるかもしれない。しかし,国や地方自治体の財政は私たちの暮らしと密接に結びついている。この章では,財政の役割や私たち自身の財政との関わりについて学んでいく。

Key Words

公共サービス 公共財 政府の大きさ 財政赤字
財政民主主義 予算原則 財政再建 租税原則
公債原則

1 私たちの暮らしと財政

1 国や地方自治体が提供するサービス

私たちは日々の暮らしの中で,働いて得た収入から衣食住に必要な財やサービスを購入して,生活を営んでいる。学生であれば,親の収入をもとに生活をしている人も多いが,アルバイトで自分の生活費を得ている人もいるだろう。いずれにしても,親や本人の労働の対価として収入を得て,生活に必要なものを購入しており,これは市場取引に基づいているといえる。

一方で,私たちの生活を考えてみたときに,サービスは利用しているが対価は支払っていないものがあることに気づくだろう。近所の図書館で本を借りたり,公園で休憩したりしたときに,賃借料や入場料は支払っていない。こういうサービスは市場取引とは異なる仕組みに基づいて提供されており,**公共サービス**として国や地方自治体という公共部門によって担われている。

公共部門が担う役割には，このほかにも学校や病院，警察や消防，上下水道やごみ収集など，私たちの生活に身近なものとして存在している。しかし，このような分野であっても，私立の学校や病院も存在するし，国や地方自治体が提供するサービスであっても料金が生じるものもある。粗大ごみの収集，家庭での水道利用には料金がかかるし，公立であっても大学では授業料がかかるのである。

　このようなサービス提供者の違いや，有料と無料の違いはなぜ存在するのだろうか。このような疑問を手がかりに，私たちの暮らしを支えている財政について考えてみよう。

2　公共サービスの無償性と「公共財」の理論

　実際の私たちの生活において，公共サービスであっても料金を支払う場合も多い。しかし，ここではまず公共サービスは原則として無料で提供されるというサービスの無償性を前提として，その理由を考えてみたい。

　経済学では，一般的に政府が担うサービスを**公共財**として捉え，それが無償で提供される根拠を，非排除性と非競合性という財の性質から説明する。通常，市場で提供される財は排除性と競合性という性質を持ち，私的財と呼ばれる。排除性とは，対価を支払わない人を財の消費から排除できるということをさす。つまり，カネを支払わなければ財やサービスを購入または利用できないということである。また，競合性とは，財の消費量には限界があり，ある人が財を消費することで，他の人がその財を消費できる総量が減少することをさす。ある商品が100個ある場合，1人が1個ずつ購入すれば，101番目の人はその商品を購入できない。

　反対に，対価を支払わない人を消費から排除できないという非排除性と，財の消費量に限界がなく，ある人の消費によって他の人の

消費量が減少しないという非競合性を持つ財は，政府が担うべき「公共財」として定義される。なぜなら，利用者が対価を支払わずに無制限にサービスを受けられる「フリーライダー（ただ乗り）問題」が生じると，企業は儲けが得られず，その財の提供に参入しないため，市場が成立しないからである。これを「市場の失敗」と呼ぶ。

経済学の教科書では，道路や公園，警察といったサービスが「公共財」の具体例としてあげられることが多い。たしかに，これらのサービスは対価を支払わずに利用でき，利用者が等しくサービスを受けられるという心象を持ちやすい。しかし，多くの学生が疑問を持つように，料金を支払わなければ通行できないという排除性を持つ道路は存在するし，公園も混んでいれば遊べないし，警察も人手不足で事故や事件に十分な対応ができないという競合性も生じる。つまり，実際の公共サービスにこれら2つの性質を厳密に見出すことはなかなか難しいのである。

では，実際の公共サービスはどのような基準で提供されているのだろうか。重要なのは，対価を支払わない人をサービスの利用から「排除できない」という財の性質よりも，「排除しない」という意思決定なのである。公園であっても，遊園地のように敷地の周りを塀で囲って入場口を設ければ，利用者から入場料を取ることはできる。しかし，それをしないのは利用者を排除しないことを決めているということである。そして，その決定の背後には，公園というサービスが私たちの社会にとって必要であり，みんながそれを自由に利用できるべきだ，という価値判断が存在するのである。

3 公共サービスにおける料金負担

料金を徴収する公共サービスについても考えてみよう。たとえば，

家庭での水道利用や公営バスがあげられる。こういう事業は主に地方自治体が公営企業として運営している。企業という形態で利用者から料金を取るのであれば、市場に任せることもできる。しかし、それをしないのは、無償サービスと同様に、その事業を公共部門が担うことが望ましいという価値判断が前提となる。つまり、生活に不可欠な水の利用や域内移動を住民に保障すべきだという判断である。市場に任せると、料金が非常に高くなってしまったり、採算の取れない地域でサービスが提供されなかったりする可能性がある場合には、公共部門によるサービス提供の責任が重視される。

　しかし、その場合でも無償とするのではなく、利用者は自分が受ける便益に応じて料金を負担すべきだという考えも同時に存在していることになる。これには、サービスを利用する人と利用しない人の間の公平性を保つことや、利用者に費用意識を持たせることで資源の浪費を抑制するというねらいがある。バス利用者にはその分の費用を負担してもらいたい、あるいは水のムダ遣いはやめましょうという意図が込められている。したがって、サービスの保障と便益に応じた負担という考え方が併存する場合には、公共サービスであっても料金負担が生じることになる。ただし、その場合でも、事業費の一部に税金を投入することで、移動手段が限られる高齢者などに対してバス料金の無料化や割引という措置がとられることもある。

　公営企業という料金収入を中心にした事業以外にも、料金負担を伴う公共サービスは存在する。たとえば、保育所のようなサービスがあげられる。保育所運営にかかる施設費や人件費の大半は税金によってまかなわれている。しかし、同時に財源の一部として保護者から保育料を徴収している。その際、保育料は保護者の所得状況などに応じて無料から数万円という段階的な区分が設けられている。ここにも公共部門によるサービスの保障と便益に応じた負担という

意図や,利用者に応じた個別的な配慮が組み合わされている。

　保育料のあり方については,多くの議論が交わされている。子どもの心身の発達や女性の就労を保障する観点から保育所を利用しやすくするために,保育料を引き下げるべきだという意見がある。一方で,都市部での待機児童問題のように,サービスに対する過剰な需要が起きているので,保育料はむしろ引き上げるべきだという意見がある。料金を引き下げてサービスを増やせば子どもや保護者の便益は高まるが,国民あるいは住民の税負担を増やさないといけないだろう。逆に,料金を引き上げれば保育所不足は解消され,税負担も軽減されるだろうが,保育サービスを利用できない家庭も出てくるだろう。どちらが望ましいかは,私たちにとって保育がどのようなサービスであるべきかという判断によるのである。最近の政策では,3～5歳の子どもを中心とした「保育の無償化」が実施されるようになっており,私たちの税負担に基づきながらサービスを保障する方向に進んでいる（➡ CHAPTER 8 第4節 1）。

4　公共サービスにおける民間事業者の位置づけ

　近年では公共サービスへの民間事業者の参入が進んでいる。民間の保育所や介護事業所も増え,体育館などの公共施設の維持管理も民間事業者による場合が多い。学校教育などを念頭に,公立であれば無償,私立であれば有償と理解する人もいるかもしれないが,料金負担の有無と公私立の区別は直接に対応しているわけではない。

　保育所の場合でも,一定の設置基準を満たす認可保育所であれば,公立か私立かにかかわらず同様の税金が運営費として投入され,3～5歳を無償とし,0～2歳には同様の保育料が設定される。あるいは,すでに述べた公営企業の例では,公営であっても料金負担が生じる。逆に,家庭ごみの収集を見ると,実際に各家庭を回ってごみ

を収集するのは民間事業者であることが多いが,通常は地方自治体による無償サービスとされている。

これは公共サービスにおける供給と生産の区別として捉えられる。つまり,地方自治体はごみ収集にかかる費用を税金でまかなうことで,住民に対して無償でサービスを供給する。そして,実際のごみ収集というサービスの生産を担う民間事業者に対して地方自治体がその費用を支払う。そのため,住民が事業者に対して料金を直接支払うことはない。これがサービスの供給と生産の区別である。保育所であれば,地方自治体によるサービス供給の枠組みの下で,公立と私立の保育所がともにサービスを生産していると理解できる。

学校教育ではどうだろうか。日本では公立学校について中学校までは無償,高校では一定の所得制限のもとで実質的な授業料負担はないが,私立学校では授業料負担があり,教育サービスの生産者によって費用負担に差が設けられている。これには,児童や生徒は授業料負担なく公立学校に通うことができるが,独自の教育を行う私立学校に通うのであれば,一定の負担は各家庭が負うべきだという考えが反映されている。もちろん,教育条件の維持や保護者負担の軽減といった目的で,地方自治体は私立学校に対して助成金を交付しており,一定の供給責任を留保しているといえる。

これに対して,フィンランドやスウェーデンのような北欧諸国では,小学校から大学まで私立学校であっても授業料の徴収は法律で禁止されている。つまり,生産者の違いにかかわらず,学校教育は無償サービスとして政府が供給するという考え方をとっている。それを踏まえれば,私たちが常識的に捉えている授業料負担のあり方は,あくまでも今の私たちの社会がそう決めているのだということがわかる。なお,最近では日本でも就学支援金制度の拡大により,私立高校に通う生徒に対する授業料負担の軽減も広がりつつある。

これまで述べたように，あるサービスを公共サービスとして供給するのか，無償サービスとするのか，民間事業者の参入を進めるのか，といったことに一義的な正解があるわけではない。公共サービスのあり方というのは，私たちが国民や住民として意思決定をし，絶えず見直しをしていく問題なのである。

民主主義社会における財政

1　日本財政の姿──「小さな政府」と「大きな財政赤字」

　すでに見たように，公共部門が担うサービスの範囲や内容を一義的に定義できるわけではない。実際に諸外国の公共部門を比較すると，その姿は大きく異なっている。**表 9-1** は，日本を含めたいくつかの OECD 諸国の**政府の大きさ**を示している。ここでは「政府の大きさ」を，国や地方自治体，社会保障基金から構成される一般政府支出額の国内総生産（GDP **→ CHAPTER 1**）に対する比率として示している。日本は，2019 年時点で韓国，アメリカよりは大きいが，オーストラリアやヨーロッパ各国よりも小さいことがわかる。近年の高齢化の進展を背景に社会保障関係の支出が急増している状況だが，意外にも日本はまだ「小さな政府」なのである。

　「政府の大きさ」の違いは具体的に何を意味しているだろうか。ヨーロッパ諸国は日本よりも支出規模が大きいが，とくに教育や社会福祉分野の支出の違いによるところが大きい。これは学校教育，保育や介護，障害者支援や就労支援といった現物給付や，生活保護や児童手当のような現金給付の規模の違いを反映している（**→ CHAPTER 8**）。くわえて，同程度のサービスであっても，利用者自身の料金負担が大きければ，その分政府支出は抑制される。こうした違いの積み重ねが，全体として支出規模の違いとなって表れてい

Table 表 9-1　政府の大きさ（一般政府支出の対 GDP 比，2019 年）

(単位：%)

	一般公共サービス	防衛	秩序・安全	経済	保健・医療	教育	社会福祉	その他	合計
日　本	3.7	0.9	1.3	3.7	7.7	3.3	16.1	2.2	38.9
韓　国	4.2	2.6	1.3	4.9	5.2	5.1	7.6	3.0	33.9
アメリカ	5.8	3.3	2.0	3.5	9.5	5.9	7.6	0.8	38.3
イギリス	4.4	2.0	1.8	3.4	7.6	4.9	14.8	2.0	40.9
オーストラリア	4.0	2.5	2.1	7.6	7.9	6.3	11.0	2.6	44.0
ドイツ	5.8	1.1	1.6	3.2	7.3	4.4	19.6	2.1	45.0
イタリア	7.3	1.3	1.8	4.1	6.8	3.9	21.1	2.2	48.5
スウェーデン	6.9	1.2	1.3	4.4	7.0	6.9	19.0	2.5	49.2
フランス	5.6	1.7	1.6	5.9	8.0	5.3	23.8	3.5	55.4

(注)　その他には，環境保全，住宅・地域施設，娯楽・文化・宗教が含まれている。
(出所)　OECD Statistics より筆者作成。

るのである。

　次に，国際比較から見えてくる日本財政のもう 1 つの特徴は「大きな財政赤字」である。2024 年現在，国や地方自治体の長期債務を中心とした日本の政府総債務残高は対 GDP 比で 250％ を超えている。多くの先進諸国の債務残高が 50％ から 150％ の間で推移しているのに対して，日本の債務残高は突出した規模になっている。政府債務残高というのは，政府がこれまで行ってきた借入のうちまだ返済が済んでいないものをさす。一方で，**財政赤字**というのは毎年の財政運営において支出が借入金以外の収入を上回ること，あるいはその金額をさす。当然，財政赤字が大きくなれば，債務残高も大きくなる傾向を持つ。

　次に，**図 9-1** は国の一般会計の財政状況の推移を示している。歳出総額は社会保障関係費の増加を背景に 1980 年代から増加傾向にあり，2010 年代は 100 兆円程度で推移してきた。最近では，新

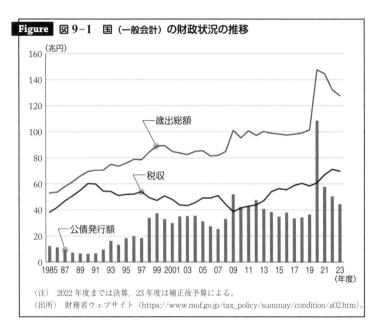
Figure 図9-1 国(一般会計)の財政状況の推移

(注) 2022年度までは決算、23年度は補正後予算による。
(出所) 財務省ウェブサイト (https://www.mof.go.jp/tax_policy/summay/condition/a02.htm)。

型コロナウイルス感染症の蔓延に伴う感染対策や生活・経済活動支援に多額の支出を計上したことから、歳出総額が大きく上昇していることがわかる。一方で、税収は1990年代に入って大きく落ち込んでいる。これはバブル経済の崩壊とその後の長期不況に起因するが、不況による税収の落ち込みと景気対策のための減税という2つの側面があった。そして、毎年の公債発行額は各年度の歳出総額と税収の差に対応している。2010年代以降には税収の回復が見られるが、歳出総額との差を埋めるほどではなく、多額の公債発行が継続していることが確認できる。

なぜ日本は大きな財政赤字を抱えているのだろうか。「大きな政府」が「大きな財政赤字」を抱えているとすれば直感的には理解しやすい。税収が追いつかないほどに支出が過大なのだろうと考えら

れる。しかし、日本は「小さな政府」にもかかわらず、「大きな財政赤字」を抱えているのである。どうやら日本の財政問題の根っこには収入面に関わる問題が隠れているようだ。

2 財政民主主義の成り立ち

「小さな政府」と「大きな財政赤字」という特徴を持つ日本財政をさらに掘り下げて理解するには、予算や租税、公債といった財政制度について学ぶ必要がある。そのためには、これらの制度が形成された背景を踏まえておくことが重要である。それは、公共サービスのあり方について私たち自身が意思決定することの大切さについて考えることでもある。

私たちの社会は、国民が主権を持ち、自らの手で自らの社会をつくるという民主主義の原理に基づいているが、それを経済的な側面から支えるのが財政制度である。歴史を振り返れば、今の財政制度につながる直接的な契機は近代国家の誕生に見出すことができる。

中世の封建制や近世の絶対王政の下では、社会は領主や君主、貴族、僧侶、市民、農民といった身分から構成され、統治者である領主や君主が私的に土地や人民（労働）を所有している状態であった。そのため、当時の国家財政は、統治者の私的な財産管理という性質であった。この状況は、市民革命を経て近代国家が誕生することで大きく転換した。フランス人権宣言に見られるように、すべての構成員が自由であり、かつ法の下で平等な存在であることや、国家主権の根源が国民にあることが示され、身分制や封建的特権が廃止された。私たちが今、身分を持たず、好きな仕事を選択し、自分で住む場所を決め、自由な考えを持って政治に参加するといった基本的人権が認められているのは、個人の自由と平等という価値が生み出された歴史の流れの中を私たちが生きているということだ。

加えて，近代国家の成立過程で重要なのは，それまで統治者が所有していた土地や労働という生産要素に対して私的所有権が設定されたことである。つまり，個人が土地を所有し，自らの労働の成果を自身のものとすることが可能となったのである。このような所有権を含む人々の権利は，国民の政治的代表である議会で制定される法律に基づいて保護され，国家は恣意的にそれを侵すことができなくなったのである。

　人々が土地や労働，さらに資本を加えた生産要素を所有することで，市場経済は飛躍的に拡大していく。ただし，個人の自由な経済活動が可能となるには，その前提として個人の財産がしっかりと保護される必要がある。そこで，国防や警察，消防，司法といったサービスが近代国家における政府に期待される基本的な役割となる。しかし，私的所有権が認められた社会において政府はすでに財産を所有していない。そのため，国民は自らの財産の一部を税として拠出し，政府はそれを財源に国民にサービスを提供することになる。近代国家が「租税国家」とも呼ばれるゆえんである。

　徴税は政府により強制的に執行されるが，その過程はすべて議会が決めた法律に基づかなければならない。そして，政府の支出もまた議会の決定に基づいている。つまり，すべての財政活動は民主主義の原理に基づくという**財政民主主義**が成立するのである。

　「人は自分の人生を自由に生きることができる」という理想を追求するからこそ，私たちは政府を必要とする。そして，政府の役割や規模がいくら拡大しても，それは私たちが制御しなければならない。すべての財政制度はこのことを出発点として形成されている。

3　予算論——財政運営をつかさどる予算制度

　財政は国民が議会を通じて統制するものだとすれば，その活動の

支出と収入を示した予算は，民主的統制を可能とする仕組みになっていなければならない。具体的には，通常1年間を区切りとする会計年度の政府の支出（経費）を示した歳出予算と，政府の収入（租税や公債）を示した歳入予算が作成され，事前に議会の承認を経て執行される。また，財政活動の結果を示す決算は，予算執行の適正さを判断するのに用いられ，広い意味で予算制度に含まれる。

予算と決算は企業でも作成されるが，企業では決算に重点がおかれる。企業活動は営利を目的とするため，どの程度の利益や損失が生じたのかという結果が重視されるからである。それに対して，国や地方自治体の活動は営利を目的としていないため，その内容を事前に議会が統制する役割を持つ予算の方が重視される。

国民が議会を通じて有効に政府を統制できるように，予算の内容や形式，過程について**予算原則**と呼ばれる基準が存在する。ここではすべてを列挙できないが，重要な原則を紹介しておこう。まず，財政民主主義の大前提となる公開性の原則である。これは財政や予算に関する情報は議会と国民に対して公開されていなければならないというもので，日本国憲法第91条や財政法第46条がそれを規定している。現在では，とくに財務省のウェブサイトで国の財政状況や予算に関する情報が公開され，自由に閲覧ができる。

次に，財政法第14条には，「歳入歳出は，すべて，これを予算に編入しなければならない」と規定されており，完全性の原則と呼ばれる。当たり前のことのようだが，国民が政府活動を統制するには，その全体像を把握できなければいけない。予算に計上されない会計を設けて政府が勝手に活動を行うことは許されないのである。

このような財政運営の根幹となる予算制度について学ぶのが予算論である。他にも統一性，事前性，拘束性といった予算原則があり，その運用上の例外も存在する。また，すでに例としてあげた地方自

治体の公営企業は一般会計とは区別された特別会計で経理されているし、国においても年金や国債管理、エネルギー対策などの特別会計が存在する。さらに、政府が全額出資する政府関係機関の予算や、「第二の予算」とも呼ばれる財政投融資計画など、会計の区分や会計間の関係についても学ぶため、予算の全体像をつかむだけでも一定の労力がいるだろう。ただし、用語や仕組みの理解だけではなく、国民による政府の統制という目的に照らして、予算が有効に機能しているのかという視点から制度のあり方を考えることが大切である。

4 財政と市場の運営の違い──「量出制入」と「量入制出」

予算原則と関連する財政運営の基本原則として量出制入原則がある。これは支出を先に決め、それに合わせて収入を決めることを意味しており、その反対が量入制出原則である。財政学では、公共部門では前者、民間部門では後者が適用されると説明される。

企業や家計という民間経済主体は、その収入を市場に依存する。企業であれば資金調達や売上は資本市場や商品市場で決まるし、家計では自らの労働力に応じて賃金を得る。そして、これらの収入を前提に支出が決定される。しかし、政府の収入は市場に依存しない。なぜなら、政府は公共サービスを市場において販売するのではなく無償で国民に提供するため、サービスを増やしたからといって収入が増えるわけではない。そのため、支出を先に決めなければ、調達すべき収入が決まらないというのが量出制入の意味である。

ただし、政府はあくまでも国民経済を構成する一部門にすぎないという制約があり、その制約を無視して支出を拡大させることはできない。そのため、量出制入原則においては、政府は国民経済上の制約を前提としながらも、毎年度の予算過程では支出に応じて収入を調達するということになる。そして、その過程が市場に依存しな

いからこそ政治的な意思決定が重要になるのである。

　一方で，財政運営はたしかに量出制入が基本だが，近年の厳しい財政状況の下では量入制出の考え方をとるべきだという意見もある。たとえば，地方自治体のウェブサイトを見ると，財政運営方針や行財政改革の取り組みに関する資料が公開されている。その内容に目を通すと，「限りある財源を有効に活用していきます」といった表現を見つけることができるだろう。これは量入制出の考え方である。支出の内容をしっかりと検討することはもちろん大切だ。ただ，その地方自治体の財源に限りがあるというのは誰が決めたのだろうか。

　現在の地方自治体では，子育てや介護などの福祉サービスや公共施設の維持・更新など多くの課題を抱えている。国からの補助金を通じた支援は以前より減少し，たしかに厳しい財政状況にある。だからこそ，どれだけの公共サービスを提供すれば住民生活の必要を満たせるのか，そのためにはどれだけの税負担を住民自身が負うべきなのかということを，議会と行政が住民としっかり向き合い意思決定することが重要である。しかし，現状ではそのような議論はあまり行われていない。合意形成のための努力を怠り，あたかも財源に限りがあることを前提として，支出のやりくりだけで財政収支の帳尻合わせを行うのでは，財政本来の目的を果たせないのである。

　繰り返しになるが，政府は企業とは異なる存在である。政府は，利益を獲得することを目的としていない。国民生活に必要な公共サービスを決め，それにかかる経費を支出として計上し，それに見合う税収を調達するのが財政活動であり，この一連の過程を国民の合意の下に実施することそれ自体が財政の目的なのである。

日本財政の収入面をめぐる課題

1 日本における財政再建の歴史

　今の日本財政の特徴は，「小さな政府」と「大きな財政赤字」である。つまり，決して大きいわけではない政府支出を税収でまかなえていないという収入面の問題を抱えている。そのため，とくに日本の財政問題を考えるうえでは，政府の収入である租税のあり方について理解を深めることが重要である。

　租税の話に入る前に，財政赤字の問題が顕在化した1970年代後半以降の**財政再建**のあり方についてふれておこう。1990年代から日本の財政赤字が拡大してきたことはすでに述べた。しかし，もう1つ見落としていけないのは，戦後から1970年代前半まで日本の債務残高は諸外国の中で最も小さかったという事実である。そして，その後，他国よりも速く債務残高が増えてきたのである。

　1973年のオイル・ショックをきっかけとして先進諸国の高度経済成長が終わると，80年代初頭には各国は共通して財政赤字の問題を抱えるようになる。さらに，1980年代の金融自由化に伴う景気拡大とその後の不況や2008年の世界金融危機などを背景に，繰り返し財政赤字が問題となってきた。これを受けて，とくに1990年代には各国が積極的に財政再建に取り組んだこともあり，この時期には債務残高が縮小する傾向が見られた。財政再建とは直接には財政収支を回復することを意味するが，多くの国では支出削減と増税を組み合わせることで財政再建が図られてきた。

　日本における財政再建の取り組みは，1980年代の中曽根康弘政権の「増税なき財政再建」に始まり，90年代後半の橋本龍太郎政権の「財政構造改革」が2000年代の小泉純一郎政権に引き継がれ，

「聖域なき歳出削減」という謳い文句とともに実施されてきた。1980年代後半と2000年代半ばには，景気回復も重なり債務残高の規模は一時的に低下したが，拡大傾向にあることは変わらない。これまでの日本の財政再建の特徴は，支出削減だけで財政収支の回復をめざしてきたことである。それは「増税なき財政再建」や「聖域なき歳出削減」といった謳い文句からもうかがい知ることができる。第2節 4で地方自治体を例に示した量入制出の考え方は，実は国においても当てはまるのである。

日本では，支出に必要な財源を税で調達するための合意を形成するという，民主主義の過程にしっかりと向き合ってこなかったといえる。たしかに，消費税の導入や税率の引き上げという税制改革は行われてきた。しかし，1989年に消費税を導入する際には所得税と法人税の減税が組み合わされ，97年の税率の引き上げはそれ以前の所得税と住民税の減税による税収の穴を埋めるという意味合いが強かった。そのため，実質的な税収の増加を伴う増税が行われるようになったのは，2010年代に入ってからのことなのである。

なぜ日本では税負担に対する合意形成がうまく図られてこなかったのだろうか。政治家や官僚がだらしないのだろうか。1つの事例を考えてみよう。1978年に首相に就いた大平正芳は，当時すでに財政赤字が拡大する状況において，その後の財政運営を支える新たな財源として「一般消費税」の導入を提案する。しかし，翌年の衆議院選挙で自民党は大敗を喫し，新税構想は挫折した。このことが1980年代の「増税なき財政再建」へとつながるのである。つまり，支出に見合う税収の調達を拒否したのは国民自身だったのである。

2 租税論──誰がどれだけの税を負担すべきか

国民が税負担を受け入れてこなかったとはいえ，国民にも言い分

があるはずだ。日々の買い物にかかる税金が高くなると生活が苦しくなる。お金持ちや儲かっている企業にこそもっと税を支払ってもらうべきだという意見が出るだろう。反対に、がんばって働いて稼いでいる人に高い税金をかけてやる気を失わせては経済がダメになるという声も聞かれる。必要な税収を調達することは重要だが、それを誰がどれだけ負担するのかということも考えなくてはいけない。

租税論において、あるべき租税体系の基準を示すのが**租税原則**である。代表的な租税原則として公平、中立、簡素があげられる。ここではとくに公平と中立という原則を取り上げてみたい。

所得税を例に負担の公平性について考えてみよう。所得税とは、人々が得た所得に対して課される税であるが、現在では累進税という仕組みが採用されている。累進税では、所得が高くなるほど所得に対する税額の割合も高くなるという性質を持つ。そして、この累進税を根拠づけるのが、支払能力の高い人にはより高い税負担を求めるという垂直的公平という考え方である。

垂直的公平を実現する前提として、支払能力が同じ人には同じ税負担を求めるという水平的公平を満たす必要がある。同じ所得額の人で税負担が異なってしまえば、所得額の違いに応じて負担割合に差をつけるという発想は成り立たないからだ。しかし、現実の所得税において水平的公平を満たすのはなかなか難しい。所得には多くの種類があり、給与所得、事業所得、不動産所得などと区分される。人によって受け取る所得は異なるし、1人で複数の所得を得ることもある。そのため、水平的公平を満たすには、あらゆる所得を合算して税額を計算する必要がある。これを総合課税という。

これに対して、所得の種類に応じて異なる税率を適用するのが分離課税である。日本の所得税では総合課税を原則としながらも、預金に伴う利子所得や、株式投資によって生じる配当所得や株式譲渡

所得などの資本所得は分離課税の適用を受けることができ,税負担が抑えられている。そのため,水平的公平が満たされないことになるが,加えて資本所得は高所得者に集中する傾向があるため,垂直的公平も大きく崩れてしまっているのである。

資本所得に対する分離課税が不公平を生むのであれば,なぜそのような税制を採用しているのだろうか。これはもう1つの租税原則である中立と関わってくる。中立とは経済的中立性（効率性）を意味するが,政府による課税が民間部門の経済活動を阻害してはいけないという原則である。人々が持つ貯蓄は,株式の購入や銀行による融資を通じて企業の投資活動を支えている。この貯蓄を源泉とする資本所得に高い税負担を課すと経済活動を阻害してしまうことも懸念される。この効率性の視点を公平性に優先させるのであれば,資本所得に対する分離課税が正当化されることになる。

政府には,公共サービスの供給だけでなく,景気を調整する役割も期待されている。そのため,経済成長を阻害する税制は望ましくない。しかし,効率性を優先して高所得者に対する税負担を軽減すると,低所得者の税負担が相対的に重くなり,公平性の問題に直面することになる。これを「効率と公平のトレードオフ」という。この両立が難しい問題について納得できる解決策が示されなければ,国民は必要な税収の調達に合意しない。その結果は,負担の先送りとしての財政赤字に直結することになる。

ここまで,所得税を例に公平と中立の問題を紹介した。租税には,このほか法人課税,消費課税,資産課税,社会保険料などがあり,**図9-2**が示すように,負担の規模や税目の組み合わせは国によって異なる。個別の税の仕組みを理解しながらも,どのような租税体系を構築すべきなのかという点に着目して学習してみよう。

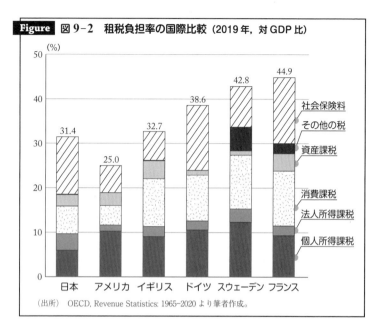

Figure 図 9-2 租税負担率の国際比較 (2019 年, 対 GDP 比)

(出所) OECD, Revenue Statistics: 1965-2020 より筆者作成。

3 公債論──財政赤字はなぜ問題なのか

政府支出に必要な財源を税によって調達しない場合,あるいはできない場合には,政府は借入によって財源をまかなうことになる。公債と呼ばれる政府による借入について学ぶのが公債論である。

どのような場合に公債発行が認められるのかという基準を示すのが**公債原則**である。日本の財政法第 4 条第 1 項は,「国の歳出は,公債又は借入金以外の歳入を以て,その財源としなければならない」と規定しており,公債による財源調達を原則として禁止している。しかし,この条文では但し書きとして,公共事業費などの財源のためであれば公債発行を認めている。公共事業費とは,道路や港湾などの公共施設の建設のように資産の形成を伴う事業にかかる経費をさす。つまり,ある年度に建設事業を行い,そのサービスの便

益が長期間にわたって継続する場合には，その財源を一度に税として徴収するのではなく，いったん借入をしておいて，サービスを受ける国民から時間をかけて税として回収するのがむしろ合理的だという考え方である。このような目的で発行されるのが建設公債である。

これに対して，資産形成を伴わずに毎年度使い切っていく経常的経費をまかなうために発行される赤字公債は，財政法において禁止されている。しかし，実際には毎年特例法を制定することで赤字公債が発行されており，1970年代半ば以降はほぼ常態化している。近年では赤字公債の増発が債務残高累増の大きな原因となっている。

日本の財政法でも採用されている建設公債原則は，ドイツ財政学に由来する考え方である。これに対して，ケインズ経済学に基づく公債原則は，景気状況を公債発行の基準にしている。これに従えば，建設公債か赤字公債かにかかわらず，不況期において景気拡大を目的とする場合には，租税よりも公債の活用が望ましいということになる。そのため，赤字公債は財政法で禁止されているものの景気対策の手段として正当化されうるということになる。

また，日本の政府債務残高の規模は，2010年前後に深刻な財政危機を経験したギリシャを上回るため，日本もギリシャのような財政破綻の危機に直面するのではないかと懸念されてきた。しかし，ギリシャが外国債に大きく依存しているのに対して，日本の国債はすべて内国債として発行されているという違いがある。日本の財政赤字は多額だが，日銀による国債の買い入れに支えられて，国内で資金が調達されてきた。これに対して，ギリシャのように財政赤字をまかなうための資金を国外に頼る場合には，返済に必要な財源を国内で調達できずに財政破綻に陥るリスクは高くなるのである。

その意味では，日本の政府債務残高は突出した規模にあるものの，

それがただちに財政破綻に結びつく性質のものではないということがわかる。しかし、それによって現在の財政赤字に問題がないということにはならない。巨額の債務残高は毎年度の財政運営の大きな足かせとなっている。現在の国の一般会計歳出の4分の1は、利払い費を含む公債の償還費用にあてられている。これにより、社会保障を中心とする政策経費に回す財源が大きく制約され、公共サービスが十分に供給できないという財政の硬直化が起きている。

　公債論では、ここで紹介した公債原則のほか、公債発行に伴う負担の問題、公債が国民経済に与える影響などについて学んでいく。すでに述べたように、公債発行は目的や状況によっては租税による財源調達よりも合理的であると考えられている。しかし、今の日本の公債への依存はこれらの理論をもってしても正当化できるものではない。赤字公債を活用して経済成長を達成したとしても解消できないほどの構造的な財政赤字を抱えているのである。必要な税収を調達するための合意形成を図るという財政の本質に私たち自身が向き合わない限り、日本の財政赤字の問題は解決されないのである。

4　私たちはどのような財政を描くのか

　私たちが暮らす民主主義社会は、すべての人が自由な存在であるべきだという理想を持つ社会である。人々の自由を支えるために政府が担うべき役割を決めて、財政を運営しなくてはいけないが、そのあるべき姿がはっきりしているわけではない。

　本章の図表で確認できるように、アメリカは政府支出や税負担の規模が小さい国であり、高齢者や低所得者に限定した公共サービスを提供するという特徴がある。なぜなら、個人の自由を尊重するためには、政府は個人の領域にできるだけ介入すべきではないという考え方が強いからである。反対に、スウェーデンでは所得に関係な

く公共サービスを提供するため，支出や税負担は大きい。そこには，個人の自由を尊重するからこそ，その前提として必要になる教育や医療，福祉を政府が積極的に提供すべきだという考え方が反映されている。どちらの国でも民主主義や個人の自由という価値を大切にしているが，財政のあり方は両国において大きく異なるのである。

どのような財政の姿が望ましいのかという問いは，私たちの社会における1人ひとりの自由とはどのようなものか，そこに政府はどのように関わるべきなのかという問いでもある。

▶NEXTSTEP

財政学の教科書では，財政の機能として資源配分機能，所得再分配機能，経済安定化機能がまず説明される。本章ではこのような用語は使用しなかったが，その理解の前提となる基礎的知識や視点はすでに獲得できている。「財政学」や「地方財政論」などの講義を履修しながら，自分の関心に従って財政についての学習を発展させてみよう。

■文献案内

■ 神野直彦［2007］『財政のしくみがわかる本』岩波書店（岩波ジュニア新書）

　財政の仕組みや，財政と民主主義の関係について基本的な概念から学ぶことができる初学者に適した入門書である。

■ 井手英策［2013］『日本財政 転換の指針』岩波書店（岩波新書）

　今の日本が抱えている財政問題を歴史的な視点から明らかにし，これから向かうべき方向性を提言している。

■ 佐々木毅［2007］『民主主義という不思議な仕組み』筑摩書房（ちくまプリマー新書）

　財政と深く結びつく民主主義の成り立ちや性質について明らかにしており，私たちと政治の関係を考えるのに適している。

Action!

1 自分の生活に関係する公共サービスを見つけて,サービスの生産主体や料金負担の有無について考えてみよう。

2 自分が住む地方自治体のウェブサイトから予算についての資料を入手し,どのような政策に力を入れているのか調べてみよう。

CHAPTER 10 途上国の経済と社会
貧困の諸要因と経済的自立の可能性

なぜ経済的に豊かな国と貧しい国があるのだろうか？

この章のねらい

○ 途上国における貧困現象の要因について，市場，制度，政治の領域にわたって考える。
○ 新興国の特徴と課題について，「中所得国の罠」を含めて考える。
○ 政府開発援助（ODA）をめぐる論点を整理したうえで，途上国・新興国の「ODA卒業」と自立的発展の可能性を展望する。

世界には1日1.9ドル（国際貧困ライン）以下で暮らす貧困層の割合が高い国が，まだ数多く存在している。他方，1970年代には新興工業国が台頭し，21世紀に入ってからは新興国の躍進が顕著で，単純に先進国と途上国に二分できるわけではない。そこでまず「途上国と新興国はどういう国のことか」という問題から考察を始める。貧困の諸要因の考察等を経て，最後は途上国と新興国の自立的発展の可能性を考えたい。

Key Words

非同盟運動（NAM）　植民地　帝国主義　一次産品
貧困の罠　BRICS　米州自由貿易地域（FTAA）
政府開発援助（ODA）　経済協力開発機構（OECD）
開発援助委員会（DAC）　JICA専門家　円借款

1 途上国とはどういう国のことか

1 世界の国と地域

地球上には200以上の国と地域がある。「地域」と呼ぶ理由の1つは，完全な独立国の地位を得ていないケースがあることである。プエルトリコ（アメリカに未編入の自治連邦区）やグリーンランド（デンマーク王国の自治領）がその例である。また東アフリカにあるタンザニア連合共和国のように，2つの共和国が連合している例もある（この国のみ）。こうした事情から，世界の国や地域の数については200前後といった曖昧な表現をすることが多く，本章でもそれに倣うことにする。

世界銀行は1人当たり国民総所得（GNI）を尺度にして，国・地域を4群に分けている（世界銀行のウェブサイト "World Bank Country and Lending Groups" を参照)。2024年(財政年度)については,高所得経済(1万3846ドル以上)にアメリカ,ウルグアイ,ギリシャ,クロアチア,台湾(中国),日本など83,上位中所得経済(4466ドル以上1万3845ドルまで)にエルサルバドル*,ブラジル,カザフスタン,ナミビア,インドネシア*,タイ,中国など54,下位中所得経済(1136ドル以上4465ドルまで)にヨルダン*,ザンビア*,モロッコ,ミャンマー,東ティモール,パプアニューギニアなど54,低所得経済(1135ドル以下)にエチオピア,ウガンダ,ルワンダ,アフガニスタンなど26の国と地域を分類している(合計217)。なお「*」を付した国は最近分類が変わった国である。ウガンダは低所得国に分類されているが,2024年〜27年の間,**非同盟運動**(Non-Aligned Movement: NAM,加盟121カ国)の議長国の重責を担うことに,注目しておきたい。

国連開発計画(UNDP)は人間開発指数(Human Development Index: HDI)を尺度にして,4群に分けている(UNDP [2024] pp. 274-277)。最新の分類では,2022年のHDIに基づいて,HDI最上位国に69の国・地域を,HDI高位国に49を,HDI中位国に41を,HDI低位国に34を入れている(合計193)。HDIとは,UNDPが1990年からGDPやGNPに代替する新しい指標として発表しはじめたもので,現在は出生時平均余命,期待就学年数,平均就学年数,1人当たりGNI(2017年ベースのPPP〔購買力平価〕換算のドル値)の4つの指標が1つの数値(0.000〜1.000)に統合されている。

これ以外に,新興工業国・経済(NICS / NIES,1970年代以降に注目された),脆弱国家,紛争国家,重債務国,新興国(emerging economies, 2000年頃以降注目)もあるし,サハラ以南アフリカといった地域別の分け方もある。工作機械(機械部品をつくるための旋盤や研削盤などの機械)の普及度に着目し,それが高いほど工業の技術的

自立度合いが高いと見て，その尺度で国を分けるという考え方もある。また，便宜上OECD加盟国38カ国を先進国と呼ぶ場合もある。このように分類方法は多様である。

本章では，世界銀行の1人当たりGNIを尺度にした分類の高所得経済をさしあたり先進国，それ以外を途上国としよう。また「最貧国」として，国連の後発開発途上国（Least Developed Countries: LDCs）の用語を略語で用いることとする。2023年12月時点で，チャド，エチオピア，カンボジア，ミャンマー，東ティモール，ネパールなど45カ国がLDCsに含まれる（UNDP［2023］）。世界銀行の低所得経済の例にあげた4カ国もLDCsに含まれるが，ミャンマーや東ティモールは世界銀行分類では下位中所得経済に含まれるなど，LDCsのほうが世界銀行の低所得経済（26カ国）より広い範囲となっている。

時期によってこうしたグループの構成は入れ替わり，本章内の図表での分類と完全には一致しない。新興国は，広くは途上国に含めるが，他の途上国と分けて論じるために，別に第**3**節を設けた。

2 構造的特徴

先進国と途上国はどのように異なっているだろうか。**表10-1**にいくつかの開発指標をまとめたので，検討しよう。まず経済指標から考察しよう。1人当たりGNIから見ていくと，各階層間での格差が顕著である。低所得経済の1人当たりGNIの平均値（2203ドル）は，高所得経済の平均値（6万2936ドル）の29分の1である。地域別にはヨーロッパ・中央アジア地域が高く，サハラ以南アフリカ地域が低い。経済成長に必要な投資の原資として貯蓄が重要であるが，低所得国やサハラ以南アフリカの総貯蓄の対GNI比は，20％と低い。途上国では一般的に農業が重要であるが，収穫量の増大

表 10-1 世界の国・地域の分類と主要指標による各類型の特徴

大区分	指標	経済指標 1人当たりGNI	経済指標 総貯蓄（対GNI比）	経済指標 肥料消費量（農業）	社会指標 新生児死亡率	社会指標 出生時平均余命（男性のみ）	社会指標 大気汚染（PM2.5）
	年	2022年	年は項目ごとに異なる	2021年	2021年	2021年	2017年
	単位	米ドル、PPPレートで換算	% / 年	耕作地1ヘクタール当たりのキログラム	1000人当たりの人数	歳	%（WHO指針の水準を超える汚染に暴露されている人々の割合）
所得別分類	高所得国	62,936	23 / 2022	138.7	2.7	77.27	56.1
所得別分類	上位中所得国	21,160	38 / 2022	183.2	6.0	71.79	96.2
所得別分類	下位中所得国	8,310	27 / 2022	130.4	21.2	65.04	99.5
所得別分類	低所得国	2,203	20 / 2021	13.6	26.7	60.05	100.0
性質別分類	重債務貧困国（HIPC）	2,969	20 / 2021	17.6	26.0	60.02	100.0
性質別分類	脆弱で紛争の影響を受ける状況の国	4,897	26 / 2010	26.5	28.2	59.04	100.0
性質別分類	後発開発途上国（国連分類による）	3,664	29 / 2022	33.4	25.1	61.89	100.0
性質別分類	小国	23,370	42 / 2022	56.4	19.3	65.98	93.4
地域別分類	中東および北アフリカ（*）	12,624	24 / 2021	77.6	13.1	69.53	100.0
地域別分類	ヨーロッパおよび中央アジア（*）	27,352	31 / 2022	53.3	5.7	67.50	96.3
地域別分類	ラテンアメリカおよびカリブ海地域（*）	18,226	18 / 2022	205.1	8.9	68.58	87.1
地域別分類	東アジアおよび太平洋（*）	18,577	44 / 2022	308.1	7.7	72.82	99.1
地域別分類	サハラ以南アフリカ（*）	4,309	20 / 2020	22.6	27.1	58.26	100.0

（注）1 *は高所得国を除く。
2 1人当たりGNIのドル換算は、2022年価格のPPP（購買力平価）による。
（出所）世界銀行オープン・データのウェブサイト（https://data.worldbank.org/）の統計数値から筆者作成。

1 途上国とはどういう国のことか

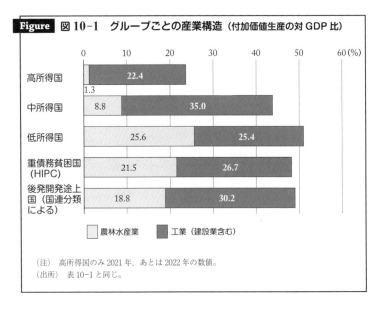

図10-1 グループごとの産業構造（付加価値生産の対GDP比）

(注) 高所得国のみ2021年、あとは2022年の数値。
(出所) 表10-1と同じ。

に欠かせない肥料の投入量は、高い地域と低い地域の間で約10倍もの格差がある。

社会指標についてはどうだろうか。新生児死亡率について見ると、サハラ以南アフリカでは27.1人（1000人中）と、世界で最も厳しい状況である。2021年の出生時平均余命（過去の実績値からの推計値）については、高所得経済と低所得経済の間に17.2年の格差があり、地域間の格差も大きい。環境問題については大気汚染（PM2.5）を取り上げたが、これも先進国と途上国で格差が大きい。ただし高所得国でも6割近い人々が大気汚染に暴露されており、先進国が格段に改善された状態ではないことに注目しておこう。

図10-1に見るように、産業構造も所得階層別にかなり異なっている。高所得経済では農林水産業の付加価値生産の対GDP比が1.3％であるが、低所得経済では25.6％とまだ高い。この部門は天候

や自然災害の悪影響を受けやすいので，その構成比が大きい場合それだけ国民経済が自然に左右されやすい状況だといえる。以上のようなさまざまな経済的社会的格差は，指標によっては過去30年の間に少し縮小したが，全体としては世界的に顕著な格差社会の状況が続いていることに留意しよう。

3　途上国・新興国社会の状況

今日の途上国・新興国社会の共通の特徴は，富豪や資産家の豊かさと，今の日本ではほとんど見られないほどの貧しさが同居していることである。富裕者については，農地改革・土地改革が未達成か，または緩慢な速度で進行中という国が多いので，大土地所有者が存在していることも特徴である。たとえばブラジルの大土地所有者は数万平方キロメートルの規模で土地を所有しており，その広さは日本の都道府県の1つか複数分の面積に匹敵する。

貧困層についてはどうだろうか。第1に，途上国では親の収入が少ないので，就学年齢に達した子どもが就学せず労働している。国際労働機関（ILO）の報告によれば（ILOの児童労働ポータルサイトを参照），2020年時点の児童労働の数は全世界で約1億6000万人（推計値）で，日本の人口よりもはるかに多く，そのうち7900万人は危険な仕事に従事している。

第2に，衣食の質が低い。食についていえば，最貧層の場合1年中毎日ほぼ同じ主食を食べていて，多様性が乏しく，副菜が少ない。衣服については，着替えが乏しく，いつもほぼ同じ服を着ている——ファッションを楽しむ金銭的余裕がない。

第3に，住宅および都市基盤（インフラ）が脆弱である。これは個人所得の低さだけの問題ではなく，国家財政の脆弱性に起因する。スラム街では，屋根がトタン板で壁は廃材（紙やビニール袋）の寄せ

集めだというような低質の住居に暮らす人が少なくない。下水道や下水処理施設が未整備で，近隣の地下水は家庭排水で汚染されているが，その地下水を汲み上げて生活に利用している（ただし行政による井戸の水質点検が実施されている場合もある）。家庭ごみ回収の行政サービスが不十分なので，街路や河川には廃棄物が散乱または浮遊し，路上や空き地のごみに溜まった雨水の中で，デング熱やジカ熱といった感染症を媒介する蚊が大量発生する。飲料水確保のために水源まで往復5時間の山道を毎日歩かねばならないという地区もある（それが子どもの役割だという場合も多い）。

2 途上国の貧困の要因

1 歴史的要因その1——植民地支配の歴史

なぜこのように富める国と貧しい国があるのだろうか。要因はいろいろあるが，その1つにかつての植民地支配の歴史がある。多くの途上国は宗主国（多くは現在の先進国）に支配された経験を有している（エチオピアやタイのように独立を保った例外もある）。**植民地**になると，人々が南北アメリカなどの農園に奴隷として連れて行かれたり，自国の歴史と伝統に合わないヨーロッパの制度を移植されたり，国境線が人為的に引かれて民族・部族集団が分断されたり，関税による保護が認められず工業部門（伝統的手工業を含む）が潰されたりして，自立的な経済発展の機会が奪われた。人為的国境線のように，今日まで続く負の遺産もある。

近代植民地は16世紀頃にさかのぼり，その後の植民地支配の歴史は，宗主国経済の発展段階に応じて，大きく次の3つの時代に区分できる。

①絶対主義段階（王政）：大航海時代を含む。アフリカから多く

の人々が南北アメリカへ奴隷として売られ，サトウキビ農園や鉱山などで酷使された。
② 競争的資本主義段階（主に18世紀後半から19世紀）：植民地は綿工業（紡績や織布）などの材料（原綿など）の供給地および綿製品の消費地として位置づけられた。自由貿易体制の下，宗主国（例：イギリス）から輸入される安い繊維製品によって植民地（例：インド）の伝統的地場産業（例：キャラコといった綿布の生産）の発展の芽が摘まれた。
③ 独占資本主義段階（19世紀後半から20世紀の第二次世界大戦まで）：植民地は原綿だけでなく鉄鉱石や石炭など多様な工業原料の供給地，過剰資本の投資先，そして安価な労働の供給源として位置づけられた。列強間の植民地市場獲得競争が2つの世界大戦を招いた。

なお「競争的資本主義」とは株式会社制度が十分に発達しておらず，ほとんどの企業が中小企業だった時代（19世紀まで）をさしている。「独占資本主義」とは19世紀後半に株式会社制度が始まり，大企業，巨大企業が誕生した状況をさしている。その後ベルトコンベア等の新技術の導入で工場の生産性が飛躍的に伸びた（主に20世紀前半）が，その分必要な原材料の量も劇的に増大した。

2　歴史的要因その2——第二次世界大戦後

第二次世界大戦後については，どうだろうか。今日に至るまでの期間の時代区分については，大きく2つに分けられる。すなわち冷戦期と，ソ連の社会主義体制が崩壊した1991年12月以降のポスト冷戦期（グローバル化時代）である。戦後，多くの途上国は独立したので（ただし，南米諸国の独立は1820年代と，他地域より早い），宗主国と植民地という**帝国主義**の時代はほぼ終わったともいえる。しかし

先進国と途上国の関係は，戦後において対等になったというわけではない。軍事介入や侵略を含めて先進国（または欧米諸国）が途上国（アジアや中東など非欧米諸国）に対する圧倒的な支配力を行使した事件は，第二次世界大戦後も数多く，今日も続いている。とくにアメリカはキューバなどいくつかの国への「敵視政策」を展開して，国際法上違法な一方的金融封鎖を課して経済的弱体化を進めてきている。また21世紀以降は，イラクやアフガニスタンなどを一方的に「テロ国家」に指定し，「対テロ戦争」という先制攻撃をしかけて，政権を潰したりするようになった。先進国と途上国の関係についての議論は百家争鳴の観があるが，今日も，覇権国（超大国）がそれ以外の国を政治経済的に，またときに軍事的に支配する構造が認められる。

　国家だけでなく巨大な営利企業が絶大な支配力を有している面も重要である。1つのグローバル企業の売上高が小国のGNIの数十倍という例もある。企業の売上高とGNIは全く別の概念なので，その比較に深い意味はないが，大企業の「大きさ」を知るうえでは有用な比較である。

　世界貿易機関（WTO）や国際通貨基金（IMF）といった国際機関は，先進国と途上国の間の格差の縮小に寄与した面と，反対に格差拡大を助長した面の，両面がある。その歴史的背景として，国際機関の理事会では先進国の発言権が伝統的に強いという事情がある。先進国は国際機関を通じて間接的に途上国を支配してきたのではないか，という理解もありうるだろう。

3　市場要因

　次に産業振興や企業組織の問題といった，貧困の市場要因を考察しよう。第1に，主要産業である農業が低迷している。すなわち農

民の収入の伸び方が遅いのである。その背景には，①低生産性と，②小作制度の残存の，大きく2つの問題がある。①については，灌漑設備の整備が遅れ農業用水が不足しがちであり，購入資金の不足で化学肥料を十分に利用していないという事情がある。また生産性の高い新品種を導入することに，農民は過度に慎重で消極的である。これには失敗時の安全網としての社会保険の整備が遅れているといった事情も影響している。ただし「緑の革命」という新品種導入（稲や小麦）の世界的キャンペーンが展開された時代があり（1940〜70年代），収穫量の増大という成果が達成された。新技術の普及という面に限定すれば，成功といってよいが，増えた肥料代が農家の経営を圧迫したとか，豊作貧乏（供給過剰による価格の暴落）の問題が生じたなどマイナス面もあり，総合的評価については賛否両論が展開された。

　②については，フィリピン，インド，バングラデシュ，南アフリカ，ブラジルなど農地改革・土地改革が未達成の国が多い。そこではいまだに大土地所有者の政治勢力が強く，農地改革の実現性が政治的に小さいのである（国によっては土地の再分配を徐々に進める動きはある）。小作制度が残っていたり，土地なし農民が多くいる国もある。非民主主義的な土地制度がどの程度農民の生産意欲に悪影響を与えているかについては，実証研究の課題であるが，この状況が農家の低生産性の要因の1つであることは間違いない。

　第2に，農産物や鉱物を含めた**一次産品**（primary products）の価格の不安定性が要因としてあげられる。一次産品とは生豆や鉄鉱石や原油など，原産国国内での加工度の低い商品のことである。先進国を含めた世界全体で見ると，国際商品価格は**図10-2**のように推移してきた。これは2010年を100として指標化したグラフなので，そのあたり以後3種類の値動き（エネルギー，穀物，基礎金属）の水

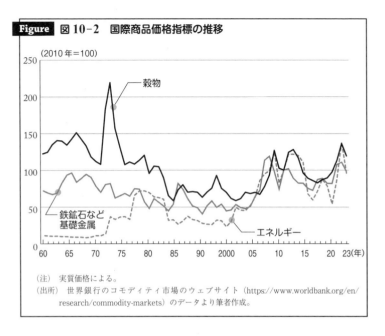

図 10-2 国際商品価格指標の推移

(注) 実質価格による。
(出所) 世界銀行のコモディティ市場のウェブサイト（https://www.worldbank.org/en/research/commodity-markets）のデータより筆者作成。

準が近いのは当然であるが，1973 年以前にエネルギーが他の 2 つより低いのは，「オイル・ショック」による原油価格の上昇以前の時期だからである。また 1973 年〜74 年に穀物価格が跳ね上がっているのは，アメリカの大豆不作などの影響で供給制約が生じ，世界的に食料危機が叫ばれていたという事情を反映している。全体として，常に一次産品価格の変動が大きいことが読み取れる。

第 3 に工業化の水準や技術水準の低位という要因がある。後者について製造用機械や検査機器などの設備面でいえば，それらの性能だけでなく，停電の頻発や電圧の不安定性も課題である。また技術者の能力について金属部品加工を例にとれば，複数の工作機械間の分担関係をどう設計するかが重要であるし，複雑な機械設備では故障箇所の発見と修理の能力（熟練者の「勘」を含めて）が大事である。

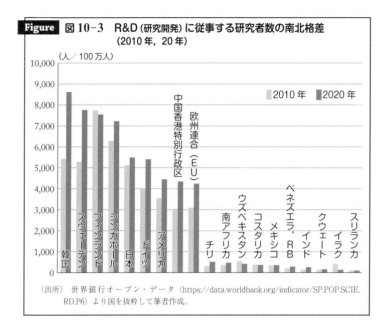

Figure 図10-3 R&D(研究開発)に従事する研究者数の南北格差(2010年,20年)

(出所) 世界銀行オープン・データ (https://data.worldbank.org/indicator/SP.POP.SCIE.RD.P6) より国を抜粋して筆者作成。

技術水準の低位の背景の1つとして研究者の不足もある。**図10-3**は2010年と2020年のR&D(研究開発)に従事する研究者数の南北格差を示しているが,2020年の韓国が100万人中8615人で,同年のスリランカの105人との間に,絶大な格差がある。

その他の市場要因として,企業経営の能力の優劣といった経営者の資質,企業の取締役会が家族・親戚で占められているか,能力のある「他人」に開放されているかといった組織構造の特徴,金融機関の産業向け融資行動の積極性など多様な要因が,貧困や経済停滞にプラス・マイナスの諸影響を与えている。

4 制度的要因

近年,途上国内部の制度的な脆弱性が停滞の要因として従来以上

に注目されるようになっている。

〈金融や教育の制度〉

たとえば金融制度と教育制度について，以下のような状況が指摘されている。

- 損害保険制度が未整備なのでリスクをとる行動が抑制されて，技術革新が進まない。
- 日本の帝国データバンクのような信用調査会社がないので取引が進みにくく，市場が順調に拡大しない。
- 銀行に口座を開設する慣習がなく，自動引き落とし制度が使えないため，個人貯蓄が増えにくい。
- 初等・中等教育での学校教科書の種類が少なく，習熟度の水準に応じた効果的な教育ができない。

〈貧困の罠〉

こうした制度に焦点を当てた近年の開発経済学の理論の1つとして，「**貧困の罠**」論がある。これに含まれる理論として「天然資源の呪い」論がある。それは，天然資源の輸出が好調で，貿易が黒字となった場合，為替レートの自国通貨高によって国内の製造業の輸出競争力が奪われ，製造業の発達が阻害されるという考え方である。ほかにも，内陸国で海洋交通へのアクセスがない（隣国との関係が悪い）という罠，紛争の罠，汚職・腐敗の罠，不運の罠（例：自然災害）などが指摘されている。またアビジット・V. バナジーとエステル・デュフロは，個人のミクロな行動に焦点を当て，その問題点（例：食事に関して栄養バランスの重要性の認識が欠如していること）に貧困の罠があると論じている（バナジー＝デュフロ［2012］）。

以上のような国内的諸要因の克服は，途上国の経済的自立の重要な契機になると考えられる。

3 新興国の台頭と「中所得国の罠」

1 新興国のグルーピング

2000年代に入って,**表10-2**に示したように,シンガポール,台湾,ブラジル,メキシコなどの1970年代のNICSやNIESだけでなく,新たに新興国(emerging economies)が注目されるようになった。とくに投資会社ゴールドマン・サックスの2001年のレポートで(O'Neill [2001]),BRICSというグルーピングが初登場したことは,注目が高まる要因であった(2003年の同社のレポートも影響大)。BRICSはブラジル,ロシア,インドおよび中国の国名の頭文字を並べたもので,当初複数を意味した最後の「s」を,その後南アフリカの頭文字と読み直して「S」と大文字表記するようになった。発表当初は,BRICSの大胆な成長予測すなわち先進国の集まりであるG7の経済規模に急速に迫っていくという予測は,やや大げさに聞こえたが,現実は当初の予想を超えた。結局,20年以上を経た今日振り返ってみると,BRICSとくに中国は,この投資会社の予測をはるかに上回る成長を遂げたのであった。すなわちその

表10-2 新興国のグルーピング

グループ名称	国 名
BRICS	ブラジル,ロシア,インド,中国,南アフリカ
VISTA	ベトナム,インドネシア,南アフリカ,トルコ,アルゼンチン
NEXT 11	イラン,インドネシア,エジプト,韓国,トルコ,ナイジェリア,パキスタン,バングラデシュ,フィリピン,ベトナム,メキシコ
CIVETS	コロンビア,インドネシア,ベトナム,エジプト,トルコ,南アフリカ

GNI は 2000 年の約 1.2 兆ドルから 2022 年の 18.2 兆ドルへと（市場レートでのドル換算），15 倍以上増大し，現在アメリカに次ぐ世界第 2 位の座にいる（世界銀行オープン・データより）。

2 経済成長の諸結果

こうした一部の途上国の新興国への成長は，国際政治にも影響を与え，従来の先進国のサミット会議や G7 だけでなく，新興国を加えた G20 の重要性が増した（→ Action! 1）。また南米諸国の発言力が増したことで，アメリカ主導の**米州自由貿易地域**（FTAA）構想が 2003 年に事実上頓挫した。アメリカ主導の米州機構（OA）に対して，アメリカとカナダを除いた国際機構であるラテンアメリカ・カリブ諸国共同体（CELAC）の発言力も，南北アメリカ地域では増している。さらに，軍事同盟に属さない非同盟運動（NAM）の重要性も，各地で軍事同盟が関係する戦争が続く中，改めて注目されつつある。

新興国の未来はバラ色であろうか。昨今課題も注目されるようになり，先進国にまで成長できない要因として「中所得国の罠」に陥ったのではないかという研究も始まっている。たとえば深刻な所得格差の是正が進まないこと，工業の技術水準や生産性が次の段階へ上昇しないこと，社会福祉政策の水準が依然として低いことなどが，難しい克服課題としてあげられる。**表 10-3** は主要国の 1 人当たり GNI（購買力平価〔PPP〕換算）の対アメリカ比率の変化を見たものである。新型コロナウイルスのパンデミックによる経済の落ち込みを除外するため，変化率については 2022 年ではなく 19 年と比較した。たしかにアメリカとの格差を急速に縮めた国もあるが，格差が開いた国も多い。とくに BRICS のブラジルの変化率（1994 年と 2019 年の値の比較）は 0.88 倍で，アメリカとの格差が拡大したので

Table 表10-3 主要国の1人当たりGNIの対アメリカ比率の変化（1994〜2022年）

(単位：％, 倍)

国名		1994年	2000年	2010年	2019年	2022年	1994年〜2019年への変化
	アメリカ	100.0	100.0	100.0	100.0	100.0	1.00
アメリカとの距離を縮めた国	アルメニア	6.5	8.0	17.6	22.7	23.0	3.49
	ルワンダ	1.2	1.7	2.7	3.3	3.5	2.86
	インド	4.8	5.1	7.7	10.2	10.4	2.13
	ベラルーシ	15.6	15.9	31.3	29.2	27.4	1.87
	バングラデシュ	4.8	4.7	6.8	8.9	9.7	1.86
	スリランカ	11.5	12.0	0.0	20.7	17.8	1.80
	ドミニカ共和国	16.4	17.6	22.6	27.1	27.9	1.65
	フィリピン	10.0	9.7	12.1	15.0	13.6	1.50
	ウガンダ	2.4	2.4	3.4	3.4	3.3	1.44
	韓国	45.2	46.1	61.0	64.9	64.2	1.44
	ペルー	13.6	12.4	17.1	19.2	17.7	1.41
	ニカラグア	6.8	7.5	8.3	8.1	8.1	1.20
	エジプト	15.8	15.7	18.7	17.8	18.5	1.12
	イスラエル	59.7	56.6	60.1	63.9	67.3	1.07
	ヨルダン川西岸とガザ	10.8	10.0	10.6	11.5	10.4	1.06
	香港	92.8	79.6	95.9	97.7	94.4	1.05
アメリカとの距離が広がった国	ウクライナ	21.5	14.1	21.8	20.2	17.1	0.94
	グアテマラ	14.1	12.8	13.2	13.3	13.4	0.94
	ドイツ	94.0	84.2	87.7	87.1	81.5	0.93
	イラン	23.9	21.9	27.9	22.0	23.1	0.92
	ケニア	7.8	6.5	6.1	7.1	7.2	0.91
	ブラジル	25.4	22.3	26.5	22.3	21.9	0.88
	フランス	84.4	79.6	78.9	73.2	69.0	0.87
	アルゼンチン	43.2	35.9	41.9	33.1	33.0	0.77
	日本	87.8	76.2	72.2	67.1	64.0	0.77
	ルクセンブルク	159.9	156.0	139.7	122.3	121.5	0.76
	メキシコ	41.5	37.8	34.8	31.2	29.6	0.75
	ハイチ	6.5	5.9	5.4	4.9	4.2	0.75
	ガボン	38.9	26.8	21.2	19.8	16.7	0.51

(注)　1人当たりGNIの米ドル換算は2017年を基準年とするPPP（購買力平価）による。
(出所)　世界銀行オープン・データの統計情報（https://data.worldbank.org/indicator/NY.GNP.MKTP.PP.CD）より，国を抜粋して筆者作成。

ある。なお日本の変化率が 0.77 倍とさらに差が拡がっている点も注目され,「失われた 30 年」という日本の長期停滞の状況が反映されている。

モノカルチャー経済から脱し,産業を多様化させること,とくに工業化を図ることは,新興国の悲願である。しかし工業化の展望は,次の 2 点で近年いっそう厳しくなっている(→ **CHAPTER 5**)。第 1 に,関税及び貿易に関する一般協定(GATT)のウルグアイ・ラウンド以降,途上国の工業部門も自由化が基調となっており,従来のような高関税での保護が今後長く続くかどうかについては,先行き不透明である。

第 2 に,新興国でも先進国からの直接投資や国内資本による投資で工場建設が進んだが,期待通りのメリットが生じない場合もあることが明らかになってきた。グローバル・バリュー・チェーン(GVC)の一部分への統合を経験したが,GVC の中の低賃金・低付加価値部門を担うにすぎないというケースもあることがわかってきたのである。成長著しい中国は例外として,富が新興国の内部で期待通りに蓄積されていかず,技術進歩も緩慢で,**表 10-3** に見るように 1 人当たり GNI の伸びが停滞している国が少なくないのである。

新興国の自立的発展には,こうした「罠」の克服が重要といえる。

政府開発援助(ODA)

1 ODA の概要と仕組み

〈概　要〉

政府開発援助(ODA) とは,先進国の政府が途上国の政府に,途上国の経済・社会発展のために資金や技術を援助する仕組みである。

第二次世界大戦後約80年間に,先進国が途上国に供与した援助の総額は数百兆円である。1978年以降の日本のODA予算だけを見ても(**図10-4**),0.2兆～1兆円以上の予算規模が約45年以上にわたるので,総額は約33兆円である。少なく見えるかもしれないが,為替レートの影響を考慮する必要がある。たとえば100円がLDCsでは1万円の重みを持ちうることを考えれば,小さな資金量ともいえない。

援助提供国(ドナーという)は,従来は主に,**経済協力開発機構(OECD)**加盟国であった。**開発援助委員会**(DAC,現在は31の国+EU)をつくってルールを制定し,相互監視をするなどして,量や質の向上を図ってきた。最近はDAC加盟者以外の「新興ドナー」(中国,インド,ブラジルなど)が注目されているが,彼らはDACのルール外で援助活動を展開している。

各ドナー国とも財政制約が厳しくなっており,援助の効率性への関心が納税者の間で高まっている。援助機関等による援助評価も盛んに実施されており,ODAがどの程度途上国経済の発展に寄与しているかについて,肯定,否定も含めて多様な分析結果が報告されている。

〈仕組み〉

ODAには大きく,多国間援助と2国間援助がある。多国間援助とは,先進国が,国連,世界銀行,IMFなど国際機関に対して拠出するものである。世界銀行やIMFは厳密には国連システムの一部であるが,分けて言及される場合が多い。

2国間援助は,先進国が特定の国と個別契約を交わして,直接援助を供与する仕組みである。DANIDA(デンマーク),USAID(アメリカ),DFID(イギリス),GTZ(ドイツ),JICA(日本)など,各国には援助を担当する公的機関がある。

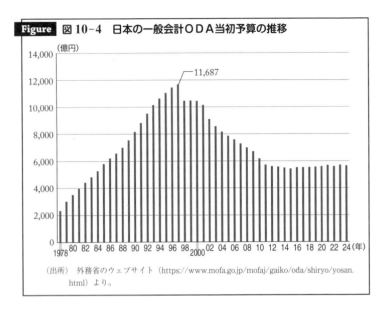

Figure 図 10-4　日本の一般会計ＯＤＡ当初予算の推移

（出所）外務省のウェブサイト（https://www.mofa.go.jp/mofaj/gaiko/oda/shiryo/yosan.html）より。

　以下，日本の ODA に絞って考察しよう。大きく無償援助（贈与と技術協力）と有償援助がある。無償援助の技術協力は日本が得意とする分野である。**JICA専門家**と呼ばれる生産技術や企業経営の専門家（多くは民間企業に勤務する技術者や管理職経験者）や，JICA ボランティア（青年海外協力隊やシニア海外ボランティア）を現地に派遣したり，現地政府の開発事業担当者が日本に招かれて数カ月の研修コースに参加したりするプログラムが，全国十数カ所にある JICA 拠点で多数実施されている。

　有償援助は，日本の場合は**円借款**といわれ，長期低利での貸付である。円建てなので，借りる途上国の側は為替変動の影響を受ける。すなわち円高になると，固定金利だとしても，自国通貨で見た返済負担は増える（円安ではこの逆の効果）。LDCs 向けの場合，たとえば償還期間 40 年，0.4％の固定金利という条件が一例で，これを「譲

許性」が高いという。中所得国向けの援助では条件は異なり,「譲許性」は少し低くなるが,それでも全体として援助の性格の強い貸付制度である。「譲許性」とはDAC内で議論されている概念で,内容が完全に定まっているわけではないが,途上国に対する支援の度合いが高いことを譲許性が高いという。

2　日本のODA予算

　日本のODAの財源は,財政の一般会計予算(主に税収)と財政投融資制度(→ **CHAPTER 9** 第 *2* 節 3)の有償資金である。無償援助には主に一般会計が,有償援助には主に財政投融資が用いられるが,きれいに分かれているわけではない。財政投融資の原資は,2001年までは主に郵便貯金と国民年金で,それ以降は主に金融市場で資金調達されている。

　近年の予算はどのような規模だろうか。ODA予算には一般会計予算と事業予算があり,後者はさらに総額(グロス)と純額(ネット)に分かれる。純額とは有償資金協力の過去の貸付の元利返済(回収金)を総額から差し引いた額である。2024年の当初予算について,一般会計予算は5650億円,事業予算の総額は3兆1439億円,純額は2兆3995億円で,回収金は7443億円である。1997年のピーク時のODA一般会計予算は1兆1687億円だったので,今日,同予算は当時と比較してほぼ半減しているが,2014年頃以降は微増傾向が続いている(図10-4,→Action! *2*)。

3　日本のODAの論点

　日本のODAについてのさらに詳しい仕組みや実際の事業内容は,実施機関であるJICAや外務省のホームページで,動画を含めて豊富に公開されている。詳細はそちらに委ねて,以下では2つの論点

を中心に考察しよう。なお，それぞれの説明を読む前に，自分なりの答えをまず考えてみよう。

① 日本の累積財政赤字が対 GDP 比で2倍以上という，世界最大の規模に達している状況で，途上国に財政支援をする余裕が日本にあるのだろうか。

② 円借款事業として，教育，保健医療，平和構築，自然環境保全，ジェンダー平等，貧困撲滅といった社会分野の取り組みが多く実施されているが，これらは公共性の高い分野で営利性が低く，収益があがる事業には思われない。なぜ無償援助ではなく，元利返済を伴う円借款事業なのだろうか。

各論点について正解があるわけではなく，以下は考えるヒントである。①の論点について，財政危機といえる状況の中で，先述したように ODA の一般会計予算は 1997 年以降減額に減額を重ね，ほぼ半減した。これは日本の財政危機をある程度考慮した動きといえるだろう。しかし国際協調も重要で，日本だけがさらに予算を顕著に減らすことは外交上選択されにくいと考えられる。また成長した途上国は無償援助対象諸国から「卒業する」といった制度も組み込まれていて，実際に日本の ODA の「卒業国」も多く生まれている。

②の論点について，個別の事業ごとの収益から元利を返済するわけではなく，途上国政府が返済するので，円借款の個別事業で利益を出す必要はない。その事業で社会全体が発展し，社会全体として生み出された余剰から返済される。借款の際には「交換公文」(Exchange of Note: E/N) 以外に「借款契約」(Loan Agreement: L/A) を締結するが，契約の当事者は日本政府と途上国政府である。

ODA については先進国の財源の余力が急減しており，脱 ODA の姿勢が途上国にも求められている。従来以上に多様な側面から途上国を捉えたうえで，貿易，投資，市民の連帯，ODA などの分野

で日本がどう行動すべきかを根本的に考え直しながら，途上国の経済的自立を展望すべき局面に，今私たちは立っているといえよう。

> **NEXTSTEP**
>
> 途上国と先進国の違いや貧困の諸要因を統計データの検討を含めて確認した。土地制度のように何十年経ってもほとんど変わらない事象がある一方で，グローバル化の中で次々に変化していく事象もあるので，両面に注意を払う必要がある。本章で学んだことに興味を持ったら，ぜひ開発経済学，途上国経済，エリア・スタディ（地域研究），経済地理学といった分野を学んでみよう。

■文献案内

■ 黒崎卓・栗田匡相 [2016]『ストーリーで学ぶ開発経済学——途上国の暮らしを考える』有斐閣

　架空の国「アスー国」を設定し，そこで暮らす「ムギ」さん一家6人を含めた9人の人物が登場する。各章のはじめに，彼らの仕事や生活のエピソードが読みやすい「ストーリー」として展開される。著者の途上国での体験などを紹介したコラムも10題あり，充実している。わかりやすい入門書であるが，最先端の研究方法の一端もカバーされている。

■ ウィリアム・イースタリー（小浜裕久・織井啓介・冨田陽子訳）[2003]『エコノミスト　南の貧困と闘う』東洋経済新報社　(W. Easterly [2002] *The Elusive Quest for Growth: Economists' Adventures and Misadventures in the Tropics*, MIT Press)

　途上国の成長を阻害する制度的諸要因をつぶさに分析。姉妹作品といえる『傲慢な援助』(邦訳2009年) および *The Tyranny of Experts*（『専門家の独裁』〔仮訳〕，邦訳なし，2014年）も推奨する。

文献案内　235

Action!

1 G20のメンバー国,機能,過去の採択文書などを日本の外務省のウェブサイト（http://www.mofa.go.jp/mofaj/gaiko/g20/index.html）を見て確認し,G7との違いについて考えよう。

2 ODAの一般会計予算はピーク時と比較して,なぜ半減したのであろうか。また,2014年頃から現在まで微増傾向に転じたのはなぜだろうか。インターネットの検索サイトで「ODA予算削減」や「ODA改革」などと入力し,得られる諸見解を整理してみよう。

環境と経済

CHAPTER 11

持続可能な社会に向けて

なぜ，時代を超えて，国内外の環境問題が絶えないのであろうか？

この章のねらい

○ 経済と環境および環境問題を捉えるより広い視角に立ち，環境問題がどうして起こるのかを理解する。
○ 国内外の環境問題・環境政策が，どのような制度によって影響を受けてきたかを理解する。
○「持続可能な社会」と，これを支える経済を構築していくために必要なことを理解する。

みなさんは，中学校や高校で，電気・エネルギー，ごみ，放射性廃棄物，地球温暖化等，さまざまな環境問題に，日常的にふれてきたことだろう。しかし大学の経済学の教科書では，これらはあくまで経済活動の例外として扱われている。これは，なぜなのだろうか。また現実に目を向けると，環境問題はますます密接に生活に関わるようになっている。環境問題をうまく解決する術はないのだろうか。本章では，多様な経済学の視点から，環境問題の現実に向き合っていくこととしたい。

Key Words

集積利益　集積不利益　外部不経済　市場の失敗
外部費用　社会的損失　社会的費用　環境アセスメント
政府の失敗　サステイナブル・ディベロップメント
生活の質

1 経済と環境・環境問題

1 環境とは何か

『広辞苑』によれば，「環境」とは「①めぐり囲む区域。②四囲の外界。周囲の事物。特に，人間または生物をとりまき，それと相互作用を及ぼし合うものとして見た外界。自然的環境と社会的環境とがある」と定義されている。本章で扱う環境には，②の人間と生物をとりまき，相互作用を及ぼしあう自然的環境と社会的環境がとくに該当する。

環境といったときすぐ思い浮かべるであろう自然環境は，生物的環境，空気・水・土壌という物理的環境，化学的環境に分類することができ，これらが総体としてのシステムである生態系を形成して

いる。

こうした自然環境のみならず，政治や経済等の社会環境，教育や文化等の文化的環境といった人為的な環境もある。自然環境も人為的環境も，環境はすべて人間社会の発展に伴い人間の手が加えられ変化するという特徴を有している。

現代社会では，環境はその一部が私有あるいは占有されているが，本来，人類の生存・生活の基盤条件として，人類の共同財産であるといえる。

以下に見ていくように，環境問題は人間が環境と関わることによって発生してくる。産業革命以降，人間の活動が環境に与える影響が大きくなり，環境問題はより大規模・広範囲で厳しいものになってきた。次に，環境問題と社会との関係について見ていくことにしよう。

2　環境問題と社会・歴史・制度

人間の活動がただちに環境に影響を与えるのかというと，そうではない。どのような環境問題が発生するのかは，人間の経済活動のあり方や生活様式，法律，行政の体制・政策などの制度により変わってくる。環境問題は，産業革命以後，自然から各種の資源を大量に採取し，逆に廃棄物を大量に排出する資本主義的生産様式が確立したことで，より顕著に認識されるようになったのである（大量生産・大量消費・大量廃棄）。

資本主義経済が発展していき，巨大な企業あるいは国家によって，自然環境が独占的に利用されることで，**集積利益**が生じる。ここでの集積利益とは，規模の経済を要因としてもたらされるものである。たとえば，高度経済成長期に形成されたコンビナートのように，関連産業の地域的集中や，良好な立地条件による輸送費用の低下とい

ったものがある。他方で過度の集積は，過密問題や混雑問題，また公害・環境問題を引き起こした。これらは**集積不利益**と呼ばれる。この要因の1つに**外部不経済**があげられるが，これは市場取引のつながりのない，他の主体（＝外部）へと環境問題等の被害がもたらされるということである。

　環境問題の全体像を見ると，公害問題，アメニティ（良好な居住環境）問題，地球環境問題等は，環境破壊としての連続性を持っている。地球環境問題，アメニティ問題は環境問題の根底にあり，その悪化によって，ついには，人間の死亡や健康障害をもたらす。たとえば公害等の環境汚染ははじめ，ある地域での自然環境の変化や破壊として発生するが，やがてこれが激しくなるにつれて，特定の公害病の患者が多く見られるようになるのである。

　それでは，実際の環境問題についてはどうであろうか。まず日本において，1950年代後半からの高度経済成長期は，水俣病，イタイイタイ病，新潟水俣病，四日市ぜんそくの四大公害病に代表されるように，都市部での公害が深刻であった。これらに対して，1970年代に公害対策基本法の制定，環境庁の発足等を契機に一定の対策が進められたが，80年代になると，都市部での自動車公害が新たな公害として引き起こされるようになった。またこの時期には，一般廃棄物および産業廃棄物の処理・不法投棄や，化学物質による水質汚濁・土壌汚染が進行した。

　現在の環境問題について，国際的な視点で見ると，1980年代にはオゾン層の破壊が国際政治での関心事となったが，87年のモントリオール議定書によって国際的な規制が進められている。依然として地球規模での課題となっているのは，地球温暖化問題（気候変動問題）であるが，つながりを持ちつつ進行している問題としては，先進国での経済活動による資源枯渇・海洋汚染，発展途上国での人

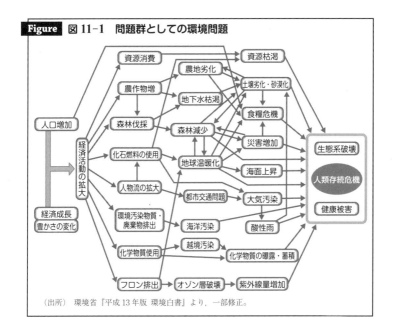

Figure 図 11-1　問題群としての環境問題

(出所)　環境省『平成13年版 環境白書』より，一部修正。

口急増に伴う森林減少，さらに生物多様性の喪失・水資源の減少・砂漠化等があげられる。これらの問題は，互いに影響を与えつつ，進行していると見られる（図 11-1）。

3　「市場の失敗」「外部不経済」と環境・環境問題

経済学では，環境問題を**市場の失敗**として捉えることが多い。市場の失敗は，**CHAPTER 4** で見たように，独占・寡占，公共財，外部経済，外部不経済等の現象である。

「外部不経済」とは，市場で経済活動が行われるときに，当事者以外に悪い影響が及ぶことであるが，公害は外部不経済の代表的な例である。公害等が発生すると，農地・河川・海洋の汚染，人体の健康被害など，経済・社会の存立基盤がさまざまに蝕まれることに

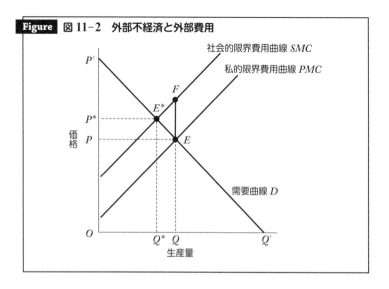

Figure 図11-2　外部不経済と外部費用

なる。こうした汚染は，企業等が市場を介さず，他の企業や消費者へ環境汚染という負の影響を及ぼすため，効率的な資源配分を実現できない。この負の部分は「**外部費用**」あるいは「社会的費用」となる。

簡単に図11-2で見ると，企業等が自らの環境負荷が社会に及ぼす影響を考慮しない場合，市場の均衡は，私的限界費用曲線と需要曲線の交点 (E) となる。これに対して，企業が社会的に，公害の防止や汚染の除去を余儀なくされる場合，市場の均衡は，社会的限界費用曲線と需要曲線の交点 (E^*) となる。このとき，社会的限界費用曲線と私的限界費用曲線の差 ($F–E$) が，上記の外部費用あるいは社会的費用に該当する。

このような環境問題に対して，通常，企業は，自主的に対応を行うことはない。したがって，こうした汚染を未然に防ぐため，または発生した損害に報いらせるためには，責任のある者に対して，政

府が公害防止設備を設置あるいは損害を賠償させる必要が生じる。

このような政府による公的介入を通じて，企業が公害防止設備を設置するなどの対策をすることで，上記の外部費用が企業の生産過程に組み込まれる（「内部化」）。その結果，効率的資源配分，企業の利潤最大化，消費者効用の最大化が達成されうる，とする考え方が，外部不経済の主旨である。

さて，外部不経済の考え方によれば，環境問題の解決の仕方は，このように簡潔であるのに，なぜ世界各地で長年にわたって，各種の公害・環境問題が絶えないのであろうか。以下，もう少し広い視点から，環境問題と経済社会の関わり方を見ていくことにしよう。

4　公害・環境問題の特徴と公平性

環境問題，とくに公害は，社会での被害の現れ方に特徴がある。まず，生物的弱者，つまり年少者，高齢者，病弱者等が健康被害を受けやすい。かつての水俣病に代表される公害，現代でも大気汚染等でそのような問題があらわれる。

また，社会的弱者，具体的には低所得者層に被害が集中する傾向にある。高度経済成長期の公害のみならず，現在でも都市における大気・水質汚染等が対象となるが，良好な環境に居住することができるのは，大企業の正社員などの高所得者層である。他方で，低所得者層は，集積不利益による劣悪な環境で居住し，環境問題が発生した場合にも，居住環境の改善，良質な医療・法的救済の享受が予算制約上から難しい場合が多い。また，専業主婦（夫）は企業に労働力として雇用されていないため，個別企業にとって短期的な視点では損失とみなされないため，労働災害補償等の対象ともならない。

このように，環境汚染の被害が生物的弱者・社会的弱者に集中することで，さらなる貧困化をもたらしうる。これに対しては，公平

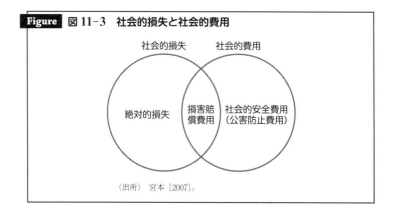

図 11-3 社会的損失と社会的費用

(出所) 宮本 [2007]。

性に配慮した所得再分配のための公的救済・公的対策，基本的人権の擁護のための公的介入等が必要とされる。

5 公害・環境問題の社会的損失と社会的費用

公害・環境問題は，事後的に補償が不可能な損失をしばしば含んでいる。すでに見た外部費用の考え方に立ち返ってみよう。外部費用あるいは社会的費用の概念は，より現実的な対応を考える場合には，**社会的損失**と，新たな意味での**社会的費用**として捉え直す必要がある（図11-3）。

すなわち，一般に用いられている社会的費用の考え方には，公害問題等が起こってしまった後の，健康被害，生命の喪失，不可逆的な自然の破壊等も含まれている。こうした被害は，事前に負担されうる公害防止費用等と区別して，「社会的損失」と定義される。

この「社会的損失」には，不可逆的な損失である「絶対的損失」を含む考え方も提示されている。「絶対的損失」には，①人間の健康障害および死亡，②人間社会に必要な自然の復旧不可能な破壊，③復元不可能な文化財，街並み，景観の喪失等があげられている。

このように，通例の社会的費用の考え方の一部を，「社会的損失」として定義し直すと，新たな意味での「社会的費用」は，公害等による「社会的損失」を未然に防ぐための費用と，「社会的損失」の中でも，損害賠償金の範囲のみをさすことになる。

上記の「社会的費用」以外の「社会的損失」（とくに「絶対的損失」）は，外部費用の考え方を用いたカネへの換算が難しい。また，問題が発生した後の補償では対応が不十分であり，損失の発生する前に，行為の抑制・予防が必要になる。

環境問題に対する政府の役割

1 環境政策とは何か

このように，企業等が環境汚染物質を排出した場合，社会的には，環境汚染の防除や被害者への補償が求められ，社会的費用が発生することになる。排出者がこうした費用負担を行わない場合，「紛争」が発生し，実際にも多くの公害訴訟・裁判が争われてきた。

政府（国家）は社会の再生産を目的として公的介入を行うが，公害・環境問題に対しても，上記のように司法による個別の訴訟・裁判のみならず，法の制定を通じた，正統性の判断基準の付与等の機能を果たしてきた。

日本では，1950年代後半以降に顕著となった，水俣病，四日市ぜんそく，イタイイタイ病等のいわゆる四大公害病とその公害裁判を受け，67年には公害対策基本法が施行されて，93年には環境基本法に統合されることとなった。環境基本法では，対策の実施段階に関する原則として，未然防止原則，予防原則，源流対策，統合汚染回避管理の原則等が整理されている。また，対策の実施主体に関する原則では，汚染者負担原則，拡大生産者責任の原則，設計者責

任の原則等があげられる。

　環境政策の手法には，計画の策定と目標の設定に関する計画的手法，環境指標，環境基準があり，さらに対策を実施するための手法として，規制的手法，経済的手法，情報的手法，合意的手法・自主的アプローチ，支援的手法，その他環境政策手法があげられている。経済学では，各手法の有効性をいかに評価するかが重要である。本書のあと，環境経済学のテキストなどで学んでほしい。

　ここでは，以下の点のみ指摘しておきたい。すなわち，外部費用の考え方を用いた費用便益（効果）分析だけでは，人間の健康障害・死亡や生態系の喪失といった絶対的不可逆的損失を測ることは難しい。開発がもたらす公害，自然環境・生態系等への影響は，環境アセスメントにより予測・評価することが重要である。

　環境アセスメント（Environmental Impact Assessment: EIA）は，事業の構想を，安全性，必要性，採算性，環境配慮を含むさまざまな観点から事前に検討する。これにより，事業を総合的に判断して，より良い計画とする一方で，事業による上記の損失を未然に防止することを目的とした制度である。

　なお，政府が，公共信託財としての環境に対する，法の制定を通じた正統性の判断基準の付与の失敗や，公共事業等の環境負荷が発生する事業の実施などによって自らが環境問題の当事者になる場合には，**政府の失敗**として公害・環境問題が発生・深刻化することもありうる（なお，ここでの「政府の失敗」とは，福祉国家を批判するとともに「小さな政府」を推奨する，というものではない）。たとえば，かつての水俣病に対する国・県の法的責任への対応の遅れや，最近では，2011年の東日本大震災以降の，放射性廃棄物の事後処理に関わるものが典型的といえるだろう。

2 経済構造と環境政策の変化

つづいて，1970年以降の経済構造の変化と，これに対する環境政策の変化について，見ていくことにしよう。1970年代には，ケインズ主義への反動と新自由主義（➡ CHAPTER 2）への政策転換が進む中で，高度経済成長から安定成長へ移行し，各国内の環境政策には後退が見られるようになった。他方，国際的には，1972年の国連人間環境会議に象徴されるように，環境問題の認識が一定程度高まってきた時期でもあった。

変動相場制への移行と資本移動の自由化に伴い，1980年代に入るとさらなるグローバル化が進むようになる。環境問題も，従来の先進国内の公害だけではなく，たとえば日本であれば直接投資先のアジア諸国で環境問題を引き起こすなど，グローバル化するようになってきた（公害輸出）。

反面，国際政治の場においては，1980年代以降は環境政策の国際化が具体化した時期であった。上記の国連人間環境会議を受けて84年，国連に設置された「環境と開発に関する世界委員会」で提唱された**サステイナブル・ディベロップメント**（持続可能な発展）の理念が提唱されたのは，象徴的な出来事であった。

さらに，1991年のソ連崩壊以降，社会主義体制の解体，世界的な市場経済化・グローバル化がさらに進展していった。他方，上記理念の具体化に向けた，環境と開発に関する国際的な政策対話の中で，1992年には，国連環境開発会議が開催された。

同会議を契機に，サステイナブル・ディベロップメントの考え方が各国で広く認識されるようになり，日本でも，環境基本法にこの考え方が盛り込まれることとなった。また，地球環境問題の中でもとくに課題として残っている地球温暖化問題について，1997年の第3回締約国会議において，主に先進国の温室効果ガス排出削減義

務を明らかにしつつ，先進国間で排出枠を売買する排出量取引等の経済的手段を含む，一連の政策手法も策定された。

その後，日本では，2011年の東日本大震災を経て，これまでの原子力発電を基軸としたエネルギー安全保障および地球温暖化対策に対して，放射性物質をはじめとする廃棄物処理政策，災害対策を含む，総合的な環境政策の見直しが迫られている。

3 持続可能な社会

1 経済成長と「生活の質」の基準

すでに見たように，1970年代以降，日本を含む先進国では，安定成長と環境政策の後退の中にあって，経済成長のみではなく，**生活の質**の向上が求められるようになった。そしてこれらをいかに評価して，可能であれば政策に盛り込んでいくか，検討が進められてきた。

代表的なものとしては，1973年，経済企画庁によって，NNW（Net National Welfare，国民純福祉）という指標が作成された。当時の日本は，高度経済成長によって物質的には豊かになってきていたが，商品やサービスの購入と消費のみで充足されえない，さまざまな福祉の必要性が高まりつつあった。また，急激な経済成長によって，公害の深刻化や交通事故の急増をはじめとする都市問題といったひずみが現れるようになっていたこと等が，こうした指標の作成が求められた背景にある。

NNWは，国内総生産（GDP）等の経済統計の補完的な指標として，たとえば家事労働や余暇といった福祉の価値（→ CHAPTER 8），あるいは環境汚染の負の価値を，あくまで部分的ではあるがカネで評価しようとする試みであった。

また、1989年、こうした日本でのNNW等の考え方を踏まえて、アメリカでISEW (Index of Sustainable Economic Welfare, 持続可能な経済福祉指標) が公表された。NNWに比べると、所得分配の不平等、騒音公害、複数の環境汚染の評価等が追加されている。

さらに1995年には、NNW, ISEWに基づき、GPI (Genuine Progress Indicator, 真の進歩指標) が作成された。GPIでは、ボランティア活動の価値、他方で、犯罪、家庭崩壊、余暇時間の喪失、不完全雇用の費用といった負の価値を評価する試みがなされている。

2 持続可能な社会とは何か

こうした「生活の質」の向上と、持続可能な社会とはどのような関係があるだろうか。すでに見た1992年の国連環境開発会議では、サステイナブル・ディベロップメントの概念を環境・経済・社会(制度)の各側面から具体的に評価するためのアジェンダ21の作成が進められることになった。これに対して、たとえば、上記のISEWやGPIは、経済的な側面を評価する参考指標として、国連やOECD等の国際機関で取り上げられている。

こうした各側面から、サステイナブル・ディベロップメントを評価するアプローチとしては、経済的側面に重きをおいたNNW, ISEW, GPI, 近年ではたとえば、真の貯蓄 (Genuine Saving), 包括的富 (Inclusive Wealth ➜ **CHAPTER 1**) 等があげられる。

これらの指標は、従来のGDPの応用として、福祉や環境の価値をカネという単一の物差しで測ることを目的としている。これに対して、先に見たように実際の公害・環境問題の場合は、人間の健康・生命、生態系への影響等、カネで測ることが難しい問題が少なからず存在する。そして、これを政策等に活用しようとする場合、まさしく社会的費用をいかに実際に測ることができるのかといった

問題に直面せざるをえない。

　他方,上記のアジェンダ21では,経済以外の環境・社会の各側面の指標を組み合わせて,より現実的な評価指標を作成しようとする試みも存在する。国際機関,各国・地方自治体等が作成している指標は数多く存在しているが,とくに2009年の国連ミレニアム・サミットではミレニアム開発目標 (Millennium Development Goals: MDGs) が採択され,続く2015年の国連サミットにおいては,持続可能な開発目標 (Sustainable Development Goals: SDGs) を中心とした持続可能な開発のための2030アジェンダが採択された。

　上記のSDGsは,17の環境・経済・社会に関する目標を含んでおり,なかでも,食料安全保障,水・衛生の利用可能性,エネルギーへのアクセス等,12の目標が環境に関連している。日本では,環境基本計画において,上記の指標群を扱う総合的環境指標を作成してきたが,2017年の『環境白書』等では,SDGsや環境・経済・社会の諸課題の同時解決,といった各テーマが重点的に取り上げられている。

3　持続可能な社会の多様な担い手

　すでに見たように,1950年代後半以降の高度経済成長期における,いわゆる四大公害に対しては,公害裁判や公害対策基本法をはじめとする環境行政の確立により,徐々に対策が進められてきた。また日本をはじめとする先進国が1970年代以降の安定成長期に入ると,公的介入としての環境政策は後退する一方,国際政治の場においては,国家間の利害関係をはらみつつも,社会的な再生産を脅かす環境問題のグローバル化に対する対応は,一定程度進められてきた。

　日本では,1970年代以降,後退する環境政策に反して,生活環

境や生活の質を向上させる需要は高まってきた。また，残された公害やアジア諸国への公害輸出等が依然として問題視されてきた。とくに，2011年以降表面化した，エネルギーおよび廃棄物処理をめぐる「政府の失敗」を指摘せざるをえないであろう。

こうした環境政策に関わる主体は，国・地方自治体の行政機関の環境関連部署をはじめとして，日本経済団体連合会（経団連）や商工会議所等の経済団体，環境に関わる事業所・企業，大学やシンクタンク等の教育研究機関，学術団体・環境保護団体等の市民運動，各種のメディア等，近年ますます多様化している。また国家間の関係では，これまで見たような国際環境政治により，条約等が形成されている。

高度経済成長期に至るまでの，環境法・行政の未確立の時期には，公害の被害に対する地元の住民運動が市民運動と連携して，地域の条例等の確立に大いに貢献した歴史がある。1970年代以降も，政府の環境政策の後退に対して，個人を主体とした市民運動による働きかけが継続的に行われてきた。

今日でも，多様化する環境問題に関する住民・市民の環境教育はその必要性をますます強めている。さらには何らかの被害が発生した場合に，公平性の観点から民意を反映させるいう視点も依然として重要であると考えられる。

こうしたさまざまな主体の環境政策への関与のあり方は，時期や地域によって異なる様相を呈する。たとえば，日本の高度経済成長期での公害に類似した環境汚染問題に直面するアジア諸国では，環境法・行政の未確立をはじめとする「政府の失敗」がしばしば見られる。

他方，たとえば有名なドイツ・フライブルク市のヴォーバン地区やイタリアのボローニャ市では，EUのSustainable Cityのプログ

ラムの具体例として，市民・環境保護団体による環境政策への積極的な関与がなされている。近年では，既述のSDGs等も新たな契機となり，省エネルギーや環境負荷の低減を自ら推進する多国籍企業が市場をいわば寡占し，こうした対応ができない事業所・企業は市場での取引に入ることができないといった状況も生まれている。

日本でも，さまざまな環境政策および計画を推進していく際や，事業の意思決定の段階における，環境アセスメントに，上記のような多様な主体が関わり，より良い生活の質やこれを取り巻く環境の保全を考えていくことが大切である。

→ NEXTSTEP

本章で見てきたように，環境問題の現実は外部不経済の理論だけではなく，多様な環境経済学および環境政策論によって解き明かす必要がある。本章の内容について，たとえば大学では，環境経済学をはじめ，広く経済理論および経済政策の応用として，あるいは，文理融合の視点における教養教育科目でも学ぶことができる。

■ 文献案内

■ 栗山浩一・馬奈木俊介 [2020]『環境経済学をつかむ（第4版）』有斐閣

　　大学の環境経済学のテキストとして平易でわかりやすい。理解を助ける豊富な図表や経済実験の例等も充実している。

■ 環境経済・政策学会編 [2018]『環境経済・政策学事典』丸善出版

　　日本における最大規模の，環境経済学・政策学の学会による基礎的な事典。環境経済学および政策論を学習する入門者向け。

■ 宮本憲一 [2007]『環境経済学（新版）』岩波書店

　　国際的および歴史的な環境経済学の展開の中で，とくに日本で発展してきた，政治経済学による環境経済学のテキスト。

Action!

1 本文で見た環境政策の手法は，国や地方自治体といった行政では実際にどの程度導入され，用いられているのだろうか。たとえば，「環境未来都市」に選定された自治体の特徴的な環境プロジェクトを調べてみよう。

2 近年，SDGsが掲げる17目標に関連する取り組みを企業，自治体等，さまざまな主体が進めている。企業による取り組み例，自治体による取り組み例を1つずつ選び，それらが目指す目標や取り組み内容をそれぞれ紹介してみよう。

Final CHAPTER 経済から経済学へ

分配 — デヴィッド・リカード

選択 — ライオネル・ロビンズ

経済学とは，何を明らかにしようとする学問なのだろうか？

この章のねらい

○ 経済学という学問の性格を理解し，経済学を学習する目的を理解する。

○ 経済学の2つのパラダイムを理解し，それらの基本的な考え方を理解する。

○ 大学でどのように経済学を学習すればよいのか，その見取り図を獲得する。

本章では，これまでの各章で学習してきた現代経済のさまざまな仕組みを踏まえたうえで，こうした仕組みを理論的に分析する経済学という学問は，どのような学問なのかについて考えていく。

まず，経済学はどのようなことに関心を持ち，何をめざしているのかについて学ぶ。そのうえで，経済社会を分析する方法や，経済学の基本的な考え方はどのようなものなのかについて概観する。

最後に，経済学の学び方について，1つの考え方を示す。

Key Words

構造　動態　資本主義経済　生産パラダイム
交換パラダイム　希少性　社会的再生産　市場価格
生産価格　経済学の多様性

1 経済学の関心

1　経済学の2つの定義

経済学は，前章までに学習してきた社会の経済的な側面，すなわち経済社会を理論的に分析する社会科学の一分野である。それでは経済学は，その分析において，どのようなことを明らかにしようとしているのだろうか。あるいは，経済学を学習・研究する目的は何だろうか。

ここで，著名な経済学者が経済学をどのような学問と考えていたのか，その著作から引用しておこう。

① 「大地の生産物——つまり労働と機械と資本とを結合して使用することによって，地表からとり出される全てのものは，社会の三階級の間で，すなわち土地の所有者と，その耕作に必要

な資財つまり資本の所有者と,その勤労によって土地を耕作する労働者との間で分けられる。……この分配を規定する諸法則を確定することが経済学の主要問題である」(リカードウ [1972])。

② 「経済学は,代替的用途をもつ希少な諸手段と諸目的の間の関係として人間行動を研究する科学である」(ロビンズ [2016])。

①は,1817年に出版された,イギリスの古典派経済学者であるデヴィッド・リカード(1772~1823年)の著作『経済学および課税の原理』からのものである。②は,これもイギリスの経済学者であるライオネル・ロビンズ(1898~1984年)の1932年に出版された著作『経済学の本質と意義』からの引用である。

これら両著作の間には,経済学説史上,「限界革命」と呼ばれる資本主義を分析する方法についての考え方の転換や,資本主義をどのような社会と考えるかという見方の転換が存在しており,それがこれら①,②における経済学に対する考え方の違いに反映している。①においては,社会の構成員によって生産された生産物が,どのように分配されるのか,その法則を明らかにすることが「主要問題」とされているのに対し,②では,さまざまな用途に使える希少な財・サービスをどのような目的の実現のために用いるのか,そうした人間の選択行為を研究する「科学」として経済学を捉えている(なお,経済学が対象とする領域が多様化し,必ずしも上で見た2つの定義に当てはまらないような研究分野も20世紀後半から拡大している。この点については,川越 [2013],瀧澤 [2018] を参照)。

このように,研究の主な関心が何かという違いによって,2人の経済学者は経済学に異なる定義を与えている。しかし,その究極的な目的は共通している。まず,経済社会の成り立ちやその動き方を

明らかにすること（ここには，社会を構成している人間のさまざまな経済的行為も含まれる）。さらに，より望ましい社会を実現するにはどうすればよいのかを考えることである。次に，経済学の目的について，具体的に見ていくことにしよう。

2　資本主義経済の構造と動態

第1に，経済社会の成り立ち（**構造**）やその動き方（**動態**）を明らかにすることである。人類はその誕生以来，現在に至るまで，「生産－分配－消費」という一連の行為を繰り返し，そのことによって社会を維持してきた。人間は，生きていくためには決して消費をやめることができない。そのためには，消費のための生産物が生産されなければならない。

私たちが日々，生活に必要な財・サービスを手に入れ，それらを消費することで生活を成り立たせることができるのは，それらの財・サービスが（国内であれ国外であれ）どこかで生産されているからである。そして私たちが生きていくために消費をやめることができない以上，そのための財・サービスの生産も繰り返し行われなければならない。すなわち，「生産－分配－消費」という一連の行為は，どのような経済システムによってであれ，必ず行われなければならないのである。

さて，私たちが生活している経済システムは，**資本主義経済**といわれる（→ **CHAPTER 1**）。資本主義経済は，私的所有と社会的分業を基礎として資本家（雇用主）が自ら所有する生産手段（資本財）と雇い入れた労働者を用いて，利潤の獲得のために商品を市場に向けて生産するという経済システムである。それでは，資本主義経済においては，「生産－分配－消費」というサイクルはどのように行われているだろうか。

まず，生産は，主として企業組織によって担われている（→ **CHAPTER 4** 第 *1* 節）。株式の発行や銀行借入によって資金を調達し，対価として賃金を支払うことで労働者を雇い入れ，工場を建設して機械や原材料などを購入し，生産物を生産する。そして，その生産物を販売することで利潤を獲得する。

分配は，市場を通じて行われている（→ **CHAPTER 4** 第 *2* 節）。企業が機械や原材料を購入するのも労働者を雇い入れるのもそれぞれの市場を通じてである。市場とは，さまざまな財・サービスを交換する制度であり，これは，資本主義経済が社会的分業によって成り立っていることで，生活に必要な財・サービスは交換によって手に入れられなければならないことによっている。そして消費はそれぞれの家計で私的に営まれる。

このように，資本主義経済の下で「生産-分配-消費」というサイクルがどのように行われているのか，そしてその結果，経済システム自体がどのように再生産されているのかを明らかにすることが，経済学の第1の関心である。

3 より望ましい社会の実現

第2に，より望ましい社会の実現のためにはどうすればよいのかを考えることである。私たちは，社会を維持し成長させていくにあたって，協力しあっている。資本主義経済にあっては，協力は社会的分業という形をとっているが，その成果として一定量の財・サービスが生産される。社会は人々が協力しあうことでより多くの財・サービスを効率的に生産しているという面を持っているのである。これらの財・サービスは社会の構成員の間で分配されるが，もとより構成員全員の望むように分配することは不可能であり，構成員の間で利害の対立が発生する。したがって，一定量の財・サービスを

どのように分配することが望ましいのか、そしてそのためにはどのような利害の調整が必要となるのか、を明らかにしなければならない。

分配は主に市場を通じた人々の自発的な交換によってなされている。市場による調整メカニズムでは、ある条件が満たされれば需要と供給が一致し、そこでの資源配分は効率的であることが知られている。しかし、たとえば、所得分配の不平等の問題や環境問題（→ **CHAPTER 11**）などのように、市場がうまく解決できない問題が多々存在している。こうした場合には、市場による調整メカニズム以外の調整メカニズムによって解決が図られなければならない。こうした調整メカニズムには、法や制度、さまざまなルールなどが考えられるが、これらによる調整がうまくいくことによってより望ましい社会が実現することになる。

このように、望ましい社会を実現するためにはどのような調整メカニズム（市場、法、制度など）や政策が有効であるかを明らかにすることに経済学は関心を持つ。

さて、経済学の関心は、資本主義経済の仕組みや働きを明らかにし、そのうえでより望ましい社会の実現のためにどのような方法があるのかを考えることである。しかし、こうした関心の下で分析を進めていくにしても、どのような観点からアプローチするのか、どのような分析方法を採用するのか、あるいは資本主義経済をどのような経済社会として捉えるのか、などによって、さまざまな考え方がありうるだろう。

経済学の歴史を振り返ってみると、そこには、資本主義経済を分析するに際して、大きく2つのパラダイムが見出される（松嶋[1996]）。パラダイムとは、科学においてある一定の間、研究者たちに問いの立て方や答え方にモデルを与えるものである。これらは、

生産パラダイムと交換パラダイム，あるいは「希少性システム」としての経済把握と「社会的再生産システム」としての経済把握といわれているものである。(松嶋 [1996]，パシネッティ [2017])。次に，これら 2 つのパラダイムの基本的な考え方について概観することにしよう。

経済学の 2 つのパラダイム

前節で，リカードおよびロビンズの著作から引用をした際に，「限界革命」と呼ばれる分析方法や社会の見方の転換についてふれた。ここでは，この転換の意味を簡単に見ておくことにしよう。

1　労働価値説と生産パラダイム

人類はその誕生以来，そのごく初期を除いて上で見た「生産 – 分配 – 消費」という一連の行為を繰り返しながら現在まで存続してきた。その意味では，人間の経済活動への洞察は断片的にではあれそれなりの歴史を持っている。しかし，経済学という学問が成立し体系として展開されるようになったのは，資本主義経済といわれる経済システムの成立と軌を一にしている。

イギリスにおける産業革命の影響の下，アダム・スミス (1723～1790 年) やリカードなど，古典派経済学者と呼ばれる人々が労働価値説 (➡ CHAPTER 1) に基づいて経済分析を行った。とくにスミスは，その著書のタイトル『国富論』が示すように，一国における富とは労働により生産されるさまざまな生産物であり，分業によって生産力を上昇させることで富を増大させることができると説いた。

リカードによれば，先の引用①で見たように，経済学は，社会で生産された生産物が，資本家，労働者，土地所有者という 3 階級の

260　**Final CHAPTER**　経済から経済学へ

間でどのように分配されるかを研究する学問であり，社会の成り立ちやその動きを分析する場合，「生産」という観点から分析されるものである（「生産」という観点は，カール・マルクス〔1818～1883 年〕によって賃労働関係あるいは雇用関係として捉えられることになる）。

さらにマルクスは，フランスの重農学派フランソワ・ケネー（1694～1774 年）の観点に倣って，資本主義経済を，さまざまな生産物が剰余（この意味は後ほど説明する）を伴って（生産者から生産者へ，生産者から消費者へと）循環しながらシステムを再生産し，景気循環を繰り返しながら成長していく経済システムとして捉えた。

このように，古典派経済学者たちが採用していた方法論・社会観に基づいて分析を進めていこうとする考え方が，「生産パラダイム」あるいは「社会的再生産システム」としての経済把握と呼ばれるものである（松嶋［1996］）。

その特徴は，以下のようにまとめられる。

第 1 に，方法論的には社会あるいは階級を中心におき，個人を階級の利害関係の担い手として把握することである。したがって，個人を社会と明確に区別されるものとしては考えない。

第 2 に，分析の主要な課題は，いかにして経済システムは長期的に再生産が保証されるのか，その条件を明らかにすることである。

第 3 に，分析の焦点は「生産」および「分配」におかれる。すなわち，社会で生産された剰余がどのようなメカニズムで諸階級の間に分配されるか，である。この点から，「生産パラダイム」は，「剰余アプローチ」と称される。

このような「生産パラダイム」あるいは「社会的再生産」システムとしての経済把握は，資本主義経済を，「生産」が資本家と労働者との雇用関係を媒介にして行われ，またその雇用関係が市場を通じて結ばれている点が最も特徴的だと捉えている。また，経済シス

テムの長期的な再生産に関心を寄せ，政府の経済的役割を考える場合にも，社会の再生産可能性の観点から理論化される。

2　交換パラダイムの登場

こうした古典派経済学者たちの経済学における方法論，社会観を刷新し，限界概念によって資本主義を分析しようとする考え方が1870年代に生まれてくる。カール・メンガー（1840～1921年），レオン・ワルラス（1834～1910年），ウィリアム・スタンレー・ジェヴォンズ（1835～1882年）によって成し遂げられた経済学におけるパラダイム転換が「限界革命」である。

人間が，何らかの財・サービスを一定量所有あるいは消費することで感じる効用（満足度）の総和と，当該財の所有量あるいは消費量を1単位増加させたときの効用の増分である限界効用とを区別し，とくに後者に着目して経済分析を進めていく（限界効用説　➡ **CHAPTER 1**）。こうした限界概念に基づく方法論は，消費の領域にとどまらず生産の領域にも拡張され，以後理論的な整備が進められて現代の標準的な経済学の位置を占めている。

このような「限界革命」以降主流となったパラダイムが，「交換パラダイム」あるいは「希少性システム」としての経済把握と呼ばれるものである。その特徴は，以下のようにまとめることができる（松嶋［1996］）。

第1に，そのアプローチにおける方法論的個人主義，主観主義，限界主義である。社会を個人の総和と考え，さまざまな経済現象の「原因」を人々の主観と考える。さらにその分析において，限界概念に着目する。

第2に，分析の主要な課題は，希少資源の効率的配分と均衡である。社会に存在するさまざまな希少資源が市場すなわち交換を通じ

て均衡に到達し，そこでの資源配分が効率的であることを証明することである。

したがって第3に，分析の主要な焦点は，「交換」におかれることになる。また，「交換」とは，何かを手放すことと引き換えに何かを手に入れることであるから，本質的に「選択」行為でもある。

このような「交換パラダイム」は，資本主義経済をいわば市場が全面化した経済システムとして捉えているといえる。したがって，このパラダイムに基づく経済分析は，市場による需要と供給の価格調整メカニズムがどのように機能し経済システムを調整するかに力点がおかれ，政府の経済的役割を考える場合にも，市場の失敗（→ **CHAPTER 9, 11**）として理論化される。

3 2つのパラダイムの基本的な考え方──価格理論を例として

ここでは，現代の経済学における「交換パラダイム」と「生産パラダイム」が，さまざまな財・サービスの価格の決定の問題をどのように考え，説明しているかを解説する。

〈**市場価格──「交換パラダイム」による価格決定メカニズム**〉

ここでは，「交換パラダイム」による価格決定メカニズムを説明する（→ **CHAPTER 4**）。

社会を構成する経済主体（ここでは家計〔消費者〕と企業）は，市場を通じて相互作用する。その結果として，価格および取引量が同時に決定される。ここでの市場は，完全競争市場であると仮定される。すなわち，市場に参加する経済主体が多数であるために，各経済主体は価格に影響を与えることができないとされる。各経済主体は，市場で決定された価格（**市場価格**）を所与として意思決定を行うのである。また，取引される同種の財・サービスは完全に同質であるとされる。したがって，各経済主体間の競争は価格競争に限ら

れる。

さらに、経済主体の市場への参入、退出は自由であり、各経済主体の財・サービスについての知識（情報）は完全であることが仮定される。

(1) 消費者の行動と需要曲線

消費者は自らの選好に基づいて、一定の予算制約の範囲内でさまざまな財・サービスを購入、消費し、効用を最大にしようとする。需要とは、財・サービスを購入しようとする買い手の行動をさす。

ここで、ある財の市場における消費者の行動を考えよう。ある財の市場価格が200円であったとする。消費者はこの価格を所与として意思決定を行う。今、1個目の財を購入・消費したときの効用（限界効用）の貨幣的価値が300円であるとする。すなわち、消費者はこの財を消費するために300円までなら支払ってよいと考えている。このとき、300－200＝100円が消費者にとって得になるので、消費者はこの財を購入するだろう。

2個目の財を購入、消費するにあたっては、消費者はすでにこの財を1個手にしているので、その限界効用は1個目と比較して低くなるだろう。たとえば、260円までなら支払ってもよいと考えるだろう。このとき、260－200＝60円が消費者Aにとって得になるのでこの財を購入するだろう。このように追加的に1個ずつ購入、消費量を増やしていくときの効用は徐々に低くなっていく。このことを、限界効用逓減の法則という。

さて、このように考えてみると、消費者にとって【限界効用＞市場価格】という不等式が成立している限り、財・サービスを購入、消費すれば得になるということがわかる。逆に、【限界効用＜市場価格】という不等式が成立していれば、購入、消費量を減らせば得になる。そして、【限界効用＝市場価格】となる購入、消費量が消

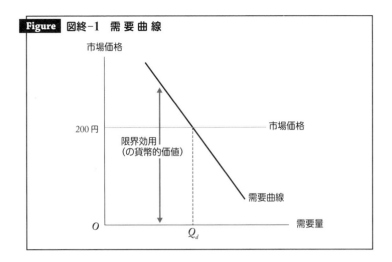

図終-1 需要曲線

費者にとって最適な消費量ということになるだろう。ここで「最適な」という意味は、消費者は効用を最大化しているということである。

　以上の関係を図示すると**図終-1**のようになる。ここでは、価格および需要量は連続的に変化するものとして描いている。このように、縦軸に市場価格、横軸に需要量をとった右下がりの曲線を需要曲線という。需要曲線は、価格が与えられたとき、その価格の下で消費者の効用を最大化する需要量を表している。すなわち、需要曲線の背後には、自らの選好（好み）に基づいて、一定の予算制約の範囲内でさまざまな財・サービスを購入、消費し、効用を最大にしようとする消費者の行動があるわけである。

(2) 企業の行動と供給曲線

　企業は、ある与えられた生産技術の下で、さまざまな財・サービスを生産、販売し、利潤を最大にしようとする。供給とは、財・サービスを販売しようとする売り手の行動をさす。

2 経済学の2つのパラダイム　265

ここで，ある財の市場における企業の行動を考えよう。ある財の市場価格が200円であったとする。企業はこの価格を所与として意思決定を行う。今，1個目の財を生産・販売したときの費用（限界費用）の貨幣的価値が120円であるとする。このとき，200－120＝80円が企業にとって得になるので企業はこの財を生産するだろう。

 2個目の財を生産・販売するにあたっては，限界費用は増加するものと考えられている。なぜなら生産量が大きくなっていくにしたがい，生産量を増加させることが徐々に難しくなっていくと考えられているからである。そこで，2個目の財の生産のための限界費用が160円であったとする。このとき，200－160＝40円が企業にとって得になるので企業はこの財を生産するだろう。

 さて，このように考えてみると，企業にとって【市場価格＞限界費用】という不等式が成立している限り，財・サービスを生産，販売すれば得になるということがわかる。逆に，【市場価格＜限界費用】という不等式が成立していれば，生産，販売量を減らせば得になる。そして，【市場価格＝限界費用】となる生産，販売量が企業にとって最適な生産量ということになるだろう。ここで「最適な」という意味は，企業は利潤を最大化しているということである。

 以上の関係を図示すると**図終-2**のようになる。ここでは，価格および供給量は連続的に変化するものとして描いている。このように，縦軸に市場価格，横軸に供給量をとった右上がりの曲線を供給曲線という。供給曲線は，価格が与えられたとき，その価格の下で企業の利潤を最大化する供給量を表している。すなわち，供給曲線の背後には，ある与えられた生産技術の下で，さまざまな財・サービスを生産，販売し，利潤を最大にしようとする企業の行動があるわけである。

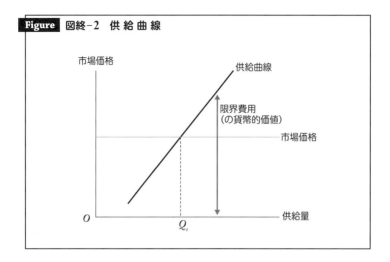

図終-2 供給曲線

(3) 市場均衡

(1), (2)で導出したのは，それぞれ個々の消費者，企業の需要曲線，供給曲線であった。個々の消費者の需要曲線，個々の企業の供給曲線をそれぞれ横に足し合わせることで，市場の需要曲線，市場の供給曲線が得られる。それらを同時に図示すると**図終-3**のようになる。

この**図終-3**を用いて市場による価格決定のメカニズムを説明しよう。市場価格がp'の水準にあるとする。このとき供給量はQ_s'であり，需要量はQ_d'であるので，$Q_s' - Q_d'$だけの超過供給が発生している。逆に市場価格がp''の水準にあるとする。このとき需要量はQ_d''であり，供給量はQ_s''であるので，$Q_d'' - Q_s''$だけの超過需要が発生している。市場価格がp^*にあるときに需要量と供給量がQ^*で一致する。このように需要量と供給量が一致することを均衡といい（均衡においては，消費者，企業どちらも自らの行動を変更するインセンティブを持たない），均衡を実現する市場価格p^*を均衡価格という。

2 経済学の2つのパラダイム

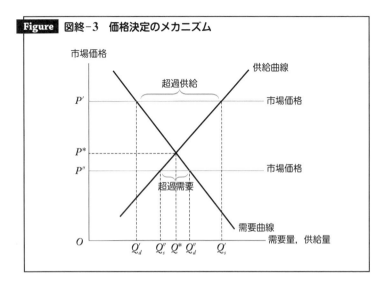

Figure 図終-3 価格決定のメカニズム

　超過供給が発生しているとすれば価格が低下することで，超過需要が発生しているとすれば価格が上昇することで，価格は均衡価格 p^* に落ち着くことになる。こうして，需要と供給の力が価格と取引量を決定する。

　さらに，市場は均衡において効率的資源配分をもたらすことが明らかにされている。個々の消費者や企業がそれぞれ効用の最大化，利潤の最大化を追求して行動することで，結果として価格の高い財・サービス（相対的に希少な財・サービス）の使用を控え，価格の安い財・サービス（相対的に豊富な財）を使用し，効率的資源配分が実現するのである。

（4）労働市場への適用

　さて，市場による価格と取引量の決定メカニズムを労働市場に適用してみよう。この場合には，取引される財は労働（力）となり，家計が供給し，企業が需要することになる。また，価格は賃金に，

取引量は雇用量になる。

今,経済が不況に陥っており,多くの失業者が存在している,すなわち労働（力）の超過供給が発生しているとする。上で見た市場による需要と供給の価格調整メカニズムによれば,超過供給が発生している場合には,価格が低下することで需給が一致し,超過供給は解消されることになる。すなわち,賃金が下落することで失業は解消される。

しかし,実際には,賃金は労働市場における需要と供給の力によって伸縮的には動かず,均衡点よりも高めのところで下げ止まるといわれている。これを賃金の下方硬直性という。こうした場合には,市場に任せておいたのでは,失業はなかなか解消されず,何らかの政策的介入が必要となるだろう。

しかし,仮に賃金が伸縮的に動く場合であっても,失業が解消されない可能性がある。ここで注意すべきは,労働需要は派生需要であるということである。企業が労働者を雇用しないのは,生産した財・サービスが満足のいく利潤を伴って販売することができない,すなわち需要が不足しているからであろう。しかし,財・サービスの需要が不足しているとすれば,再び上で見た市場の需要と供給の価格調整メカニズムによって価格が低下し,需要不足は解消されるはずである。こうして需要不足が解消していくに伴って労働に対する需要も回復し,失業も解消されると考えられる。しかし,そうはならない可能性がある。

イギリスの経済学者ジョン・メイナード・ケインズ（1883～1946年）は次のように考えた。一般的に考えれば,貨幣は何らかの財・サービスを購入するために使用するか,そうでなければ利子を得るために他人に貸し出すか,そのどちらかに用いられる。しかし,ケインズは,人々は財・サービスの購入も他人に貸し出すこともせず

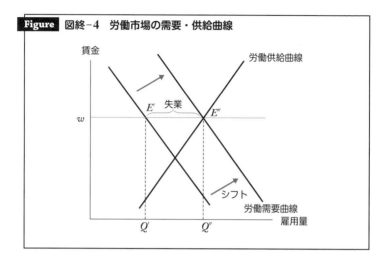

Figure 図終-4 労働市場の需要・供給曲線

にただ手元においておきたいと欲するものだと考えた。これを流動性選好という。もしそうだとすれば、財・サービスの価格が低下したとしても、それが（消費）需要の増加に結びつかない。また、貨幣を他人に貸し出そうともしなければ、貨幣供給は増加せずに利子率は下げ止まる。したがって、企業の投資需要も増加しない。すなわち、人々の流動性選好によって消費需要も投資需要も増加せずに財・サービスが売れ残り、企業は賃金が仮に下がったとしても労働者を雇用しようとしないかもしれない。

このように、消費需要も投資需要も増大しないとすれば、政府が、たとえば公共事業によって需要を創出し労働者を雇用することで失業を解消するしかないだろう。

このように、政府の公共事業によって労働需要曲線を右上へシフトさせ、均衡点を E' から E'' へ移動させることで雇用量を Q' から Q'' へ増加させ、失業を解消させることができると考えられるのである（**図終-4**）。

こうしてケインズは，世界大恐慌の影響が続いていた1936年に『雇用，利子および貨幣の一般理論』を執筆してマクロ経済学という分野を打ち立て，景気対策としての財政政策という政府の経済的役割を明確にした。

〈生産価格——「生産パラダイム」による価格決定メカニズム〉
ここでは，「生産パラダイム」による価格決定メカニズムを説明する。

市場価格が需要と供給の力によって短期的に変動する価格であるのに対して，**生産価格**とは経済社会の再生産（社会的再生産）を可能とするような交換比率のことであり，長期的な観点からする価格であるということができる。ここでは，小麦産業と鉄産業の2部門経済モデルを用いて生産価格の意味を明らかにする（スラッファ[1962]）。

(1) 剰余アプローチの考え方

先にふれたように，「生産パラダイム」は，剰余アプローチと呼ばれる考え方によって特徴づけられる。簡単に説明しておこう。

社会の構成員がある一定期間（たとえば1年）協働して，一定量の生産物（財・サービス）が産出される。これを総生産物という。この総生産物のうちのある一定量は，生産的に消費された原材料や生産手段の補塡のために用いられる。総生産物からこの補塡部分を除いた部分を，純生産物という。またある一定量は，社会の構成員たちの生活のための生活資料として消費される。こうして，次期の生産のための条件が確保される。総生産物のうち，補塡部分と生活資料部分を合わせて，必要生産物という。そして，総生産物のうち必要生産物を超える部分が，剰余生産物と呼ばれる。

総生産物 = 必要生産物 + 剰余生産物

　資本主義経済では，生活資料部分は提供された労働への対価，すなわち賃金として労働者に支払われる。そして剰余生産物が利潤と呼ばれる。

純生産物 = 賃金（生活資料）+ 利潤（剰余生産物）

　古典派経済学者と呼ばれる人々が関心を持っていたのは，社会で生み出された純生産物が，どのようなメカニズムによって賃金と利潤とに分配されるか（所得分配）であった。

　また，資本主義経済においては社会的分業が一般化しており，交換によって社会の再生産が保証されている。古典派経済学者たちは，長期的な社会の再生産のための条件を考え，需要と供給の力によって変動する市場価格よりも，生産価格（自然価格）に関心を寄せた。

(2) 生存のための生産

　生存のための生産とは，生産的に消費された生産物とちょうど同じ量の生産物が産出されるような経済システムである。小麦産業では280クォーターの小麦と12トンの鉄を用いて400クォーターの小麦が生産されている。鉄産業では，120クォーターの小麦と8トンの鉄を用いて20トンの鉄が生産されている。2つの産業において，合計400クォーターの小麦と20トンの鉄が生産的に消費され，それぞれ同じ量の小麦と鉄が生産されている。したがって，この経済システムにおいては剰余は存在しない。

　さて，このような経済システムが長期的に再生産されるためには，どのような交換比率で小麦と鉄が交換されなければならないだろうか。ここで小麦1単位の価格を p_1，鉄1単位の価格を p_2 とすれば，次のような方程式が得られる。

$$280p_1 + 12p_2 = 400p_1 \tag{1}$$
$$120p_1 + 8p_2 = 20p_2 \tag{2}$$

ここで，小麦をニュメレール（**価値尺度財**）とし，$p_1=1$ とすれば，$p_2=10$ となる。すなわち，$p_1:p_2=1:10$ の比率で交換が行われれば，この経済システムは再生産が可能となり，次期にも同じ2部門構造が維持される。このように長期的な経済システムの再生産を可能とするような生産物の交換比率＝価格を生産価格というのである。

（3）剰余を含む生産

さて，経済システムが，再生産が可能となる最低限以上に生産物が産出されるようなケースを考えよう。すなわち，(2) 生存のための生産での事例と同一の投入に対して小麦が575クォーター生産されているとする。ここでは，575−400＝175クォーターの小麦が剰余として産出されている。この剰余は，小麦産業，鉄産業で投入された生産手段の価値に対して等しい率で利潤として分配される。各産業における企業の自由な参入，退出行動を通じて，すべての産業部門で成立する等しい利潤率を均等利潤率という。均等利潤率を r とすると，次期にも同じ2部門構造が維持されるためには，小麦と鉄は以下の方程式を満たす価格で交換されなければならない。

$$(280p_1 + 12p_2)(1+r) = 575p_1 \tag{3}$$
$$(120p_1 + 8p_2)(1+r) = 20p_2 \tag{4}$$

ここで，小麦をニュメレールとし，$p_1=1$ とすれば，(3)(4) 式より，$p_2=15$ となり，$r=0.25$（25%）となる。鉄産業で生産された鉄20トンのうち8トンは使用された鉄を補塡するために使われ，残りの12トンは小麦180クォーターと交換される。このうちの120クォーターが使用された小麦を補塡するために使われ，残りの

60クォーターの小麦が利潤となる。小麦産業では，生産された575クォーターの小麦のうち，180クォーターが鉄産業との交換に，280クォーターが補塡のために使われ，115クォーターが利潤となる。

　以上で見てきたように，ある特定の経済システムが再生産されるためには各産業で生産された生産物がどのような比率で交換されなければならないか，その交換比率＝価格が生産価格である。生産価格は，経済システムあるいは投入と産出とを結びつける生産技術によって決定される。市場価格が，市場における需要と供給の力（交換）によって決定されるとすれば，生産価格は，交換に先立って経済システムあるいは生産技術によって決定され，そこで決定された価格で交換が行われることによって経済システムの再生産が保証されるのである。

　さて，これまでの2部門経済モデルでは，賃金については明示的に扱っていなかった（剰余を含む生産では利潤率 r を導入した）。このことは，賃金が生活資料という形で生産手段と一緒に投入要素に含まれていることを意味している。賃金を明示的に扱うためには，所得分配の問題を考えなければならないが，この点は省略する（関心がある読者は宇仁ほか［2010］を参照してほしい）。

3　経済学の学び方

　ここまで，第*1*節では，経済学という学問がどのような問題に関心を持っているのか，第*2*節では，経済学にはおおまかにいって2つのパラダイムが存在していることを見た。ここでは今後，どのように経済学の学習を進めていけばよいのか，いくぶん指針めいたも

のを述べておこう。

現在,標準的な経済理論は,「交換パラダイム」に基づいた理論体系となっており,他の人文科学・社会科学系の学問と比べてかなりの程度,理論から応用へ,理論から実証へと積み上げていくような体系となっている。また,いわゆる文系と区分される学問分野の中で相当に数学的知識が要求される学問でもある。したがって経済学を学習するにあたっては,基礎的な理論をしっかりと理解すると同時に,数学についても学習を進めていく必要がある。

経済学における基礎理論とは,「ミクロ経済学」と「マクロ経済学」である。ミクロ経済学は,個々の消費者,個々の企業の行動を分析し,それらの行動の相互作用としての市場における価格メカニズムを明らかにした後で,寡占や独占などの不完全競争,不確実性と情報などの問題について,ゲーム理論を用いた分析がなされる。

またマクロ経済学は,消費者と企業の行動を集計したうえで,GDPや物価,失業率といったマクロ変数間の関係を明らかにすることを目的とする分野である。

これら基礎理論の応用分野として具体的な個々の分野,たとえば労働経済学や金融論,経済政策論といった分野が位置づけられているのである。したがって,ミクロ経済学とマクロ経済学をしっかり身につけたうえで自分の関心のある分野にチャレンジすべきである。

他方「生産パラダイム」に属する分野も存在している。これらには,マルクスの経済学を発展させていこうとするマルクス経済学,ケインズの経済分析における洞察を発展させようとしているポスト・ケインジアン,ピエロ・スラッファ(1898~1983年)の多部門分析を継承し拡張しようとするスラッフィアンと呼ばれる人々など,さまざまな潮流が属している。

ここから容易に想像できるように,「生産パラダイム」に基づい

た経済理論は，1つの体系だった理論として確立しているわけではなく，「交換パラダイム」の補集合的な位置づけにとどまっている。しかしながら，資本主義経済について，希少性パラダイムにおける分析では得られない知見，分析結果が得られることも多く，当然これらの潮流も学習する必要がある。

さらに，標準的な経済理論においても，現在では企業組織や政府のガバナンスの問題や，市場とは異なる調整メカニズムであるさまざまな制度の理論，契約の経済理論などにその力点は移ってきている。これらについても学習する必要がある。

経済学は「交換パラダイム」に基づいた理論体系として確立しており，この体系を学習することで資本主義経済の構造と動態を理解し，よりよい社会の実現のために何が必要なのかについての手がかりを得ることができる。他方，経済学が社会科学である以上，「交換パラダイム」に満足せず，それに基づかない分析アプローチを採用しているさまざまな潮流が存在している（**経済学の多様性**）。これらの諸潮流を学習することで，資本主義経済についての理解をさらに深めることができるだろう。

▶ NEXT STEP

本章では，経済学は資本主義経済の構造と動態を明らかにし，よりよい社会を実現するために何ができるのかを考える学問であることを説明した。そして，経済学にはおおまかにいって2つのパラダイムが存在していること，さらにそれぞれのパラダイムの基本的な特徴を見た。

このように経済学は多様であり，資本主義経済をより深く理解するためには，標準的な経済理論（「交換パラダイム」）だけではなく，「生産パラダイム」に属する多様な経済学も学習する必要がある。

■ 文献案内

■ 阿部太郎・大坂洋・大野隆・佐藤隆・佐藤良一・中谷武・二宮健史郎・伴ひかり [2019]『資本主義がわかる経済学』大月書店

簡単な数式を用いて，資本主義経済の社会的再生産のメカニズムをわかりやすく説明している。

■ 安藤至大 [2021]『ミクロ経済学の第一歩（新版）』有斐閣

本章で説明した「交換パラダイム」の考え方はミクロ経済学のごく一部であるが，このテキストはミクロ経済学の全体について非常にわかりやすく説明している。

■ 宇仁宏幸・坂口明義・遠山弘徳・鍋島直樹 [2010]『入門社会経済学――資本主義を理解する（第2版）』ナカニシヤ出版

「生産パラダイム」に属するさまざまな理論を展開したテキスト。経済学の多様性について理解を深めることができる。

■ 平口良治・稲葉大 [2023]『マクロ経済学――入門の「一歩前」から応用まで（第3版）』有斐閣

標準的な経済学のもう1つの基礎理論であるマクロ経済学については，このテキストが理解しやすい。

引用・参考文献

CHAPTER 1

宇仁宏幸・坂口明義・遠山弘徳・鍋島直樹［2010］『入門社会経済学——資本主義を理解する（第2版）』ナカニシヤ出版

国連大学 地球環境変化の人間・社会的側面に関する国際研究計画，国連環境計画編（植田和弘・山口臨太郎訳，武内和彦監修）［2014］『国連大学 包括的「富」報告書——自然資本・人工資本・人的資本の国際比較』明石書店

藤井剛［2016］『詳説政治・経済研究（第3版）』山川出版社

CHAPTER 2

ガルブレイス，J. K.（鈴木哲太郎訳）［2006］『ゆたかな社会 決定版』岩波書店（岩波現代文庫）(J. K. Galbraith [1998] *The Affluent Society*, 40th Anniversary ed., Houghton Mifflin)

キンドルバーガー，C. P.（石崎昭彦・木村一朗訳）［2009］『大不況下の世界——1929-1939（改訂増補版）』岩波書店（C. P. Kindleberger [1986] *The World in Depression, 1929-1939*, revised and enlarged ed., University of California Press）

ケインズ，J. M.（間宮陽介訳）［2008］『雇用，利子および貨幣の一般理論』上・下，岩波書店（岩波文庫）(J. M. Keynes [1936] *The General Theory of Employment, Interest and Money*, Macmillan)

テミン，P.＝D. バインズ（貫井佳子訳）［2014］『リーダーなき経済——世界を危機から救うための方策』日本経済新聞出版社（P. Temin and D. Vines [2013] *The Leaderless Economy: Why the World Economic System Fell Apart and How to Fix it*, Princeton University Press）

ブライス，M.（若田辺昌澄監訳，田村勝省訳）［2015］『緊縮策という病——「危険な思想」の歴史』NTT出版（M. Blyth [2013] *Austerity : The History of a Dangerous Idea*, Oxford University Press）

湯沢威編［1996］『イギリス経済史——盛衰のプロセス』有斐閣

CHAPTER 3

石井寛治・原朗・武田晴人編［2007・2010］『日本経済史』第4, 5巻，東京大学出版会

大蔵省財政史室編［1976］『昭和財政史——終戦から講和まで』第3, 12巻，

東洋経済新報社
大蔵省財政史室編［1984］『昭和財政史――終戦から講和まで』第1巻，東洋経済新報社
経済企画庁編『年次経済報告』(経済白書) 各年版，大蔵省印刷局
財務省財務総合政策研究所財政史室編［2003］『昭和財政史――昭和49〜63年度』第6巻，東洋経済新報社
財務省財務総合政策研究所財政史室編［2004］『昭和財政史――昭和49〜63年度』第7巻，東洋経済新報社
財務省財務総合政策研究所財政史室編［2005］『昭和財政史――昭和49〜63年度』第1巻，東洋経済新報社
通商産業省・通商産業政策史編纂委員会編［1994］『通商産業政策史』第1巻，通商産業調査会
三和良一・原朗編［2007］『近現代日本経済史要覧』東京大学出版会
森武麿・浅井良夫・西成田豊・春日豊・伊藤正直［2002］『現代日本経済史（新版）』有斐閣

CHAPTER 4

飯野敏夫・秋保親成・百瀬優・田村太一［2017］『現代日本経済演習』流通経済大学出版会
政治・経済教育研究会編［2019］『政治・経済用語集（第2版）』山川出版社
生命保険協会「平成29年度 生命保険協会調査 株式価値向上に向けた取り組みについて」(http://www.seiho.or.jp/info/news/2018/pdf/20180420_3.pdf)
藤井剛［2016］『詳説政治・経済研究（第3版）』山川出版社
三戸浩・池内秀己・勝部伸夫［2018］『企業論（第4版）』有斐閣

CHAPTER 5

大原典子［2024］「海外ビジネス情報 地域・分析レポート」日本貿易振興機構，2024年4月3日付けオンライン記事　（https://www.jetro.go.jp/biz/areareports/2024/cefc3e73821250cb.html）
経済産業省大臣官房調査統計グループ構造・企業統計室［2022］「第52回 海外事業活動基本調査概要」(https://www.e-stat.go.jp/stat-search/files?tclass=000001204741&cycle=7&year=20220)
石油連盟［2023］『今日の石油産業 2023』(https://www.paj.gr.jp/pdf/today_paj2023.pdf)
日本貿易振興機構海外調査部海外調査計画課［2017］「2016年 主要国の自動車生産・販売動向」 (https://www.jetro.go.jp/ext_images/_Reports/01/0daa7dee5221f2cd/20170039.pdf)

日本貿易振興機構（ジェトロ）調査部［2023］「主要国の自動車生産・販売動向」（https://www.jetro.go.jp/ext_images/_Reports/01/a19dc-4f66e89813e/20230020.pdf）
Financial Times［2015］"The Doha round finally dies a merciful death"（https://www.ft.com/content/9cb1ab9e-a7e2-11e5-955c-1e1d6de94879）
※2回目以後の閲覧は有料
IMF［2023］*External Sector Report-- External Rebalancing in Turbulent Times*（https://www.imf.org/en/Publications/ESR/Issues/2023/07/19/2023-external-sector-report）
WTO［2023］*World Tariff Profiles 2023*（https://www.wto.org/english/res_e/publications_e/world_tariff_profiles23_e.htm）
日本国税関ウェブサイト「日本の自動車輸出相手国上位10カ国の推移」（https://www.customs.go.jp/toukei/suii/html/data/y8_1.pdf）

CHAPTER 6

アイケングリーン，B.（小浜裕久監訳）［2012］『とてつもない特権——君臨する基軸通貨ドルの不安』勁草書房（B. Eichengreen［2011］*Exorbitant Privilege: The Rise and Fall of the Dollar and the Future of the International Monetary System*, Oxford University Press.）
翁邦雄［2015］『経済の大転換と日本銀行』岩波書店
翁百合［2014］『不安定化する国際金融システム』NTT出版
櫻川昌哉・福田慎一編［2013］『なぜ金融危機は起こるのか——金融経済研究のフロンティア』東洋経済新報社
Laeven, L. and F. Valencia［2008］"Systemic Banking Crises: A New Database," IMF Working Paper, WP08/224.

CHAPTER 7

熊沢誠［1997］『能力主義と企業社会』岩波書店
濱口桂一郎［2009］『新しい労働社会——雇用システムの再構築へ』岩波書店
労働政策研究・研修機構［2017］『データブック国際労働比較2017』労働政策研究・研修機構
Edwards, R.［1979］*Contested Terrain: The Transformation of the Workplace in the Twentieth Century*, Basic Books.

CHAPTER 8

岩田正美［2016］『社会福祉のトポス——社会福祉の新たな解釈を求めて』有斐閣

エスピン-アンデルセン，G.（大沢真理監訳）[2011]『平等と効率の福祉革命——新しい女性の役割』岩波書店（G. Esping-Andersen [2009] *The Incomplete Revolution: Adapting to Women's New Roles*, Polity）

大沢真理 [2014]『生活保障のガバナンス——ジェンダーとお金の流れで読み解く』有斐閣

スピッカー，P.（武川正吾・上村泰裕・森川美絵訳）[2001]『社会政策講義——福祉のテーマとアプローチ』有斐閣（P. Spicker [1995] *Social Policy: Themes and Approaches*, Prentice Hall/Harvester Wheatsheaf）

セン，A.（鈴村興太郎訳）[1988]『福祉の経済学——財と潜在能力』岩波書店（A. Sen [1985] *Commodities and Capabilities*, North-Holland）

相馬直子 [2010]「圧縮的な家族変化への適応戦略——日韓比較から」金成垣編『現代の比較福祉国家論——東アジア発の新しい理論構築へ向けて』ミネルヴァ書房，313〜337 頁

武川正吾 [2011]『福祉社会——包摂の社会政策（新版）』有斐閣

ユニセフ・イノチェンティ研究所（日本ユニセフ協会広報室訳）[2016]『イノチェンティ レポートカード 13 子どもたちのための公平性——先進諸国における子どもたちの幸福度の格差に関する順位表』日本ユニセフ協会

横山文野 [2002]『戦後日本の女性政策』勁草書房

CHAPTER 9

池上岳彦編 [2015]『現代財政を学ぶ』有斐閣
神野直彦 [2007]『財政学（改訂版）』有斐閣
林宜嗣 [2008]『地方財政（新版）』有斐閣
横山彰・馬場義久・堀場勇夫 [2009]『現代財政学』有斐閣

CHAPTER 10

バナジー，A. V. = E. デュフロ（山形浩生訳）[2012]『貧乏人の経済学——もういちど貧困問題を根っこから考える』みすず書房（A. V. Banerjee and E. Duflo [2011] *Poor Economics: A Radical Rethinking of the Way to Fight Global Poverty*, Public Affairs）

O'Neill, J. [2001] "Building Better Global Economic BRICs," Global Economics Paper No.66, Goldman Sachs.（https://www.goldmansachs.com/intelligence/archive/archive-pdfs/build-better-brics.pdf）

UNDP [2024] *Human Development Report 2023/2024*, New York: UNDP（https://hdr.undp.org/system/files/documents/global-report-document/hdr2023-24reporten.pdf）

外務省ウェブサイト「ODA 予算」（https://www.mofa.go.jp/mofaj/gaiko/oda/

shiryo/yosan.html）
ILO Website "Topic portal Child Labor"（https://www.ilo.org/topics/child-labour）
UNDP［2023］"List of Least Developed Countries"（https://www.un.org/development/desa/dpad/wp-content/uploads/sites/45/publication/ldc_list.pdf）
World Bank website "World Bank Country and Lending Groups"（https://datahelpdesk.worldbank.org/knowledgebase/articles/906519-world-bank-country-and-lending-groups）

CHAPTER 11

植村博恭・磯谷明徳・海老塚明［2007］『社会経済システムの制度分析——マルクスとケインズを超えて（新版）』名古屋大学出版会
宇仁宏幸・坂口明義・遠山弘徳・鍋島直樹［2010］『入門社会経済学——資本主義を理解する（第 2 版）』ナカニシヤ出版
大島堅一［2011］『原発のコスト——エネルギー転換への視点』岩波書店
倉阪秀史［2014］『環境政策論（第 3 版）』信山社
デイリー, H. E.（新田功・藏本忍・大森正之訳）［2005］『持続可能な発展の経済学』みすず書房（H. E. Daly［1996］*Beyond Growth: The Economics of Sustainable Development*, Beacon Press）
寺西俊一監修，東アジア環境情報発伝所編［2006］『環境共同体としての日中韓』集英社
原科幸彦［2011］『環境アセスメントとは何か——対応から戦略へ』岩波書店
宮本憲一［2007］『環境経済学（新版）』岩波書店
除本理史・大島堅一・上園昌武［2010］『環境の政治経済学』ミネルヴァ書房
Bowles, S., F. Roosevelt and R. Edwards［2018］*Understanding Capitalism: Competition, Command and Change*, 4th ed., Oxford University Press.

Final CHAPTER

宇仁宏幸・坂口明義・遠山弘徳・鍋島直樹［2010］『入門社会経済学——資本主義を理解する（第 2 版）』ナカニシヤ出版
川越敏司［2013］『現代経済学のエッセンス——初歩から最新理論まで』河出書房新社
ケインズ, J. M.（間宮陽介訳）［2008］『雇用，利子および貨幣の一般理論』上・下，岩波書店（岩波文庫）（J. M. Keynes［1936］*The General Theory of Employment, Interest and Money*, Macmillan）
コイル, D.（室田泰弘・矢野裕子・伊藤恵子訳）［2008］『ソウルフルな経済学

──格闘する最新経済学が1冊でわかる』インターシフト(D. Coyle [2008] *The Soulful Science: What Economists Really do and Why it Matters*, Princeton University Press)

スミス,A.(水田洋監訳,杉山忠平訳)[2000-2001]『国富論』1〜4,岩波書店(岩波文庫)(A. Smith [1776] *An Inquiry into the Nature and Causes of the Wealth of Nations*, W. Strahan, and T. Cadell)

スラッファ,P.(菱山泉・山下博訳)[1962]『商品による商品の生産──経済理論批判序説』有斐閣(P. Sraffa [1960] *Production of Commodities by Means of Commodities: Prelude to a Critique of Economic Theory*, Cambridge University Press)

瀧澤弘和[2018]『現代経済学──ゲーム理論・行動経済学・制度論』中央公論新社

パシネッティ,L. L.(菱山泉・山下博・山谷恵俊・瀬地山敏訳)[1979]『生産理論──ポスト・ケインジアンの経済学』東洋経済新報社(L. Pasinetti [1977] *Lectures on the Theory of Production*, Columbia University Press)

パシネッティ,L. L.(渡会勝義監訳,内藤敦之・黒木龍三・笠松学訳)[2017]『ケインズとケンブリッジのケインジアン──未完の「経済学革命」』日本経済評論社(L. Pasinetti [2007] *Keynes and the Cambridge Keynesians: A 'Revolution in Economics' to be Accomplished*, Cambridge University Press)

松嶋敦茂[1996]『現代経済学史 1870〜1970──競合的パラダイムの展開』名古屋大学出版会

リカードウ,D.(堀経夫訳)[1972]『経済学および課税の原理』リカードウ全集第1巻,雄松堂書店(D. Ricardo [edited by P. Sraffa ; with the collaboration of M. H. Dobb] [1951] *On the Principles of Political Economy and Taxation*, Cambridge University Press)

ロビンズ,L.(小峯敦・大槻忠史訳)[2016]『経済学の本質と意義』京都大学学術出版会(L. Robbins [1932] *An Essay on the Nature and Significance of Economic Science*, Macmillan)

Final Action!

ここでは,本書を通じて学んだ経済の仕組みに対して,理解を深めるための取り組み例を紹介します。下記を参考に,実践してみましょう。また,ここで紹介される方法を参考に,各章末のAction!に取り組んでみましょう。

より深く調べて,準備をして,討論する

各章末に用意されたAction!に取り組むと,用意された「正解」があるというよりは,2つ以上の多様な「解答」があることに気づくでしょう。異なる考え方に出合うのはよくあることです。その中から,あなたがより強く賛同できる見解を1つ選んでみましょう。

図書館やインターネットを利用したり,その分野に詳しい人に会って取材したりしてさらに調べてみると,その見解の根拠となる情報を得ることができます。

授業でこうしたAction!に取り組む場合には,準備ができた時点で,異なる見解を選んだ人と討論してみましょう。ただし,その際には次の点に留意しましょう。

(1) 選択した見解を支持する理由をいくつかのポイントに分けて,第1に,第2に,などと列挙しつつ,明確に述べます。

(2) 相手の意見をしっかり聴いて,その内容を尊重すると同時に,論理の弱点や説得性の弱さを指摘します。論理の弱点や説得性の弱さには,いろいろなパターンがあります。たとえば以下のような例です。

⚠ 類似の例が適切でない。

たとえば、ある政策の正当性を強調するために、相手は、戦前に外国で採用された例をあげて正当性や合理性を強調したとします。しかし、時代状況も異なり、市場や行政の仕組みが異なる外国の例は、このケースとは無関係だとの反論がありえます。

⚠ 三段論法が成立していない。

「三段論法」とは、「①学校教師は教員免状を有している。②太郎くんは学校教師である。したがって、③太郎くんは教員免状を有している」といった論理立てのことです。反論する場合は、①や②が正しいかどうかをチェックします。たとえば上の例では、①は途上国では成立していない場合がありますし、また学校教師として大学教員も念頭に入れると、一般的に大学教員は教員免状を有さないため、①は当てはまりません。②については、単純な事実誤認で、太郎くんが学校教師だというのは勘違いかもしれません。

⚠ 根拠が弱い。

たとえば、「この政策の影響で経営が悪化した、と100人の経営者が不平を述べている」という主張に対して、100人は十分な回答数かどうか疑問を呈することができます（さらに、統計学的に有意義かどうかという、より専門的な討論がありえますが、今回の練習では、そうした専門性は問いません）。

2　グループ・ディスカッション

3名から5名のグループに分かれ、グループごとにリーダーを決めます。リーダーは司会役として、メンバーに意見を求め、グループ・ディスカッションを促進します。リーダーも自分自身の意見を

述べてかまいません。ディスカッションは、教員から配布された質問項目を1つずつ議論していく形で進めます。1つの質問にかける時間は3〜5分です。メンバー全員ができるだけ満遍なく発言するように、リーダーは気を配ってください。ディスカッションは長くても30分で終えます。先ほどの討論とは異なり、今回は、他のメンバーの意見について不同意の場合も批判する必要はありません。多様な意見を出し合いましょう。

　終了後、リーダーはグループで出た意見について、その要点をクラス全体に発表します。その際、発表時間は、2分以内とします。

> 　先生方へ：教員は、事前にテーマを決め（章末のAction!から選んでもよいでしょう）、それに関する5〜6つの質問を作成しておきます。それを印刷して全員に配布します。議論が始まった後は、タイム・キーピングに徹し、グループの議論に関与する必要はありません。この取り組みの目的は、学生のグループ・ディスカッションの能力を高めることです。リーダー発表を含めて、1つのテーマについて、45分以内で終えることができます。

❶ テーマと質問の例

▶テーマ◀　貿易収支（**CHAPTER 5**のAction!に関連）

▶質　問◀

①一般に黒字は良い知らせ、赤字は悪い知らせだと捉えられがちですが、貿易黒字と貿易赤字については、どう考えますか。
②第二次世界大戦後から現在まで、日本の貿易収支は黒字となる年がほとんどでしたが、なぜでしょうか。
③2011年以降日本は貿易赤字の年が多いですが、その要因は何だと思いますか。

④金融収支の黒字と赤字については、どう思いますか。

⑤いわゆる「グローバル・インバランス」は、望ましい事象でしょうか、望ましくない事象でしょうか。いずれの評価についても、その根拠を論じてください。

3 現場調査（フィールドワーク）

現場へ調査や見学に行くことは、経済の仕組みを理解するために非常に重要です。しかし簡単にアポイントメントがとれるわけではありません。現場はたいてい忙しく、学生の調査に付き合う時間的余裕がない組織や団体・個人が多いことでしょう。見学や取材の受け入れ可否を打診する場合、以下の点に留意しましょう。

(1) 会社や団体が提供している、一般的な見学コースに参加するのもよいでしょう。事前にしっかり参考書で勉強していけば、市民向けの工場見学でも生産技術に関する有用かつ最新の現場情報が十分に得られる場合があります。農業の取材であれば、広く一般募集している体験プログラム（田植えや稲刈りなど）に応募して参加することも、現場を知る方法の1つです。

(2) 取材、見学したい現場が、両親を含め親しい人が勤務する現場であれば、彼らを通じて打診すれば、アポイントメントは比較的とりやすいでしょう。ただし繁忙期は避けるようにします。たとえば株式会社の場合、3月は決算期、6月は株主総会の開催期で、多忙を理由に断られるかもしれないので、注意します。

(3) 事前に取材の目的と質問をEメールで伝えておくと、受け

入れ側は準備しやすいです。質問は，漠然とした内容を避け，具体的に記すようにします。

　悪い例：御社の経営上の課題を教えてください。

　改善例：御社の○○業務への IT 技術の導入について，また，県の○○補助金の活用状況とその経営への効果について，可能な範囲で教えてください。

(4) インターネット情報や既存論文や書籍でわかることは，下調べをしてから，打診をします。読めばわかるようなことを知るための取材は避けます。下調べの量が多ければ多いほど，短時間の取材でも有用な情報を多く吸収できます。

　悪い例：この業界の一般的な特徴を知りたいので，取材させてください。

　改善例：2014 年に刊行された『○○〜』という本によれば，この業界の特徴は○○であると指摘されていますが，同書刊行後 10 年経った現在でも，この特徴は当てはまると考えてよいでしょうか。

(5) 現地の当事者や関係者とのアポイントメントをとらなくても，とにかく現場を見に行くことが有意義だという場合も多くあります。ただし危険な場所には行くべきではありません。

(6) 外国での調査，取材については多くのリスクがあるので，大学生の場合は，大学で提供されている海外リスク軽減のための渡航前講習を受けておきましょう。そうした講習がない場合，自分自身でリスク軽減の知識を参考書で得ておきます。また外務省（日本政府），日本在外企業協会，NHK ワールド・ジャパ

ン,アメリカ国務省などのウェブサイトで,海外安全情報を得ておくようにします。

　以上はあくまでも例であり,これ以外にも理解を深めるための方法はあります。本書を通じて,身の回りの経済や世界経済がどのような仕組みで動いているのか,経済学は何を導いてくれるのか,などを確認し,本格的な経済学の学びにつなげていくことが期待されます。

事項索引
Subject index

数字・アルファベット

2国2財モデル　97, 98
2国間援助　231
2国間協定　112
BIS　→国際決済銀行
BRICS　44, 113, 227, 228
CELAC　→ラテンアメリカ・カリブ諸国共同体
CIF価格　109
COVID-19　→新型コロナウイルス感染症
CSR　→企業の社会的責任
DAC　→開発援助委員会
EIA　→環境アセスメント
EPA　→経済連携協定
EPL　→雇用保護規制
FSB　→金融安定化理事会
FTA　→自由貿易協定
FTAA　→米州自由貿易地域
GATT　→関税及び貿易に関する一般協定
GDP　→国内総生産
GNI　→1人当たり国民総所得
GNP　→国民総生産
GPI（真の進歩指標）　249
GVC　→グローバル・バリュー・チェーン
HDI　→人間開発指数
ICT　→情報通信技術
ILO　→国際労働機関
IMF　→国際通貨基金
　──8条国　60
ISEW（持続可能な経済福祉指標）　249
JICA　231
　──専門家　232
k%ルール　43

LDCs　→後発開発途上国
M&A　84
MDGs　→ミレミアム開発目標
ME化　66
MFN　→最恵国待遇
　──税率　→実行税率
NAM　→非同盟運動
NDP　→国内純生産
NI　→国民所得
NNP　→国民純生産
NNW（国民純福祉）　248, 249
OA　→米州機構
ODA　→政府開発援助
　──予算　231, 233
　脱──　234
OECD　→経済協力開発機構
PPP　→購買力平価
RCEP　→東アジア地域包括的経済連携
R&D（研究開発）　225
ROA　→総資産利益率
ROE　→自己資本利益率
RTA　→地域貿易協定
SDGs　→持続可能な開発目標
SNA　→国民経済計算
TPP　→環太平洋パートナーシップ協定
UNDP　→国連開発計画
WTO　→世界貿易機関
　──体制　111

あ行

赤字主体　119-121
新しい社会的リスク　185
アベノミクス　14, 126
アメニティ　240
暗黒の木曜日　35
育児の社会化　182
育成就労制度　163

いざなぎ景気　60
異次元の緩和　126
一次産品　31, 32, 127, 223, 224
一物一価の法則　130
一般会計　197, 202, 233
一般職　158, 159
一般政府支出額　196
移　民　31, 185
イールドカーブ・コントロール　126
岩戸景気　58
インカム・ゲイン　→配当
インフレーション（インフレ）　28, 29, 43, 51-55
インフレ抑制　123, 127
失われた30年　230
売上高　73, 74
ウルグアイ・ラウンド　109-111, 113, 230
円借款　232, 234
エンゼルプラン　183
円対策八項目　64
円　高　64
円　安　64, 67, 127
オイル・ショック（石油危機）　42, 64, 135, 148, 204, 224
欧州中央銀行　123
大きな政府　33
オープン・マーケット・オペレーション　→公開市場操作

か 行

外　貨　128, 132
改革開放路線　44
外貨準備　132
階　級　261
解雇規制　149
外国為替市場　64, 85, 129
外国為替取引（外為取引）　128
外国人技能実習制度　163
外国人労働者　163
解雇権　146, 148
介護の社会化　181
介護保険　182
介護保険法　181
会社企業　76, 80
会社更生法　60, 79
開発援助委員会（DAC）　231
外部経済　91
外部費用　242, 244-246
——の内部化　243
外部不経済　240, 241, 243
価　格　6, 85
——受容者（プライス・テイカー）　90
——先導者　→プライス・リーダー
——弾力性　86
——調整メカニズム　33, 38, 89-91, 269
——の下方硬直性　90
核家族化　61
拡大再生産　13, 75
家　計　10, 74
寡　占　90, 99, 241, 275
仮想通貨　118, 119
家　族　170, 179
価値尺度財（ニュメレール）　273
価値貯蔵機能　117, 132
価値判断　192, 193
学校教育　194-196
株　価　85
株　式　78, 258
株式会社　76, 80, 221
株　主　78-83
——総会　80
貨　幣　4, 13, 117
——供給量（マネーストック）　123, 124
——数量説　28, 29, 44
——の3機能　117, 131
過労死・過労自殺　152
為替介入　129
為替自由化　134, 135
為替リスク　130, 134
為替レート（為替相場）　36, 37, 39,

60, 64, 67, 102, 129, 130, 226, 231
　　単一―― 53
　　複数―― 54
灌漑 223
環境 238
　　――アセスメント（EIA） 246
　　――政策 251
　　――の手法 246
環境基本法 245, 247
環境法 251
監査役 83
関税 27, 28, 108, 109
　　――自主権 29, 31, 32
　　――率 36, 109, 111
関税及び貿易に関する一般協定
　　（GATT） 39, 110, 230
間接給付 172
間接金融 119
間接税 20
間接投資 102, 104
完全競争市場 89
環太平洋パートナーシップ協定（TPP）
　　113
機関投資家 80, 82
企業 11, 73, 74, 143, 170, 258, 265
　　――形態 76
　　――統治 →コーポレート・ガバナンス
　　――内取引 105
　　――の社会的責任（CSR） 84
　　――別労働組合 155, 162
気候変動問題 →地球温暖化問題
基軸通貨 133
技術集約型産業 65, 66
希少資源の効率的配分 262
希少性 260
規制緩和 44, 135, 183
規模の経済（性） 62, 239
基本的人権 199
逆コース 56, 57
キャッシュフロー計算書 81
キャピタル・ゲイン 80, 104

求職意欲喪失者 147
教育政策 173
狭義の福祉 167
供給曲線 87, 267
供給の価格弾力性 87, 88
競合性 191
共産主義 10
共同変動相場制 64
狂乱物価 65
金 4
　　――本位制 28-30, 36-38
　　国際―― 36, 39
　　再建―― 36
均衡 262, 267
　　――価格 88, 267
銀行 119, 121, 128
　　――貸付 124
　　――間市場 128, 129
均衡財政原則 28, 29, 43
均衡待遇 160, 162
近代国家 199
金融安定化理事会（FSB） 138
金融危機 135
金融自由化 135
金融収支 102
金融政策 123
　　非伝統的な―― 125
金融仲介 119
金融庁 122
金融デリバティブ 135
金利平価 131
勤労権 148
組合企業 76
黒字主体 119
グローバル・インバランス 102
グローバル化 15, 19, 27, 31, 44, 95,
　　185, 221, 247
　　環境問題の―― 250
　　金融の―― 128, 134, 138
　　経済の―― 19
グローバルな資金循環 135
グローバル・バリュー・チェーン（GVC）

事項索引　293

100, 230
ケアダイアモンド　171
経営者支配論　83
景気循環　13, 261
経済安定化機能　211
経済安定九原則　53
経済安定本部　52
経済格差　44
経済学の多様性　7, 238, 276
経済協力開発機構（OECD）　60, 175, 231
経済財　4
経済主体　74, 263
経済循環　12
経済政策　11, 173
経済成長（率）　13, 21, 23, 26
経済的自由主義　27, 30, 33, 36-38, 43
経済的中立性　207
経済パージ　56
経済連携協定（EPA）　112, 113, 163, 186
傾斜生産　52
経常収支　101
ケインズ革命　38
ケインズ経済学　209
ケインズ主義　247
ケインズ理論　38, 40, 43
決済手段　121
決　算　201
限界革命　256, 260, 262
限界効用　262, 264
　――説　7, 262
限界費用　266
減価償却費　20
現金給付　196
健康保険法　174
原子力発電　248
減　税　45, 198
現物給付　196
減量経営　66
公営企業　193, 194, 202
公　害　61, 62, 240, 241, 243

――輸出　106, 247, 251
公開市場操作（オープン・マーケット・オペレーション, オペ）　124
交　換　5, 9, 263, 274
　――価値　6
　――・支払機能　117, 132
　――パラダイム　260, 262, 263, 275
公企業　76
工業化　230
公共財　90, 191, 192, 241
公共サービス　190, 191
　――の無償性　191
公共事業　270
　――費　208
公共政策　173
公共投資　67
公共部門　190
公　債　199, 208
　――原則　208
　――の償還　210
　赤字――　60, 65, 209
　建設――　209
合資会社　76, 79
公私合同企業　76
公衆衛生　168, 169, 173
工場法　145
厚　生　170
公正取引委員会　90
構　造　257
公定歩合　65, 68, 125
公的扶助　169, 173
合同会社　76, 79
高度経済成長（期）　40, 41, 50, 55, 58, 62, 64, 240, 243
高度プロフェッショナル制度　154
購買力平価（PPP）　131
後発開発途上国（LDCs）　216, 232
合名会社　76, 79
効　用　7, 169, 170, 262, 264
　――最大化　265, 268
　――的資源配分　268
　――と公平のトレードオフ　207

高齢化　179, 180
国債　120, 126
国際決済銀行 (BIS)　138
国際資本移動　134
国際収支 (表)　42, 101
国際通貨　131, 133
国際通貨基金 (IMF)　39, 136, 138, 222, 231
国際分業　27, 98, 100
国際労働機関 (ILO)　145, 219
国内純生産 (NDP)　20
国内総生産 (GDP)　11, 19, 20, 22, 196, 248
国富　22
国民皆年金　175
国民皆保険　175
国民経済計算 (SNA)　21
国民純生産 (NNP)　20
国民所得 (NI)　20
国民総生産 (GNP)　19, 20
穀物法　28
国連　231
国連開発計画 (UNDP)　215
国連環境開発会議　247, 249
国連人間環境会議　247
小作制度　55, 223
個人企業　76
コース別雇用管理　158
国家　179
固定相場制　36, 39
　調整可能な——　39
古典派経済学 (者)　38, 256, 260-262, 272
子ども・子育て新制度　184
子ども手当　183
子どもの貧困 (率)　176, 187
コーポレート・ガバナンス (企業統治)　82, 83
雇用契約の不完備性　144
雇用保護規制 (EPL)　149
『雇用，利子および貨幣の一般理論』　38, 271

五輪景気　59
ゴールドプラン　181
コールレート　124, 125
混合経済　40, 43, 46
コンディショナリティ　138
コンプライアンス　→法令遵守

さ 行

最恵国待遇 (MFN)　111
最後の貸し手　123
財産権　148
財政赤字　11, 197, 204, 205, 207, 209, 234
財政再建　204, 205
財政政策　68
財政投融資　233
　——計画　202
財政の硬直化　210
財政法　201, 208
財政民主主義　200, 201
最低賃金制度　145, 160
裁定取引　130
財閥解体　56
財務諸表　80, 81
サステイナブル・ディベロップメント (持続可能な発展)　23, 247
サービス残業　152
サービス収支　101
サブプライム・ローン　137
三六協定　153
産業革命　26, 239, 260
　第一次——　26
　第二次——　30
産業構造　18
産業の空洞化　45
産業予備軍効果　144
三・三物価体系　52
三大経済改革　55
三面等価の原則　21
ジェンダー主流化　184
ジェンダー・バイアス　179
時間外労働　151

事項索引　295

私企業　76
資金循環　120
　　——統計　120
資源の最適配分　8, 28
資源配分（機能）　89, 211
自己資本利益率（ROE）　82, 83
支出国民所得　21
市　場　10, 85, 170, 179, 193, 258
　　——価格　263
　　——経済　8, 200
　　——の失敗　192, 241, 263
システミック・リスク　122
自然価格　→生産価格
自然環境　238
自然資本　23
自然独占　91
持続可能な開発目標（SDGs）　250, 252
持続可能な社会　249
持続可能な発展　→サステイナブル・ディベロップメント
失　業　13, 146
　　——の推移　147
　　——保険制度　145
　　——率　144, 149
　　完全——者　147
　　完全——率　147
　　構造的——　147
　　自発的——　146
　　半——（不完全就業）　147
　　非自発的——　146
　　摩擦的——　146
実行税率（MFN税率）　111
私的財　191
私的所有　9, 257
　　——権　200
支払手段　118
資　本　8, 200
　　——移転等収支　101
　　——家　257, 260
　　——規制　44
　　——金　78
　　——自由化　134
　　——所得　207
　　——蓄積　13, 26, 76
　　——の循環　13
資本主義経済　8, 239, 257
社会再生産　8
社会主義（国）　10, 111
　　——体制の崩壊　44, 46
社会政策　171, 173
社会的共通資本　91
社会的再生産　260, 262, 271, 272
社会的弱者　243
社会的損失　244
社会的入院　182
社会的排除　186, 187
社会的費用　242, 244, 245
社会的分業　6, 9, 257, 258, 272
社会的包摂　186, 187
社外取締役　83
社会福祉　168, 169, 173　→福祉も参照
社会保険　169, 173
　　——方式　174
社会民主主義レジーム　179
シャドー・バンキング　138
重化学工業（化）　58, 62
就学支援金制度　195
就業構造　218
重工業（化）　30, 33
自由財　4
自由主義レジーム　179
重商主義政策　27, 28
就職氷河期　159
終身雇用　155, 156
集積不利益　240, 243
集積利益　239
住宅政策　173
自由貿易協定（FTA）　112, 113
縮小再生産　13
出生率　182
需要曲線　86, 242, 265
需要の価格弾力性　86, 87

準市場　184
春闘　157
使用価値　6
譲許税率　111
証券化　137
証券会社　120
証券恐慌　60
証券市場　85
少子化　179, 183
少子高齢化　70, 120, 121, 162, 180
消費　10
　——財　4, 5
　——者　264
　——税　181, 184, 205
商品　5, 13
　——経済　9
　——市場　85
　——生産　6
情報通信技術（ICT）　118, 130
剰余　261
　——アプローチ　261, 271
　——生産物　271
常用代替　160
職業選択の自由　146
職能給制度　156, 157
植民地　220
職務（ジョブ）　155
　——範囲　159
食糧危機　51
女性活躍推進法　184
所得再分配　175, 244
　——機能　211
所得税　206
所得倍増計画　59
所得分配　272, 274
所得保障政策　173
ジョブ　→職務
ジョブ型雇用契約　156
ジョブ・ローテーション　156
所有と経営の分離　80
人為的な環境　239
新型コロナウイルス感染症（COVID-19）
　　2, 14, 45, 95, 96, 127, 187, 197, 228
新興国　216, 227
新興ドナー　231
人口ピラミッド　180
人事異動　156
新自由主義　43, 44, 46, 50, 247
新卒一括採用　156
人的資本　23
神武景気　58
信用　122
　——リスク　122
垂直的公平　206
水平的公平　206
数量規制　109
数量制限　111
スタグフレーション　43
ステークホルダー　83, 84
ストック　18
スミソニアン協定　42
スミソニアン合意　64
スラッフィアン　275
税　200
生活の質　248, 249
生活保護　160
税金　193
政策金利　124, 125
生産　258, 261
　——価格（自然価格）　272-274
　——国民所得　20
　——財　4
　——パラダイム　260, 261, 271, 275
税収　198
生存権　148, 167
生態系サービス　23
政府　11, 74, 120
　——消費支出　21
　——の大きさ　196
　——の失敗　246, 251
政府開発援助（ODA）　230
生物的弱者　243
整理解雇4要件　149
世界恐慌　36

世界銀行　214, 231
世界金融危機　45, 136, 138, 204
世界の銀行　32, 34
世界の工場　30, 32
世界貿易機関（WTO）　110, 111, 222
絶対的損失　244
絶対優位　97
ゼロ金利政策　125, 126
全国総合開発計画　59
潜在能力　170
先進国　216
選　択　256
総合課税　206
総資産利益率（ROA）　82, 83
総実労働時間　152
相対的貧困率　176
総力戦　33
租　税　199
　──原則　206
　──国家　200
損益計算書　80, 81

た 行

第1期グローバル化　32, 37
第一次世界大戦　33, 34
大企業　11, 31
待機児童　183, 194
大恐慌　34, 36, 38
対顧客市場　128
対顧客相場　129
第3号被保険者制度　177
第三次産業　61, 185
貸借対照表　80, 81
第二次世界大戦　38
対日援助　51
大量生産・大量消費　35, 41
多国間援助　231
多国間協定　112
多国籍企業　20, 110, 252
脱家族化　179
ダブルケア　180
単純再生産　13

男女共同参画社会基本法　172, 184
男女雇用機会均等法　154, 158, 172
男性稼ぎ主　176, 177, 184
団体交渉　157
地域経済統合　113
地域貿易協定（RTA）　112
小さな政府　29, 43, 50, 196, 199, 204
地球温暖化問題（気候変動問題）
　240, 247
地方自治体　11, 190, 193, 195
中央銀行　28, 41, 43, 118, 123
中間安定論　53
中小企業　11, 56, 157, 221
中所得国の罠　228
超過供給　88, 89
超過需要　88, 89
長時間労働（者）　150, 152, 185
徴　税　200
朝鮮特需　55
直接給付　172
直接金融　119, 120
直接投資　101, 104, 230
賃　金　85, 143, 274
　──の下方硬直性　33, 41, 269
　成果主義──　159
　年功──　155, 156
賃労働　145
通　貨　118
　──危機　136
帝国主義　221
ディーセント・ワーク　145, 164
デフレーション（デフレ）　54, 70,
　125
　──政策　36, 37
電子マネー　118
天然資源　15, 18
同一価値労働同一賃金　162
倒産　79
動態　257
独占　90, 99, 241, 275
　──価格　33, 90
独占禁止法　84, 90

特別会計　202
特別目的会社　137
途上国　216
土地　8, 199
　──改革　219, 223
　──所有者　260
　──なし農民　223
ドッジ・ライン　54
ドーハ・ラウンド　112, 113
ド　ル　39, 131-133
　──不足　134

な 行

内部化　105
内部留保　75
ナショナル・ミニマム　171
ニクソン・ショック　42, 64
二元的構造　175
日米・円ドル委員会　67
日米貿易摩擦　64, 66
日経平均株価　69, 128
日本型経営　70
日本銀行（日銀）　53, 122, 123
日本国憲法　55, 142, 148, 167, 168, 201
日本的雇用慣行　155, 158, 164
日本列島改造論　65
ニュメレール　→価値尺度財
認可保育所　194
人間開発指数（HDI）　215
ネットカフェ難民　160, 187
農　業　222
農業基本法　61
農地改革（日本）　55
　第一次──　55
　第二次──　56
農地改革（途上国）　219, 223

は 行

配給制　51
排出量取引　248
排除性　191

配当（インカム・ゲイン）　79, 80, 104
ハイパーインフレ　126
パクス・アメリカーナ　40, 42, 50
パクス・ブリタニカ　26, 32, 34
派遣切り　160
覇権国（家）　26, 33, 40, 222
派遣労働　159
バーゼルⅢ　138
バブル　45, 68, 136, 148
　──崩壊　69
晩婚化　180
非営利部門　170, 171
非価格競争　99
比較優位　97
　──の理論（比較生産費説）　27, 97, 98
東アジア地域包括的経済連携（RCEP）　113
東日本大震災　187, 246, 248
ビスマルク社会保険立法　174
非正規雇用　152, 159, 161
非正規従業員　66
非正規労働者　185
ビットコイン　119
非同盟運動（NAM）　215, 228
1人当たり国民総所得（GNI）　214, 216, 228
ひとり親　176
費　用　75
表示機能　117, 132
費用便益（効果）分析　246
貧　困　186
　──層　219
　──の罠　226
　──問題　45
　──率　176
フィンテック　118
フォーディズム　35, 41, 43
付加価値　19
不完全就業　→半失業（失業の項を参照）

事項索引　299

福　祉　167　→社会福祉も参照
　　——政策　62
　　——多元化　170
　　——の分業システム　186
　　——レジーム　179
　　広義の——　167
　　公共の——　167
　　混合——　170
福祉国家　40, 170, 179
　　ポスト——　186
双子の赤字　45
物　価　123
　　——統制令　52
　　——の安定　123
復興金融公庫　53
物的資本　23
物々交換　4, 51, 118
プライス・テイカー　→価格受容者
　　90
プライス・リーダー（価格先導者）
　　90
プラザ合意　67
ブラック企業　144, 159
ブラックマンデー　68
フリーライダー問題　192
ブレトンウッズ体制　39, 42
フロー　18, 19
プロダクト・ライフ・サイクル（PLC）
　　理論　106
ブロック化　37, 39
分　配　256, 258, 259, 261
　　——国民所得　21
分離課税　207
米州機構（OA）　228
米州自由貿易地域（FTAA）　228
ベヴァリッジ型　174
ベヴァリッジ・プラン　41
ベヴァリッジ報告　170, 171
ヘッジファンド　138
変動相場制　42, 64, 134
保育所　193
保育の無償化　194

貿　易　95, 129
　　——収支　101
　　——制限　111
　　企業内——　100, 110
　　産業間——　96
　　産業内——　99
　　自由——　108
　　　　——主義　27
　　　　——体制　110, 221
　　付加価値——　100
　　保護——　108
包括的富　23
法人企業　76
法定通貨　118
方法論的個人主義　262
法令遵守（コンプライアンス）　83
保護主義　32, 33
　　——政策　30, 31, 34
補助金　20
ポスト・ケインジアン　275
ホワイトカラー・エグゼンプション
　　154

ま　行

マイカー元年　63
マイナス金利政策　126
前川レポート　67
マーシャル・プラン　40
マネーストック　→貨幣供給量
マネタリズム　44
マネタリーベース　125, 126
緑の革命　223
ミレニアム開発目標（MDGs）　250
民間消費支出　21
民事再生法　79
民主主義　199, 200, 205, 210
無形財　4
無限責任　78, 79
無償援助　232
無償サービス　193
無償労働　181
メガバンク　120

綿工業　27, 34, 221
メンバーシップ型雇用契約　156
持株会社　56, 84
モノカルチャー経済　230

や 行

ヤミ市　51
有形財　4
有限会社　78
有限責任　78, 79
有償援助　232
輸出税　109
輸送コスト　32
『ゆたかな社会』　43
輸入税　109
ユーロ　132, 133
ユーロ市場　134
幼児教育・保育の無償化　184
預金通貨　118, 121
預金保険制度　122
予　算　199, 201
　——原則　201
予算制約　264, 265
余剰労働力　42
欲求の二重一致　118
四大公害（病）　240, 245, 250

ら 行

ラテンアメリカ・カリブ諸国共同体（CELAC）　228
リカード・モデル　98, 106
利　潤　8, 10, 20, 75, 76, 143, 258, 265, 272
　——最大化　266, 268
リゾート法　68
リーマン・ショック　160

流動性選好　270
量出制入原則　202
量的緩和　125
量入制出原則　202
累進税　206
冷　戦　39, 53, 56, 109, 221
労災　153
労　働　199
　——価値説　6
　——権　142
　——三権　145
　——三法　57
　——時間　143, 151
　——市場　85, 142
　——政策　142, 173
　——生産物　5
　——争議　57
　——密度　144, 151
労働関係調整法　57
労働基準法　57, 149, 151, 152, 172
労働組合　42, 44, 145, 157, 174
労働組合法　57
労働契約法　148
労働者　143, 257, 260
　——統制システム　155
労働者派遣法　159
労働力　143
　——人口　147
　——の減少　163
ロシア - ウクライナ戦争　3, 103, 127

わ 行

ワーキングプア　144, 159, 161
ワークフェア　187
ワーク・ライフ・バランス　150, 185

人名索引
Author index

あ 行

池田勇人　59
植田和男　128
エスピン-アンデルセン, イエスタ　179
大沢真理　177
大平正芳　205

か 行

ガルブレイス, ジョン・ケネス　43
グリーンスパン, アラン　136
黒田東彦　126, 127
ケインズ, ジョン・メイナード　38, 269, 271
ケネー, フランソワ　261
小泉純一郎　177, 204

さ 行

サッチャー, マーガレット　43, 44
ジェヴォンズ, ウィリアム・スタンレー　262
幣原喜重郎　51
白川方明　126
スターリン, ヨシフ　40
スミス, アダム　27, 260
スラッファ, ピエロ　275
セン, アマルティア　169

た 行

田中角栄　65
デュフロ, エステル　226
鄧小平　44
ドッジ, ジョセフ　54

な 行

中曽根康弘　204
ニクソン, リチャード　42, 64

は 行

橋本龍太郎　204
バナジー, アビジット・V.　226
ビスマルク, オットー・フォン　174
ブッシュ, ジョージ（子）　45
フリードマン, ミルトン　43

ま 行

マッカーサー, ダグラス　57
マルクス, カール　261
三木武夫　66
美濃部亮吉　62
メンガー, カール　262

や 行

吉田茂　52, 168

ら 行

リカード, デヴィッド　27-29, 33, 38, 97, 98, 256, 260
レーガン, ロナルド　43-45, 67
ロビンズ, ライオネル　256, 260

わ 行

ワルラス, レオン　262

【有斐閣コンパクト】
ゼロからはじめる経済入門〔新版〕——経済学への招待
An Introductory Textbook on Political Economy, New ed.

2019 年 5 月 20 日 初版第 1 刷発行
2024 年 10 月 20 日 新版第 1 刷発行

編　者	横浜国立大学経済学部テキスト・プロジェクトチーム
発行者	江草貞治
発行所	株式会社有斐閣
	〒101-0051 東京都千代田区神田神保町 2-17
	https://www.yuhikaku.co.jp/
組　版	有限会社ティオ
印　刷	大日本法令印刷株式会社
製　本	牧製本印刷株式会社
装丁印刷	株式会社亨有堂印刷所

落丁・乱丁本はお取替えいたします。定価はカバーに表示してあります。
©2024, 横浜国立大学経済学部テキスト・プロジェクトチーム.
Printed in Japan. ISBN 978-4-641-16638-7

本書のコピー，スキャン，デジタル化等の無断複製は著作権法上での例外を除き禁じられています。本書を代行業者等の第三者に依頼してスキャンやデジタル化することは，たとえ個人や家庭内の利用でも著作権法違反です。

[JCOPY] 本書の無断複写(コピー)は，著作権法上での例外を除き，禁じられています。複写される場合は，そのつど事前に，(一社)出版者著作権管理機構(電話03-5244-5088, FAX03-5244-5089, e-mail:info@jcopy.or.jp)の許諾を得てください。